互联网金融创新与发展

主编 孟雷

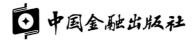

中国金融出版社

责任编辑：肖　炜
责任校对：刘　明
责任印制：陈晓川

图书在版编目（CIP）数据

互联网金融创新与发展（Hulianwang Jinrong Chuangxin yu Fazhan）/
孟雷主编 . —北京：中国金融出版社，2016.7
ISBN 978 - 7 - 5049 - 8587 - 3

Ⅰ.①互…　Ⅱ.①孟…　Ⅲ.①互联网络—应用—金融—研究
Ⅳ.①F830.49

中国版本图书馆 CIP 数据核字（2016）第 146354 号

出版
发行　**中国金融出版社**
社址　北京市丰台区益泽路 2 号
市场开发部　（010）63266347，63805472，63439533（传真）
网 上 书 店　http://www.chinafph.com
　　　　　　（010）63286832，63365686（传真）
读者服务部　（010）66070833，62568380
邮编　100071
经销　新华书店
印刷　保利达印务有限公司
尺寸　169 毫米 ×239 毫米
印张　21.5
插页　4
字数　326 千
版次　2016 年 7 月第 1 版
印次　2016 年 7 月第 1 次印刷
定价　68.00 元
ISBN 978 - 7 - 5049 - 8587 - 3/F. 8147
如出现印装错误本社负责调换　联系电话（010）63263947

中国普惠金融发展研究中心是由南京审计大学金融学院、中国金融出版社中国金融文化研训院、江苏子雨集团共同发起成立的，专注服务中国普惠金融事业的非营利性机构。

中心实行理事会领导下的主任负责制，内设研究、运营、综合三部门，主要为全国普惠金融机构提供课题、咨询、活动等智力服务，积极推动普惠金融创新试点，目前已集聚全国致力于本中心服务的知名专家、教授40余人。

2016年，中心将发布江苏省普惠金融创新发展报告（2016），在国家级出版机构出版基于普惠金融的《互联网金融创新与发展》专著，开发普惠金融创新评价体系，开展对普惠金融关联课题的系列研究并形成相应成果，对全国十家普惠金融创新示范单位进行创新经验总结与理论指导，推进创新导师试点制度，加强与全国性普惠金融研究及组织机构的合作，为中国普惠金融的创新发展作出应有的贡献。

中国普惠金融发展研究中心主任、江苏强业金融信息服务公司董事长孟雷近照。

2015年5月16日，中国普惠金融发展研究中心主任、江苏强业金融信息服务公司董事长孟雷在互融宝宝友见面会上发表演讲。

2015年10月26日，孟雷先生应邀出席由新华社上海分社等主办，苏、浙、沪、皖政府金融工作办公室指导的《"十三五"的出路与对策：2015长三角互联网金融高层对话》会议。

2015年10月30日，在全国互联网金融人才战略研讨会上，孟雷先生发表了关于"如何加强互联网人才管理"的演讲。

　　2015年11月17日，孟雷先生应邀出席江苏省第三届互联网大会"互联网金融+创业"分论坛。

　　2015年12月21日，孟雷先生应邀出席在南京审计大学举行的"互联网金融发展和风险管理圆桌会议"。

序

　　金融是一个信息密集型产业，信息、技术、制度构成金融业的三大基石。近年来，随着互联网应用的普及，网络带给人们的巨大信息交流量已经超过此前人类史上的信息交流量总和。互联网技术，特别是移动支付、社交网络、搜索引擎和云计算、大数据等，在市场上掀起了一场前所未有的运营模式与思想观念的变革，对人类的金融模式产生了重大影响。现在，中国金融业务已经呈现出信息网络化趋势，而部分信息产业也步入了金融化道路，特别是 P2P 贷款、众筹融资、阿里金融、余额宝等新型网络金融业态的出现，使得互联网金融成为国内炙手可热的议题。

　　从 2012 年提出"互联网金融"这一概念，到 2014 年 3 月 5 日首次出现于政府工作报告之中，再到 2015 年 11 月正式被写入十三五发展规划，在这短短四年的时间里，中国的互联网金融业呈现出自由的爆发式增长。但是，金融具有很强的外部性，最终进行监管规范也必然是我国互联网金融的发展趋势和当务之急。前期之所以没有很快地出台监管政策，是因为希望在鼓励金融改革和金融创新的大背景下，给予互联网金融一定的发展空间。经过 2013 年的野蛮生长，互联网金融实现了长足的发展，但同时也积聚了一定风险，在某些领域已经开始暴露。

　　目前，党中央、国务院高度重视互联网金融的规范发展。随着十部委《关于促进互联网金融健康发展的指导意见》、人民银行《非银行支付机构网络支付业务管理办法》、银监会《网络借贷信息中介机构业务活动管理暂行办法》（征求意见稿）等一系列监管文件的出台，互联网金融逐渐驶向规范发展快车道。

　　互联网金融规范发展必然离不开人才的支持，而人才的培养又离不开相应的专业培训。目前，针对互联网金融的专业培训尚是一个空白领域，培训"无结构、无组织、无教材"的现状严重制约了互联网金融人才的培养。在此严峻背景下，中国普惠金融发展研究中心牵头成立了互联网金融培训教材项目组，希望汇聚多方专家、学者、企业家之力，尽快打通互联网金融人才高速通道。

项目组成立后，一直密切关注互联网金融的理论动态和实践进展，逐渐取得一批较有分量的研究成果，总结编辑成了这本《互联网金融创新与发展》。本书由三个部分构成，循序渐进。第一部分为互联网金融导论，由前七章构成，详实介绍互联网金融概念定义、主要业态构成、发展现状和未来展望等方面，适合对于互联网金融零基础的人士阅读，当然也适合互联网金融人士厘清概念。第二部分为互联网金融风险防控与监管，由第八章至第十一章构成，互联网金融风险构成、风险防控、风险监管等方面进行解析，为互联网金融人士及金融消费者安全、规范经营或投资提供指导。第三部分为互联网金融创新研究专题，由第十二章至第十四章构成，开放式地选取热点、核心议题，通过详实的数据、论据等对"互联网＋"战略与普惠金融、网络借贷、互联网思维和商业银行转型等议题进行讨论，传统金融人士、互联网金融专业人士等可进行深度阅读，开放式讨论。

《互联网金融创新与发展》作为互联网金融培训书系的首本教材，希望该书出版后能为中国的互联网金融事业发展作出一定的贡献。

北京大学经济学院教授、博士生导师
中国普惠金融发展研究中心名誉主任

2016 年 3 月 18 日

目　　录

第一部分　互联网金融导论

第三部分　互联网金融创新研究专题

第一部分
互联网金融导论

第一章　互联网金融及其发展状况

1.1　互联网金融概念

对于何谓"互联网金融"，目前尚未有统一的定义。马云认为，互联网企业从事相关金融业务的行为即称为互联网金融，而传统金融机构利用互联网展开的业务称为金融互联网。侯维栋（2013）认为互联网金融是在很大程度上充分利用互联网技术，对金融业务进行深刻变革，其后产生的一种新兴的金融业态。谢平、邹传伟（2012）认为互联网金融是指借助互联网技术、移动通信技术实现资金融通、支付和信息中介等业务的新兴金融模式，既不同于商业银行间接融资，也不同于资本市场直接融资的融资模式。

综上所述，互联网金融可定义为：传统金融行业在结合了以互联网为代表的现代信息科技，特别是搜索引擎、移动支付、云计算、社交网络和数据挖掘等，产生的一个新兴领域，是借助互联网技术、移动通信技术，实现资金支付、融通和信息中介等业务的新兴金融模式。随着金融与互联网逐步地相渗、相融，互联网金融已泛指一切可以通过互联网技术来实现资金融通的行为。互联网金融是广义金融的一部分，而传统金融机构中的互联网业务，也是广义的互联网金融的部分，两边相互促进。互联网金融当前的发展模式主要包括第三方支付、P2P 小额信贷（peer to peer lending）、众筹融资（ crowdfunding ）、互联网货币以及其他网络金融服务平台等。

1.2 国内外互联网发展情况

1.2.1 国外互联网金融发展概况

1. 第三方支付日益成熟,移动支付正逐步替代传统支付。自美国诞生全球第一家第三方支付公司以来,随着信息科技的发展,以第三方支付和移动支付为代表的互联网支付方式取得了快速发展,交易金额以及范围不断扩大,并且具有强大的增长潜力。其中的典型:肯尼亚手机支付,其汇款业务已经超过了国内所有金融机构相关业务的总和,并且进一步延伸到了贷款的金融服务。

2. P2P 平台产生并衍生多种模式,部分可替代银行信用中介功能。P2P 是一种个人对个人的网络直接信贷模式,第一家互联网 PZP 公司 Zopa 于 2005 年在英国上线,P2P 贷款部分替代了商业银行信用中介的职能,大幅度降低了交易成本及借贷双方信息不稳定,并在发展过程中不断摸索,衍生出多种不同运营模式。总体来讲,国外 P2P 借贷平台功能主要为中介型机构,除了提供相应服务、收取费用外,并不在借贷过程中形成独立的利益关系。

3. 众筹融资爆发式增长,逐步走向合法化与规范化。众筹融资是通过网络实现天使投资、创业投资的融资平台,起源于 2009 年美国的一家创业众筹网站 Kickstarter,其经营方式是利用捐赠资助或是预购产品,为中小企业以及小型微利企业在线募集资金。作为一种大众化的融资方式,自诞生以来,众筹模式出现爆发式增长,成功募资的项目和募资额不断创新高。据前瞻网研究报告显示,2013 年全球众筹融资交易规模为 315.7 亿元,2015 年已上升至 1123.10 亿元,比 2014 年的 614.5 亿元增长高达82.8%。从单笔的募资额看,2013 年 5 月,创意手表项目 Pebble Watch 在 Kickstarter 上创造了目前为止众筹融资的最高纪录——在发布 28 小时内筹得资金 100 万美元,1 个月时间内得到近 7 万人的支持,筹得资金 1000 万美元。2012 年 4 月美国奥巴马政府签署了《促进初创企业融资法案》

（Jumpstart Our Business Startups Act，JOBS ACT），增加了对众筹的豁免条款，为创业公司通过众筹方式向一般公众进行股权融资提供了法律上的依据，进一步拓宽了投资者和创业者的募资渠道，众筹模式逐渐趋于合法化、规范化。

1.2.2　国内互联网金融发展概况

我国互联网金融发展目前还处于初级阶段，在互联网金融规模、用户密度、业务品种、人才储备、信用体系建设、法律法规建设等多方面较发达国家还有很大差距。20 世纪 90 年代中期以来，随着互联网信息技术的发展与普及，我国逐步跨入互联网金融时代，银行业的互联网程度越发完善，各家银行纷纷推出网上银行、手机银行等电子银行业务，不仅完善了传统的银行渠道体系，为客户提供了便利，各家银行也因发展电子银行业务从而增加了中间的业务收入。

2000 年，计算机和网络通信技术的广泛应用为电子支付的发展和支付服务机构的诞生开拓了道路，第三方支付迅猛发展。第三方支付的产生从很大程度上解决了互联网交易中产生的资金安全和资金流动问题，使得互联网支付在整个支付业务中的地位越来越重要。2010 年中国人民银行发布《非金融机构支付服务管理办法》（以下简称《办法》）以及 2011 年颁发非金融机构支付业务许可证（以下简称第三方支付牌照），使得第三方支付行业的外延有了进一步拓展，使第三方支付企业成为在收付款人之间作为中介机构提供网络支付、预付卡发行预受理、银行卡收单以及中国人民银行确定的其他支付服务的非金融机构。由此，第三方支付企业也由互联网支付企业扩展为从事资金转移服务的各类支付企业。截至 2015 年 3 月末，获得第三方支付牌照的企业累计达到 270 家。

我国 P2P 借贷业务区别于国外同类业务的主要特点有两个：一是除了纯粹的"中介平台模式"外，还存在大量的"理财模式"P2P 融资；二是国内绝大多数的 P2P 公司都向客户以不同形式提供偿付保障。而目前我国 P2P 行业发展还不够成熟，尚处于摸索阶段，现有的法律法规体系、金融监管措施和风险控制手段等方面还存在空白，相关的制度约束仅限于各基本法律的部分条文，缺乏成体系的约束，大多数 P2P 网贷平台被归属为金融信息服务机构，仍处于"无准入门槛、无行业标准、无机构监管"的"三无"状态，行业发展良莠不齐，出现了多家平台倒闭、经营者携款跑路等恶性事件，需进一步规范。

1.3　互联网金融发展模式

我国互联网金融虽然发展时间较短但发展得很快，在许多行业都有所渗透。针对性的业务模式才能更好地满足市场的需求，所以，对于互联网金融模式的分类，可以概括为三大类别：第三方支付业务、互联网融资业务、互联网理财业务。具体类型的细分才能更加深入地了解互联网金融的各个业务发展现状、未来趋势等，才能对互联网金融的发展意义有进一步认识，对其行业监管提出更加有效的政策建议，这些都要建立在对互联网金融模式的清楚认知之上。

1.3.1　第三方支付业务类

可以说，第三方支付是我国互联网金融业务模式的雏形，不断满足日益增长的市场需求，逐步适应适合我国的金融业行情，形成新的金融消费习惯，满足用户的全新需求体验，实现交易成本的降低，最终使得产品实现多样性。第三方支付是指具有市场资质、信誉保障、业务操作能力并与银行签订服务协议的第三方独立机构，它们为市场主体提供交易服务平台，使得交易费用成本、时间成本大大降低，提高了资金流转的效率。

众所周知，我们从网络上购买商品，最后进行支付清算时就可能会涉及第三方的支付。用户在选购好心仪的商品之后，首先会将货款打到可信任、有保障的第三方支付业务平台，而并非直接将资金打给卖家，这样就避免了可能存在的财物两失的风险。待买家收到货物之后，验收满意，再将货款支付给卖方，款项就由第三方支付机构付给卖家。从中可以看出，第三方支付完善了金融创新的发展，为用户提供了方便、快捷、安全的支付体系，这也是互联网金融的本质出发点。国内较大的第三方支付企业有

6

阿里巴巴旗下的支付宝、腾讯旗下的财付通、中国银联以及微信支付等。

1.3.2　互联网融资业务类

互联网融资业务类主要包括 P2P 网贷平台、供应链金融以及众筹平台。

P2P 网贷平台依托互联网来实现个人与个人之间的对接。在这中间，P2P 网贷平台主要是提供中介服务，即充当了中间人的角色。随着 P2P 平台的发展，其业务模式也不断创新，不仅有一对一的业务类型，还包括一对多的形式，具体业务模式包括电商平台类、债券平台类、保险公司类、小贷公司类等。

供应链金融是指通过互联网电商平台将"四流"，即商流、物流、资金流、信息流整合，以多种形式为其供应商、入驻商家或是第三方合作伙伴等提供低成本、无抵押的融资方式。因此，供应链金融具有成本低廉化、效率更高化、信息透明化的特点。出于控制风险的考虑，供应链金融对于资金的获得和使用都需要保证其相对独立性。随着大数据技术的应用，供应链金融还可以通过海量数据的收集积累，对整个供应链体系的风险有更强的掌控，并转移单个小企业的风险信用评估，使得整个产业链经济效益明显提升。此外，供应链中的经营风险由相应的公司法人承担，有利于建立有效责任机制，实现"专人专项"负责，从而确保经营的合法合规、运营安全性。目前我国的供应链金融主要以阿里巴巴的阿里小贷和蚂蚁金服为主要知名代表，发展空间是十分巨大的。相关数据显示，我国供应链金融市场规模已超过 10 万亿元，预计到 2020 年会翻一番。

众筹融资模式是指借助互联网平台，筹资者发布筹资项目或是创新性项目，广大投资者可以充分了解项目信息，选择感兴趣的项目和相对应的收益并通过第三方独立支付渠道进行资金支持。这避开了传统的金融中介机构，降低了中介成本。我国众筹融资模式发展迅速，类型也呈现多样性，包括股权众筹、债权众筹等形式，主要以"天使汇"、"追梦网"等为代表。

1.3.3　互联网投资理财业务类

与传统投资理财业务相比，互联网金融的投资理财业务优势突出，它具有跨地域、门槛低、选择范围广、高效便捷等特点，能更加贴近、满足市场的需求，是互联网金融发展的一大亮点。阿里巴巴旗下的余额宝和娱乐宝、腾讯的财付通理财、百度理财、网易理财等，都是将众多的零散资金聚集起来形成巨大资金量，用于购买稳健收益的理财产品，以期来获得更高收益。

其中，第三方理财产品销售平台可以实现"一个平台多种使用"，客户既可以购买各类基金产品，也可以购买保险类理财产品等，这大大满足了投资者理财产品多元化、降低风险的意愿。曲速资本发布的《2016 互联网保险行业研究报告》显示：2015 年全年互联网保费增长率为 160.1%，渗透率也从 2013 年的 1.7% 到 2014 年的 4.2%，再到 2015 年的 9.2%。电子商务正在不断渗透到各个行业中，其正效应正在不断增强。互联网金融行业的迅猛发展也对保险行业电商时代的到来起到推波助澜的作用。

1.4　互联网金融的主要特征

1. 成本低。互联网金融是基于互联网虚拟空间开展的金融业务，具有一定的成本优势。金融产品的发行、交易以及货币的支付可以直接在网上进行，交易双方在资金期限匹配、风险分担上的成本非常低，进而大幅降低了市场交易成本。同时，互联网平台省去了庞大的实体营业网点费用和雇用众多员工的人力资源费用，大大减少了投资成本、营业费用和管理成本。据估计，互联网的业务成本和传统的业务成本相差很大，往往能达到 1∶100 甚至 1∶1000。

2. 效率高。依靠强大的信用数据积累与挖掘优势，以及互联网、移动支付、搜索引擎、大数据、社交网络和云计算等先进技术手段，互联网金融模式可以突破时空限制，减少中间环节，便捷支付方式。金融活动参与者通过互联网有了更直接、更有效的接触，透明度更高，极大程度上减少了市场信息不对称，使市场充分有效，从而接近一般均衡定理上描述的无金融中介状态，有效提高了资金融通效率。

3. 注重客户体验。互联网金融秉承开放、平等、协作、分享的互联网精神，在服务模式上由传统的面对面柜台交易转向开放式的群体参与、互动式沟通；在商业模式上通过实时交互、大规模协作实现组织扁平化、去中心化，客户群信息平台化、网络化，并可以通过数据挖掘和分析，提前发现潜在客户和潜在需求，为客户提供优质高效的产品和服务体验。

4. 风险特殊性。互联网金融的特点决定了其引发风险的因素及影响与传统金融存在差异。互联网金融除具有传统金融业经营过程中存在的流动性风险、市场风险和利率风险外，还存在基于信息技术导致的技术风险、系统安全风险和基于虚拟金融服务的各类业务风险，且风险扩散传播速度更快、风险诱因更复杂。

1.5　互联网金融未来发展趋势

一是互联网金融格局将呈现横向综合化与纵向专业化交错的矩阵结构。互联网金融的发展使金融业的分工和专业化被大大淡化，市场参与者更为广泛，极大拓展了金融服务的生产可能性边界，非金融机构、互联网公司、电商企业都纷纷加入到金融领域中，提供高效便捷的金融服务，成为现有金融体系的有益补充。未来互联网金融业态将呈现横向资源整合和纵向专业化经营并行的局面，一方面按照金融业务产品化、金融产品标准化、金融机构电商化，打造综合化、全能化、一站式的金融业务平台，形成规模化效应；另一方面凭借便捷、个性化、定制化的服务，形成以支付、结算、托管、数据、定价、评级、担保等专业化服务为核心的纵向一体化发展趋势。

二是第三方支付和移动支付逐步替代传统支付业务（如银行汇款、信用卡），移动化与"自金融"成为主要发展方向。随着移动通讯设备的渗透率超过正规金融机构的网点及自助设备，移动支付发展态势迅猛。2012—2017年，全球移动交易总量和价值年平均增长率将达35%，到

2017 年，预计市场规模将达 7210 亿美元，用户数将超过 4.5 亿，互联网支付方式对传统支付方式的替代愈发明显。中国互联网信息中心（CNNIC）发布的《第 37 次中国互联网络发展状况统计报告》显示，截至 2015年 12 月，我国使用网上支付的用户规模达到 4.16 亿，较 2014 年底增加1.12 亿，增长率达到 36.8%。与 2014 年 12 月相比，我国网民使用网上支付的比例从 46.9% 提升至 60.5%。值得注意的是，2015 年手机网上支付增长尤为迅速，用户规模达到 3.58 亿，增长率为 64.5%，网民手机网上支付的使用比例由 39.0% 提高到 57.7%。此外，随着支付产业链持续完善，近年来第三方支付企业的互联网支付交易高速增长，呈现出单笔量很小、使用海量的长尾特征。

三是 P2P 网络信贷市场空间巨大，将逐步替代部分传统存贷款业务。从全球发展趋势来看，P2P 模式在解决银行信息不对称和成本难题方面提供了一种较为有效的途径，基于互联网大数据与便捷信息流，极大消除了信息不对称的障碍，降低了交易成本，为中小微企业和低收入群体提供了方便快捷的金融服务，进一步提高了金融普惠性。随着行业模式的认可度逐步提升及监管的逐步规范，P2P 网络信贷未来将逐步替代部分传统存贷款业务。2012 年 12 月，英国财政部对 P2P 行业表示认可，宣布将进行监管，鼓励人们信任这个行业，以促进其发展。此外，大量风险投资看好P2P 行业并纷纷注资，为 P2P 发展提供了有力后盾。从我国情况看，由于绝大多数中小微企业仍无法通过直接融资方式获取资金，间接融资渠道资金成本偏高且存在较高的隐性进入门槛，中小微企业融资难问题尚未得到有效解决；而从资金供给方看，投资渠道匮乏使低利率与高储蓄率长期并存，数以万亿计的资金在寻求相对安全和高收益的投资渠道，这种资金需求旺盛而供给不足的矛盾，为我国 P2P 网络信贷发展提供了广阔的市场空间。随着我国信用体系建设的完善和行业监管的逐步加强、客户互联网使用习惯的成熟和 P2P 平台自身实力的加强，借贷流程将趋于透明化、规范化，进一步带动 P2P 行业健康发展。

四是众筹融资将替代部分传统证券业务，但国内外发展模式存在差异。美国 JOBS 法案的通过，使得众筹融资替代部分传统证券业务成为可能，未来众筹融资将逐步替代部分传统证券业务。但由于法律体系及监管原则存在差异，我国众筹模式发展目前尚不能突破非法集资的底线，因此不能简单复制美国模式。2013年5月，证监会已将部分公司利用淘宝网、微博等互联网平台擅自向公众转让股权、成立私募基金等行为定性为一种新型的非法证券活动。

第二章 网络银行的发展和模式

2.1 网络银行的相关概念

2.1.1 定义

网络银行，又称网上银行或在线银行，英文为 Internet bank 或 Network bank，是指一种以信息技术和互联网技术为依托，通过互联网平台向用户开展和提供开户、销户、查询、对账、行内转账、跨行转账、信贷、网上证券、投资理财等各种金融服务的新型银行机构与服务形式，为用户提供全方位、全天候、便捷、实时的快捷金融服务系统。表 2 – 1 列举了世界各主要监管机构对网络银行的定义。

表 2 –1　　　　　　　世界主要监管机构对网络银行的定义

监管机构	网络银行的定义
美国货币监理署	网络银行是一种通过电子计算机或相关的智能设备使银行的客户登录账户，获取金融服务和相关产品等信息的系统
美国联邦储备委员会	网络银行是指利用互联网作为其产品、服务和信息的业务渠道，向其零售和公司客户提供服务的银行
巴塞尔银行监管委员会	网络银行是指通过电子通道提供零售和小额产品和服务的银行，这些产品和服务包括存贷款、账户管理、金融顾问、电子账务支付及其他一些诸如电子货币等电子支付的产品与服务
欧洲银行标准委员会	能够使个人或相关企业使用电子计算机、机顶盒、无线网络电视及数字设备登录互联网，获取银行相关产品和服务的银行

从狭义上看，网络银行主要指传统商业银行的线下渠道向线上渠道的延伸，业务模式更多的是依托物理网点办理开户和其他面签业务，再通过互联网提供支付、转账、交易等一部分银行业务。在性质上，狭义的网络

银行不是一种新的银行形式，而是银行业务的网络渠道，通常也被称为"电子银行"。银监会于 2006 年颁布的《电子银行业务管理办法》，把"电子银行业务"定义为"商业银行等银行业金融机构利用面向社会公众开放的通信通道或开放型公众网络，以及银行为特定自助服务设施或客户建立的专用网络，向客户提供的银行服务"。

从广义上看，网络银行是依托互联网开展业务的银行服务形态，既包括通过互联网渠道提供部分银行业务的传统银行，也包括没有物理网点、纯粹依靠互联网提供所有银行业务的独立法人银行。就具体本质而言，无论是传统银行的网上银行业务，还是新的、完全依靠互联网经营的网络银行，都没有改变银行业务的本质，都具有同样的银行信用中介、风险管理、支付清算等银行基本职能。因此，广义上的网络银行是指商业银行通过电脑、手机、电话等远程渠道为客户提供部分或全部银行业务，既包括传统银行推出的网上银行业务、直销银行业务，也包括没有物理网点、完全依托互联网提供服务的纯网络银行。其中，纯网络银行是指完全没有物理网点的网络银行。

2.1.2　分类

按目前各家银行开通的网上银行服务系统，一般分为个人网上银行和企业网上银行。无论是个人网上银行或企业网上银行，都是以互联网为媒介，为客户提供金融服务的电子银行产品。各家银行为了把个人客户和企业客户区别开来，故按个人结算账户和企业资金结算账户的清分法，把网上银行服务系统细分为个人客户和企业客户，但实际操作流程及其产生的效果大致相同。

2.1.3　功能

网上银行是信息时代的产物。它的诞生，使原来必须到银行柜台办理业务的客户，通过互联网便可直接进入银行，随意进行账务查询、转账、外汇买卖、银行转账、网上购物、账户挂失等业务，客户真正做到足不出户办妥一切银行业务。网上银行服务系统的开通，对银行和客户来说，都将大大提高工作效率，让资金创造最大效益，从而降低生产经营成本。作为企业客户，还可通过网上银行，把业务延伸到商贸往来的方方面面。如中国银行广东省分行的网上银行"中银 E 点通"，便是针对中国银行在广东地区的外向型企业特点而开发。该网上银行系统把"企业集团服务系统"和针对外向型企业的"报关即时通"进行整合，使之更具实用性，产生的效果也更加明显。其中"企业集团服务系统"专门针对集团企业开发，从根本上解决了集团性企业跨地区的账户查询、资金管理和资金汇划问题。

2.1.4　安全性

一般来说，只要采取了足够的安全措施，网上银行就是安全的。安全措施是多层次全方位的。例如，为了抵御黑客入侵，可以在网络系统中安装高性能的防火墙和入侵检测系统（IDS）。为了防止不法分子诈骗可以采用强身份鉴别技术。现在使用最多、最普遍的密码或口令措施是一种简单易用的身份识别手段，但是安全性比较低，容易泄露或被攻破。更有效的方法是采用 PKI 技术设施，其核心就是使用数字证书认证机制。可以这样讲，如果网上银行系统中采用了数字证书认证技术，不法分子即使窃取了卡号和密码，也无法在网上银行交易中实现诈骗。

2.1.5　优点

与传统银行业务相比，网上银行的优势效应正日益显现：

一是低成本和价格优势。这是因为：

1. 组建成本低。一般而言，网络银行的创建费用只相当于传统银行开办一个小分支机构的费用。

2. 业务成本低。就银行一笔业务的成本来看，手工交易约为 1 美元，ATM 和电话交易约为 25 美分，而互联网交易仅需 1 美分，只有手工交易单位成本的 1%。

3. 价格优势。由于网上银行运营成本比较低，可将节省的成本与客户共享，通过提供较传统银行高的存款利率、低收费、部分服务免费等方法争夺客户和业务市场。不仅如此，通过网络电子确认系统，还可避免诈骗和损失。如在美国，目前支票占支付市场的 60%，传统纸质支票诈骗曾使零售商每年损失 120 亿美元，而电子支票不仅消除了支票诈骗的可能性，而且节省了处理大量纸质支票的费用和时间。

二是互动性与持续性服务。网上银行系统与客户之间，可以通过电子邮件、账户查询、贷款申请或档案的更新等途径，实现网络在线实时沟通，客户可以在任何时间、任何地方通过互联网就能得到银行的金融服务。银行业务不受时空限制，每天可向客户提供 24 小时不间断服务。

三是私密性与标准化服务。网上银行通过私码与公码两套加密系统对客户进行隐私保护。网上银行提供的服务比营业网点更标准、更规范，避免了因工作人员的业务素质高低及情绪好坏所带来的服务满意度的差异。

四是业务全球化。网上银行是一个开放的体系，是全球化的银行。网上银行利用互联网能够提供全球化的金融服务，可以快捷地进行不同语言文字之间的转换，为银行开拓国际市场创造了条件。传统银行是通过设立分支机构开拓国际市场的，而网上银行只需借助互联网，便可以将其金融业务和市场延伸到全球的每个角落，把世界上每个公民都当做自己的潜在客户去争取。网上银行无疑是金融运营方式的革命，它使得银行竞争突破国界变为全球性竞争。

2.2　我国网络银行的发展状况

网络银行的发展开始于 20 世纪 80 年代，随着网络技术为核心的现代信息技术的发展，传统银行开始探索利用现代信息技术及互联网发展业务。早在 1981 年，美国花旗银行、大通曼哈顿银行、纽约化学银行和汉华实业银行分别开始通过电话线连接家庭视频的方式开展了远程银行服务。而作为世界最早的纯网络银行之一，第一家直营银行由当时英国四大银行之一的米德兰银行于 1989 年 10 月创办。第一家直营银行通过电话提供银行服务，没有设立物理营业网点。根据维基百科数据，1991 年第一家直营银行的客户总数就达到了 10 万，到 1995 年已经超过 50 万客户，成为当时世界上最大的"虚拟银行"。目前，国外网络银行已经是一种成熟的银行业态，这对我国网络银行的发展有重要的借鉴意义。

我国网络银行的发展始于 1997 年，招商银行率先推出网上银行业务，接着中国银行抛出自己的电子钱包。随后，中国建设银行、交通银行、中国工商银行、中国农业银行等也都陆续完成各自的"E"化之路。一些中小商业银行，如中信银行、中国民生银行等也纷纷开通网上支付业务。到 2008 年底，在互联网上设立网站的中资银行达 50 多家，占中国现有各类银行的 27%。到 2009 年，网络银行个人客户超过 4000 万户，企业客户超过 6 万户。到 2010 年底，国内网络银行的总交易额接近 20 万亿元，企业客户总数超过 10 万户，2011 年网上银行交易量超过 40 万亿元，是 2010 年的两倍。

以阿里巴巴和腾讯集团为代表的互联网巨头在 2013 年就开始进入金融服务领域，双方旗下的支付宝和微信也开通了金融理财业务，利用其拥有的海量客户资源和支付平台，建立起了银行金融服务代理的全国性金融网络，二者的金融业务占据了非金融支付市场 70% 以上的份额。

2014 年中下旬，腾讯集团和蚂蚁金服集团的银行筹建申请得到中国银监会的获准批复，这两家获得批准的银行分别是深圳前海微众银行和浙江网商银行，两者将利用各自的社交平台和支付平台所掌握的海量粘性用户和信用体系进行业务拓展，经营活动和业务模式的运行也主要依靠互联网和移动终端。

2015 年年初，试营业的深圳前海微众银行利用网络大数据和人脸识别技术，为首位试用客户提供了 35000 元的低息贷款。这是微众银行作为国内最先营业的纯网络银行完成的第一笔放贷业务，这家银行不设物理柜台和实体网点，通过与传统商业银行进行业务合作，利用 PC 和手机客户端进行在线金融投资和理财服务。

2015 年 1 月 18 日深圳前海微众银行开始试营业，微众银行试营业采用"白名单"制，筛选并邀请部分客户抢先体验，致力于加强同业联动，建立合作关系，以求完善服务与产品的风险控制和流程来达到正式营业的标准。

为了应对网络银行在线开户和信用贷款的业务模式的发展需求，中国人民银行下发了《关于银行业金融机构远程开立人民币银行账户的指导意见》，该举措为我国互联网银行的发展和监管提供了政策指导，中小企业融资难、融资结构不合理、社会融资成本高是网络银行产生的背景，虽然它的金融业务与传统商业银行有重叠之处，但其服务与创新的侧重点是大中型商业银行忽视的小微企业与低端客户，而大中型国有企业和高端大客户等优质客户资源仍然是传统银行的重要服务对象与优势所在。

2.3 我国网络银行发展前景分析

1. 国家政策支持是网络银行发展的保障。网络银行的发展得到了国家政策和制度的支持。2015年1月初，中国人民银行印发《关于做好个人征信业务准备工作的通知》，要求芝麻信用管理有限公司、深圳前海征信中心股份有限公司等八家征信机构按照《征信业管理条例》规定，对我国个人征信业务进行准备和完善工作。与此同时，中国人民银行也发布了《关于银行业金融机构远程开立人民币银行账户的指导意见》，针对网络银行远程开立账户的业务需求提出框架性意见。国家监管政策的不断完善，从制度方面为网络银行的发展保驾护航，在此基础上，深化金融市场改革，推进利率市场化进程，从而提高中国银行业的整体金融服务水平和效率。

2. 低成本是网络银行发展的关键。网络银行运营模式的特殊性决定了其经营成本要远低于传统商业银行。首先，网络银行利用互联网平台的积聚效应能较快吸引到潜在用户关注，大幅降低用户开发的边际成本。其次，网络银行依托便捷、实时的互联网和移动网络进行金融业务交易，相对传统银行而言具有业务成本低、交易速度快、全天候服务等优势，节约了用户金融交易的时间成本。最后，网络银行无物理网点和营业柜台，节省了固定资产的建设、租赁、管理等成本，同时，其运营不需要大量从事烦琐基础业务的银行柜员，大大降低了人力资源管理成本。

3. 互联网技术是网络银行的发展助力。网络银行的兴起根本上是互联网技术与传统银行业的创新结合，它是互联网行业利用网络思维进行商业创新、利用电子商务进行业务拓展、利用金融资本进行实力扩张，其发展可概括为"借助新技术，创造新模式，面向新生代，提供新业务"。网络银行依托互联网商业平台多年来积聚的海量客户资源和大数据征信构建金融服务体系，利用先进的互联网技术进行风险控制，以实现金融交易安全。

4. 人性化金融服务是网络银行发展的重点。网络银行是互联网技术和银行业融合的产物，它利用互联网实时、方便、快捷的优势为用户提供一种全新的金融服务模式，在这种模式下，用户可以突破传统商业银行在时间和空间上的限制，随时随地享受网络银行提供的各种金融服务，方便快捷地管理自己的资产。互联网银行以用户需求为导向，根据小微企业的融资贷款需求和普通大众的投资理财需求设计金融产品，最大限度地满足用户多样化、特色化、差异化的资本需求。

目前，我国网络银行的运营模式仍然有不足之处，但随着网络银行金融业务的不断发展和国家监管制度的不断完善，网络银行必将为广大民众和中小企业所接受。总之，互联网银行的发展前景是无止境的，对它的研究也是无止境的。

2.4 我国网络银行运营模式分析

网络银行不同于传统商业银行的运营模式，其经营活动立足于互联网络和移动网络，充分利用互联网思想和技术，通过大数据分析，服务草根消费者和小微企业，拓宽网络商业的边界。网络银行的运行不需要众多的建筑物和从业人员，节省了大量的固定资产建设和人力资源管理成本，增加了企业的流动资产和现金流，提高了资金的利用效率。同时，其利用自身的社交平台、支付平台拥有的海量粘性客户和信用体系，能够在较短时间内吸引到目标客户群，为客户提供更安全可靠、方便快捷的金融服务。网络银行的成本优势、技术优势和互联网背景决定了其区别于传统商业银行的经营理念和模式。其运营模式主要包括以下几个方面：

2.4.1　我国网络银行的业务模式

1. 网络银行以个人业务和小微企业为核心，重点聚焦于社会中等阶层甚至是中等偏下阶层，以"普惠金融"为概念，主要面对个人或企业的小微贷款需求，借助便捷、实时的互联网和手机、电话等网络设备，其金融业务可以快速地覆盖到全国各地的普通大众，从而突破传统商业银行的地域、时间和金额等的限制。

2. 互联网银行以服务立行，不经营传统的现金业务，其金融业务模式定位于小存小贷，主要为小微企业和普通客户提供 20 万元以下的存款产品及 500 万元以下的贷款产品。同时，中间业务将成为其发展重点，以弥补传统商业银行中间业务发展存在的不足，同时加强与同行的金融业务合作，更好地完善我国的金融市场。

3. 互联网银行主要的利润来自于基础业务增值和特色业务定制等金融服务，它们为客户提供低价或免费的跨行转账、还款、缴费等基础增值服务，以此来获得海量的用户流量。同时，利用其支付平台和社交平台所特有的网络效应，可以吸引更多的用户加入其银行金融网络，针对不同客户群的需求进而开发出特色的定制理财业务和融资业务，此举不仅能为目标客户群提供大众化、多样化、个性化的金融投融资产品，丰富我国的金融理财市场，同时也能缓解我国现阶段存在非法集资问题，引导民间资本流向合理、合法的投资理财渠道。

2.4.2　我国网络银行的渠道模式

1. 与传统银行依托遍布全国的物理网点开展经营业务不同，除了少数办事机构和体验性网点之外，网络银行不需要投入大量资金购买或租赁固定资产，也不需要雇用众多的银行从业人员办理效率不高、利润较低的基础业务，而是利用其已经聚集了海量客户资源的互联网商业平台所产生的网络效应来吸引目标客户群的关注与使用，并且能够在较短时间内为草根民众和小微企业提供传统商业银行无法提供的普惠金融服务，从而解决其营业初期在粘性用户和资金规模方面存在的不足。

2. 传统商业银行受制于我国个人信用监管体系缺失的影响，其不良贷款率居高不下，而网络银行在普通消费者和小微企业的信用监管方面具有独特的优势，凭借互联网商业平台完善的征信监管体系，网络银行在营业初期就能较好地把控贷款风险。以浙江网商银行为例，其控股股东蚂蚁金服旗下的支付宝平台掌握着数亿消费者的消费信息，利用这些信息可以为众多个人用户建立初级的信用评价体系，解决我国普通民众个人征信系统的缺失；而蚂蚁金服控股的阿里小贷公司在小微企业和创业公司的小额贷款方面拥有丰富的经验，其在风控革新道路上探索出了"量化放贷"的贷款模式，可以利用较小的成本进行风险把控，从而获得高于同期金融行业的贷款收入。

3. 网络银行利用其拥有的丰富的大数据信息、海量的客户资源和先进的互联网技术与传统商业银行进行合作，以解决其实体网点不足的缺陷。网络银行更多的是作为一个金融交易平台，一边服务包括商业银行、证券期货在内的金融机构，另一边服务小微企业和个人储户，然后进行两边撮合。而与同业合作是在客户、资金、产品方面的全面合作，网络银行设计产品、提供风控模式，其他金融机构提供资金，网络银行介绍客户，实现线上与线下客户共享。

4. 传统商业银行主要依靠营业柜台和实体网点为客户提供服务，而网络银行则是以互联网、手机、电话为主要的服务手段。用户办理银行业务时，不需要受各个商业银行营业时间和营业网点的限制，而只需要打开互联网或手机客户端的网络银行服务网站，就可进行金融业务的实时自助办理，同时也可以方便、快捷地获得网络银行的全天候人工服务。统计数据显示，截至 2014 年 12 月，我国网民规模达 6.49 亿，互联网普及率为47.9%，较 2013 年底提升了 2.1 个百分点。手机网民规模达 5.57 亿，网民中使用手机上网的人群占比由 2013 年的 81.0% 提升至 85.8%。网络技术的普及和网民规模的增加将为我国互联网银行的发展提供源源不断的动力。

2.4.3 我国网络银行的组织模式

1. 网络银行的运营模式决定其无法采用传统银行的"面签"模式，而必须创造性地实行"弱实名制"的账户开立方法：客户利用互联网或手机客户端的人脸识别软件进行脸部图像扫描上传，由网络银行后台运营人员用影像识别技术对申请客户的人脸影像、身份证照片和公安部预留图像进行影像一致性核对，通过核对的客户即可开立互联网银行账户。客户可通过与互联网银行建立合作关系的商业银行进行现金的存取、跨行转账结算等业务。

2. 网络银行的发展在很大程度上要依托于互联网商业平台的建设，这其中包括完善的金融生态圈和垂直支付链等一系列的金融工具。与此同时，互联网银行的发展也为电商圈和网民的支付结算需求提供了便捷、安全的金融服务。

3. 网络银行依托互联网商业平台海量的客户资源和先进的大数据技术，可以很快成为全国性的支付结算金融组织。以浙江网商银行和前海微众银行为代表的网络银行借助于支付宝、财付通等支付机构打下的基础，可以很快地建成全国性金融网络，向传统商业银行以及证券期货、保险、信托等相关金融公司推送交易，以金融从业者或代理者的身份开展各种跨行业、跨机构的经济业务。

4. 互联网银行拥有众多网络技术领域的高科技人才，在大数据和云计算等互联网技术方面具有独特的优势，其在金融领域进行的网络技术研发将改变我国传统商业银行在技术层面的不足。

2.5　美国纯网络银行发展的启示

1995 年 10 月，全球首家以网络银行冠名的金融组织"安全第一网络银行"（SFNB）在美国成立，它标志着一种新的银行模式的诞生，从此网络银行的发展就像雨后春笋般飞速增长，甚至有人认为它会取代传统银行。但经过多年的发展，传统银行实施了"网上、网下业务兼营"战略，生意盎然，而不少纯网络银行却面临着衰退的危险，出现了利润下滑、亏损，甚至被兼并重组。如 SFNB 在 1998 年就出现了停滞的迹象，并在同年被加拿大规模最大的皇家银行以 2000 万美元收购。对美国纯网络银行进行研究后发现，采用全方位发展模式的纯网络银行已所剩无几，目前仅存的知名的有"第一网络银行"，而特色化发展模式的纯网络银行在传统银行的夹缝中占据了一席之地。为什么特色化的纯网络银行能够茁壮成长，而全方位发展的纯网络银行几乎遭到灭顶之灾？我们认为可以从以下几个方面进行分析。

2.5.1 为谁提供服务

不论是传统银行还是纯网络银行，关键的一点是要吸引尽可能多的客户，并一直保持相对稳定的客户群体。从理论上来说，纯网络银行基本可以覆盖传统银行的所有客户，但是否应该像全方位发展模式的纯网络银行那样将所有人群都纳入目标客户，值得商榷。相比于传统银行的"金字招牌"，纯网络银行的品牌信任度需要时间提升，比如现金流较大的客户，他们往往更信任传统金融机构。因此大量纯网络银行为了与传统银行竞争，不得不采取不计成本的营销策略，如大幅增加广告支出、推行免费服务等，市场开拓的费用巨大，使得节约的营业场所租用费用、员工雇用费用等成本优势荡然无存。反观目前发展较好的特色化纯网络银行，如 ING Direct USA 的直销银行、BOFI 银行等，都对目标客户进行了严格限定。ING Direct USA 经过详细的调研，将直销银行的目标客户群体特征界定为：（1）中等收入阶层，非常重视储蓄存款的利息收入增长；（2）对传统金融服务需要耗费大量时间很不满意；（3）有网络消费的习惯，经常在网上购买日常用品，进行休闲消费；（4）父母级的群体，年龄大概介于 30 ~ 50 岁。通过精准的客户定位，ING Direct USA 以有限的资源提供了独特的服务，用于满足此类客户群体的金融需求，使得客户数量快速增长。在开始营业 6 个月后，ING Direct USA 客户数量已超过10 万人，并且由于其目标客户群体有网络消费的良好习惯，这些客户在银行站点上的逗留时间约为 16 分钟，而传统银行的用户则需要在银行站点上花费 60 分钟左右，因此 ING Direct USA 也通过定位目标客户将网络维护成本降到了最低。

2.5.2　提供什么服务

通过独特的客户群体定位使目标客户同质化，从而不需要个性化的产品和服务，可以大幅降低对金融资源的占用，从而减少经营成本，有利于纯网络银行初期的发展。复杂的金融产品并不适合在网络上销售，而适合于客户在专家指导下购买。美国的部分直销银行如翼展银行（Wingspan Bank）于 2000 年宣告失败，究其原因，翼展银行在前期依靠低成本获得大量客户之后，试图通过不断增加银行产品来满足不同客户日益增加的差异化金融服务需求，结果导致其产品结构日趋复杂，成本结构突变，经营压力上升，从而陷入困境。而其他纯网络银行通过在银行业的一些细分领域挖掘机会，占领了市场份额。如 BOFI 针对精通科技的年轻一代，利用"Bank X"推出界面酷炫且收益更高的储蓄账户服务，通过大力推广 Mobile banking、Email banking、Message banking、Popmoney 等终端渠道，加大对年轻一代用户的宣传，获得了巨大成功。ING Direct USA 将其银行产品定位于"简单"，不仅使得产品结构简单而易于理解，同时还从成本控制的角度令公司经营保持相对优势。简单、有限的金融服务，使得客户可以在短时间内通过网络和电话作出具有针对性的选择并完成交易，降低客户的时间成本，同时也减少了银行自身的网络维护成本。

2.5.3　如何提供服务

美国 SFNB 失败的一个主要原因，也反映了此类纯网络银行的一个通病，那就是这些银行以网络操作的便捷性与相对高的储蓄利率来吸引客户，而不是以专业的金融服务、技能为核心竞争力。换句话说，这些纯网络银行并不真正了解客户的金融需求。在这种情况下，会导致客户粘性不足，使机构盈利能力单薄。此外，互联网络的安全性问题，也让一部分客户对纯网络银行顾虑重重。为了尽可能降低这些问题所带来的负面效果，美国的纯网络银行想了多种办法，也取得了一定的效果。ING Direct USA 在洛杉矶、纽约等城市设立了有限的 ING Direct 咖啡馆，并将咖啡馆的店员培训为金融顾问，能够以简单易懂的交流方式为客户提供相关的金融服务建议，同时客户和潜在客户可以在喝咖啡、上网时，和店员讨论开设账户或者购买任何产品的相关问题，使咖啡馆成为其主要的线下服务网点。为了提高客户的安全感，ING Direct USA 为存款客户提供联邦存款保险公司的存款保障；在其网站上向客户详尽介绍各种可能出现的网络诈骗以及非法盗取信息的情况，并告知客户在每种情况下应该采取的应对措施，从而在最大限度上保障了客户资金和信息安全。

第三章　第三方支付的发展

3.1　第三方支付的基本概念及特点

3.1.1　基本概念

1. 第三方支付的定义

第三方支付是具备一定实力和信誉保障的第三方独立机构，采用与国内外各大银行签约的方式，借助银行卡等卡基支付工具或虚拟账户、虚拟货币等网上支付工具，提供与银行支付结算系统衔接的交易支持平台。

在通过第三方支付平台的交易中，买方选购商品后，使用第三方平台提供的账户进行货款支付，由第三方通知卖家货款到达、进行发货；买方检验物品后，就可以通知付款给卖家，第三方再将款项转至卖家账户。

2. 第三方支付的方式

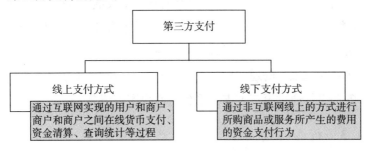

图 3-1　第三方支付方式

（1）线上支付方式。线上支付是指通过互联网实现的用户和商户、商户和商户之间在线货币支付、资金清算、查询统计等过程。网上支付完成了使用者信息传递和资金转移的过程。广义的线上支付包括直接使用网上银行进行的支付和通过第三方支付平台间接使用网上银行进行的支付。狭义的线上支付仅指通过第三方支付平台实现的互联网在线支付,包括网上支付和移动支付中的远程支付。本书中所指的线上支付,除特殊的说明外,均使用狭义的定义。

(2)线下支付方式。线下支付区别于网上银行等线上支付,是指通过非互联网线上的方式进行所购商品或服务所产生的费用的资金支付行为。其中,订单的产生可能通过互联网线上完成。新兴线下支付的具体表现形式包括 POS 机刷卡支付、拉卡拉等自助终端支付、电话支付、手机近端支付、电视支付等。但由于本书聚焦第三方支付市场,因此线下支付特指除POS 机刷卡支付以外的线下支付方式。

3.1.2 支付流程

1. 网上消费者浏览商户检索网页并选择相应商品,下订单达成交易;

2. 随后,在弹出的支付页面上,网上消费者选择具体的某一个第三方支付平台,直接链接到其安全支付服务器上,在第三方支付的页面上选择合适的支付方式,点击后进入银行支付页面进行支付;

3. 第三方支付平台将网上消费者的支付信息,按照各银行支付网关技术要求,传递到相关银行;

4. 由相关银行(银联)检查网上消费者的支付能力、实行冻结、扣账或者划账,并将结果信息回传给第三方支付平台和网上消费者;

5. 第三方支付平台将支付结果通知商户;

6. 接到支付成功的通知后,商户向网上消费者发货或者提供服务;

7. 各个银行通过第三方支付平台与商户实施清算。

3.1.3 行业特点

第一,第三方支付平台提供一系列的应用接口程序,将多种银行卡支付方式整合到一个界面上,负责交易结算中与银行的对接,使网上购物更加快捷、便利。消费者和商家不需要在不同的银行开设不同的账户,可以帮助消费者降低网上购物的成本,帮助商家降低运营成本;同时,还可以帮助银行节省网关开发费用,并为银行带来一定的潜在利润。

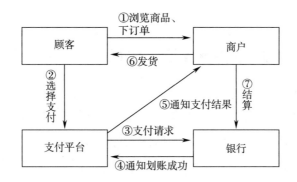

图 3 – 2　第三方支付流程

第二，较之 SSL、SET 等支付协议，利用第三方支付平台进行支付操作更加简单而易于接受。SSL 是现在应用比较广泛的安全协议，在 SSL 中只需要验证商家的身份。SET 协议是目前发展的基于信用卡支付系统的比较成熟的技术。但在 SET 中，各方的身份都需要通过 CA 进行认证，程序复杂，手续繁多，速度慢且实现成本高。有了第三方支付平台，商家和客户之间的交涉由第三方来完成，使网上交易变得更加简单。

第三，第三方支付平台本身依附于大型的门户网站，且以与其合作的银行的信用作为信用依托，因此第三方支付平台能够较好地突破网上交易中的信用问题，有利于推动电子商务的快速发展。

3.2　第三方支付的分类

目前，无论是学术界、产业界还是监管部门，对第三方支付的分类都不尽相同，主要的分类方式主要有三种：一是《非金融机构支付服务管理办法》中对第三方支付的分类；二是根据提供第三方支付服务的主体性质进行的分类；三是根据支付服务的不同业务属性进行的分类。这三种分类分别是从现行监管的便利、支付业务不同属性特点出发对主流的支付业务进行分类。这其中，《办法》的分类方式是将第三方支付按业务类型划分为网络支付、预付卡的发行与受理、银行卡收单。这种分类方式虽然符合一般大众的认识，但分类标准前后不尽一致，不同业务分类之间有交叉，不能很好地体现完整、严谨的监管意图。而按照支付机构性质、支付业务属性进行分类则角度太狭窄，分类也比较繁杂。

3.2.1 《非金融机构支付服务管理办法》中的分类

1. 网络支付

所谓网络支付，是指依托公共网络或专用网络在收付款人之间转移货币资金的行为，包括货币汇兑、互联网支付、移动电话支付、固定电话支付、数字电视支付等。网络支付以第三方支付机构为支付服务提供主体，以互联网等开放网络为支付渠道，通过第三方支付机构与各商业银行之间的支付接口，在商户、消费者与银行之间形成一个完整的支付服务流程。

根据网络支付服务具体业务流程的不同，网络支付，尤其是其中的互联网支付主要存在两种模式："支付网关模式"和"虚拟账户模式"，其中虚拟账户模式还可以细分为"信用中介型账户模式"和"直付型账户模式"两种。下面是对各支付模式的详细分析。

（1）支付网关模式

支付网关模式又称为网关支付，是电子商务中使用最多的一种互联网支付服务模式。该模式的主要特点是在网上商户和银行网关之间增加一个第三方支付网关，由第三方支付网关负责集成不同银行的网银接口，并为网上商户提供统一的支付接口和结算对账等业务服务。在这种模式下，第三方支付机构把所有银行网关（网银、电话银行）集成在了一个平台上，商户和消费者只需要使用支付机构的一个平台就可以连接多个银行网关，实现一点接入，为商户和消费者提供多种的银行卡互联网支付服务。

（2）虚拟账户模式

虚拟账户模式是指第三方支付机构不仅为商户提供银行支付网关的集成服务，还为客户提供了一个虚拟账户，该虚拟账户可与客户的银行账户进行绑定或者对接，客户可以从银行账户等资金源向虚拟账户中充入资金，或从虚拟账户向银行账户注入资金。客户在网上的支付交易可在客户的虚拟账户之间完成，也可在虚拟账户与银行账户之间完成。

虚拟账户模式加快了资金清算速度，减少了使用银行支付服务的成本。虚拟账户模式不仅具有支付网关模式集中银行支付接口的优点，还解决了交易中信息不对称的问题。通过虚拟账户对商户和消费者的银行账号、密码等进行屏蔽，买家和卖家都不能互知对方的此类信息，由此减少了用户账户机密信息暴露的机会；可为电子商务等交易提供信用担保，为网上消费者提供了信用增强，由此解决了中国互联网支付的信用缺失问题。当然，在具体业务操作过程中，当虚拟账户资金被真实转移到客户银行账户之前，是汇集起存放在第三方支付机构的银行账户中的，这导致该模式在用户交易资金管理上可能存在一定风险。

在虚拟账户模式下，虚拟账户是非常重要的，是所有支付业务流程的基本载体，根据虚拟账户承担的不同功能，虚拟账户模式又可细分为"信用中介型账户模式"和"直付型账户模式"两类。

在信用中介型账户模式中，虚拟账户不仅是一个资金流转的载体，而且还起到信用中介的作用。这里所谓的信用中介，是指提供信用中介型支付模式的第三方支付机构将其自身的商业信用注入该支付模式中：交易发生时，先由第三方支付机构暂替买方保存货款，待买家收到交易商品并确认无误后，再委托第三方支付机构将货款支付给卖家。支付宝提供的虚拟账户支付服务就是一种典型的信用中介型支付模式。从信用中介型账户模式的发展来看，该模式有以下两个明显的特点：第一，具有虚拟账户模式的所有功能，包括基于虚拟账户的资金流转、银行支付网关集成等；第二，为交易提供了"信用增强功能"：传统的交易信用来自于买卖双方的

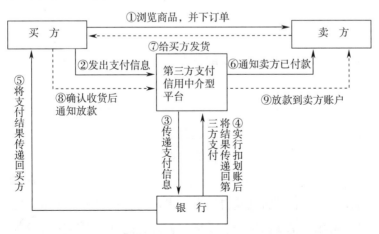

图 3-3 信用中介型账户模式业务流程示意图

信用，而通过信用中介型账户模式实现的交易，第三方支付机构在交易中不仅提供了支付功能，还融入了第三方支付机构的商业信用，这就大大增强了交易的信用，提高了交易的达成率。

直付型账户模式交易流程较为简单，支付平台中的虚拟账户只负责资金的暂时存放和转移，不承担信用中介等其他功能。如果要实现直付型账户支付模式，买卖双方首先在支付平台上设置虚拟账号，并进行各自银行账户与虚拟账户的关联。在交易过程中，支付平台根据支付信息将资金从买家银行账户转移到买家虚拟账户、再从买家虚拟账户转移到卖家虚拟账户，并最终划付给卖家的银行账户，整个交易过程对买卖双方而言，都通过虚拟账户进行操作并实现。提供直付型账户模式的第三方支付机构有很多，国外知名的公司有 PayPal，国内则有快钱、盛付通。

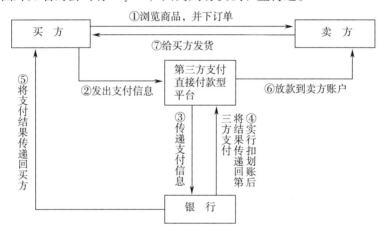

图 3 - 4　直付型账户模式业务流程示意图

2. 预付卡发行与受理

预付卡是以先付费后消费为支付模式，以盈利为目的而发行的，可购买商品或服务的有预付价值的卡，包括磁条、芯片等卡片形式。预付卡与银行卡相比，它不与持卡人的银行账户直接关联。

目前市场上流通的预付卡主要可分成两大类，一类是单用途预付卡：企业通过购买、委托等方式获得制卡技术并发售预付卡，该卡只能在发卡机构内消费使用，主要由电信、商场、餐饮、健身、美容美发等领域的企

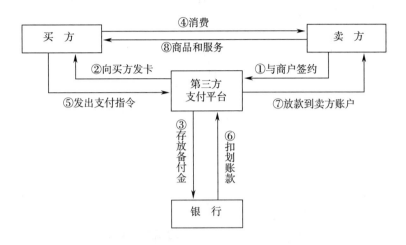

图3-5 预付卡的业务流程示意图

业发行并受理；另一类是多用途预付卡，主要由第三方支付机构发行，该机构与众多商家签订协议，布放受理POS终端机，消费者可以凭该卡到众多的联盟商户刷卡进行跨行业消费，典型的多用途卡有斯玛特卡、得仕卡等。

3. 银行卡收单

银行卡收单业务是指收单机构通过银行卡受理终端为银行卡特约商户代收货币资金的行为。其中，受理终端是指通过银行卡信息读入装置生成银行卡交易指令要素的各类支付终端，包括销售点（POS）终端、转账POS、电话POS、多用途金融IC卡支付终端、非接触式接受银行卡信息终端、有线电视刷卡终端、自助终端等类型；收单机构是指与特约商户签订银行卡受理协议并向该商户承诺付款以及承担核心业务主体责任的银行业金融机构和非金融机构。本文所指的银行卡收单特指当第三方支付机构作为收单机构，通过受理终端为签约商户代收货币资金的支付结算服务。

3.2.2 按第三方支付机构主体分类

研究第三方支付机构主体分类，是为了发现不同主体性质是否会影响监管政策的制定。根据主体性质的不同，有以下几种分类：

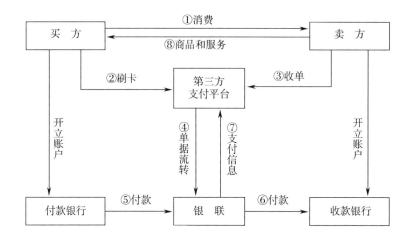

图 3-6   银行卡收单的业务流程示意图

1. 按照支付机构本身是否具有独立性可以分为两类：（1）独立的第三方支付机构：本身没有电子商务交易平台也不参与商品销售环节，只专注于支付服务，如快钱、通联支付、汇付天下等；（2）非独立的第三方支付机构：支付机构与某个电子商务平台属于集团联盟或者战略联盟关系，主要为该电子商务平台提供支付服务。如支付宝、财付通、盛付通等分别依托于淘宝网、拍拍网、QQ 和盛大网络。

2. 按注册资本性质可以分为：（1）国有控股第三方支付机构：指国有资本占控制权的第三方支付机构，典型代表是银联商务；（2）国有参股第三方支付机构：指在企业股权结构中有国有资本，但国有资本不占控制权，典型代表是通联支付；（3）民营第三方支付机构：指全部资本由境内投资者投资的企业，典型代表是支付宝、快钱等；（4）外商独资第三方支付机构：在中国境内设立的全部资本由外国投资者投资的企业，典型代表是贝宝（中国）；（5）中外合资第三方支付机构：指外国投资者和中国境内投资者共同出资的企业，典型代表是首信易。

3. 按支付机构的业务范围可以分为：（1）单一业务支付机构：只从事某一类别支付业务的支付机构，如只从事银行卡收单的杉德，只从事预付卡的资和信等；（2）综合业务支付机构：指从事多样化支付业务的支付机构，如快钱、通联支付等。

3.2.3 按第三方支付业务属性分类

根据第三方支付业务所具有的多种属性，结合第三方支付行业所存在的实际产品，可以有以下几种主要的分类方式：

1. 按支付指令传输通道进行分类：是指按支付指令传输所依托的信息网络通道分类。《办法》对网络支付的分类，就是按照这种方式。主要包括：互联网支付、移动网络支付、固话网络支付、数字电视网络支付。

2. 按支付终端进行分类：即根据支付指令发起方式分类，《电子支付指引（第一号）》（中国人民银行公告〔2005〕第23号）采用的是这种分类方法。主要包括：POS支付、PC支付、移动电话支付、固定电话支付、机顶盒支付、ATM支付。

3. 按支付距离的分类，主要包括：（1）近场支付：不需要使用远程移动网络，通过NFC、红外、蓝牙等其他技术，实现资金载体与售货机、POS机终端等设备之间支付指令传递，支付完毕，消费者即可得到商品或服务；（2）远程支付：支付的处理是在远程的服务器中进行，支付的信息需要通过网络传送到远程服务器中才可完成的支付。

4. 按交易主体的不同可以分为：（1）B2B支付，指第三方支付机构为企业与企业间的资金转移活动提供服务；（2）B2C支付，是指第三方支付机构为企业和个人间的资金转移活动提供服务；（3）C2C支付：是指第三方支付机构为个人与个人间的资金转移活动提供服务。

5. 按支付时间进行分类：这种分类是按付款人实际转移货币资金的时间与交易完成时间的先后关系来划分的。在《办法》中规定的"预付卡发行与受理"业务就是采用这种分类方式。主要包括：（1）预付支付：付款方在交易尚未完成前，需提前支付款项并由第三方支付机构给到收款方；（2）即时支付：指付款方在交易完成时已同步完成款项支付，并由第三方支付机构付给收款方；（3）信用支付：在交易过程中，由第三方支付机构独立或者会同商业银行为付款方提供垫资服务的支付行为。

6. 按货币资金存储方式：可以分成卡基支付和网基支付。（1）卡基支付：以银行卡（包括信用卡和借记卡）和预付卡为主要支付工具载体去实

33

现的各种支付服务；（2）网基支付：通过互联网、电话、手机等通讯终端实现基于账户（银行账户、第三方虚拟账户）的无卡（No card present）支付，这种类型支付通常不是通过读取卡片信息，而是通过密码来验证支付指令。卡基支付和网基支付现已成为我国个人使用最为广泛的非现金支付工具，对于便利居民日常收付，拓展个性化理财服务，促进旅游、消费、扩大税基，推动电子商务的发展具有重要的意义。

7. 按交易背景进行分类：按有无真实交易背景的分类方法在《办法》中也得到了部分体现，就是货币汇兑业务。主要包括：（1）有交易背景的支付：第三方支付机构服务的收付款人之间存在交易背景，如 B2C 支付、POS 收单等；（2）无交易背景的支付：第三方支付机构服务的收付款人之间没有交易背景，如货币汇兑业务。

8. 按是否具有信用中介功能，可以分为：（1）有信用中介功能的支付：第三方支付机构充当了信用中介的角色，在买方确认收到商品前，替买卖双方暂时监管货款的支付方式；（2）无信用中介功能的支付：第三方支付机构只作为单纯的支付服务中介，不承担信用中介职能。

3.3 第三方支付的发展现状及具体产品

3.3.1 我国第三方支付的发展状况

第三方支付方式在近年来逐渐发展成为国内支付产业中发展最迅速、服务商数量最多的支付模式。从时间上来看，虽然早在 1998 年我国已经有第三方电子支付，但是目前普遍将 2005 年称为是中国的"第三方支付元年"。2005 年 2 月由阿里巴巴旗下的淘宝网花费 3000 万美元巨资开发，联合中国工商银行、建设银行、招商银行等国内多家金融机构共同打造出"支付宝"第三方支付平台。在 2005 年前后集中出现了近 50 多家的第三方支付公司，但市场规模也仅仅只有 163 亿元，在短短的几年的时间里，第三方电子支付产业经历了从诞生到成熟的过程。第三方电子支付市场的发展与繁荣，使得更多的商家和企业涉足第三方电子支付市场，第三方电子支付产业在不断地竞争和整合中发展壮大。2010 年，中国人民银行《办法》的出台虽然消除了某些第三方支付企业业务发展的盲目性，使得第三方支付市场更加正规化、健康化。同时也将促使更多的支付服务运营主体参与到该市场中来，第三方电子支付市场的竞争将变得更为激烈。

根据中国电子商务研究中心发布的《2014 年上半年中国电子商务市场数据监测报告》，截止到 2014 年 6 月，全国电子商务交易额达 5.85 万亿元，同比增长 34.5%。其中，B2B 交易额达 4.5 万亿元，同比增长 32.4%。网络零售市场交易规模达 1.08 万亿元，同比增长 43.9%。另据该统计数据显示，2014 年国内第三方支付企业市场份额中：2014 年上半年，B2B 电子商务服务商营收份额中，支付宝以 77.83% 的市场份额居于市场首位，占据了互联网支付市场的大半壁江山；财付通以 9.55% 的市场份额位居第二；拉卡拉、钱袋宝和银联商务，分别以 7.46%、1.23% 和 0.41% 的市场占比分居第三至第五位。

在缺乏有效信用体系的网络交易环境中，第三方支付模式的推出，在一定程度上解决了网上银行支付方式不能对交易双方进行约束和监督，支付方式比较单一；以及在整个交易过程中，货物质量、交易诚信、退换要求等方面无法得到可靠的保证；交易欺诈广泛存在等问题。其优势体现在以下几方面：首先，对商家而言，通过第三方支付平台可以规避无法收到客户货款的风险，同时能够为客户提供多样化的支付工具。尤其为无法与银行网关建立接口的中小企业提供了便捷的支付平台。其次，对客户而言，不但可以规避无法收到货物的风险，而且货物质量在一定程度上也有了保障，增强客户网上交易的信心。最后，对银行而言，通过第三方平台银行可以扩展业务范畴，同时也节省了为大量中小企业提供网关接口的开发和维护费用。由此可见，第三方支付模式有效地保障了交易各方的利益，为整个交易的顺利进行提供支持。

3.3.2　第三方支付的具体产品

按照业务类型不同，第三方支付企业可以划分为三类。一是依托大型 B2C（企业与各客户之间的交易）、C2C（客户与客户之间交易）等网站的

35

网关支付，如支付宝、财付通、快钱等；二是通过销售点（POS）终端的线下支付，如拉卡拉；三是储值卡等预付卡服务。随着第三方支付服务业务范围、规模的不断扩大和新的支付工具的推广，以及市场竞争的日趋激烈，这个领域的问题逐渐暴露，新的风险隐患也相继产生。按照平台主体不同，第三方支付企业可以划分为两类。一类是以银联电子支付、快钱、汇付天下为首的金融型支付企业，侧重行业需求和开拓行业应用。另一类则是以支付宝、财付通为首的互联网型支付企业，它们以在线支付为主，捆绑大型电子商务网站，迅速做大做强。下面是主要产品介绍：

1. 支付宝

支付宝（中国）网络技术有限公司是国内领先的独立第三方支付平台，是由阿里巴巴集团马云先生在2004年12月创立的，是阿里巴巴集团的关联公司。支付宝致力于为中国电子商务提供"简单、安全、快速"的在线支付解决方案。

支付宝公司从2004年建立开始，始终以"信任"作为产品和服务的核心。不仅从产品上确保用户在线支付的安全，同时让用户通过支付宝在网络间建立起相互的信任，为建立纯净的互联网环境迈出了非常有意义的一步。

支付宝提出的建立信任，化繁为简，以技术的创新带动信用体系完善的理念，深得人心。在不到六年的时间里，为电子商务各个领域的用户创造了丰富的价值，成长为全球领先的第三方支付公司之一。截止到2012年12月，支付宝注册用户突破8亿，日交易额超过200亿元人民币，日交易笔数达到1.058亿笔。

支付宝创新的产品技术、独特的理念及庞大的用户群吸引越来越多的互联网商家主动选择支付宝作为其在线支付体系。除淘宝和阿里巴巴外，支持使用支付宝交易服务的商家已经超过46万家；涵盖了虚拟游戏、数码通讯、商业服务、机票等行业。这些商家在享受支付宝服务的同时，还拥有了一个极具潜力的消费市场。

支付宝以稳健的作风、先进的技术、敏锐的市场预见能力及极强的社会责任感，赢得了银行等合作伙伴的认同。目前，工商银行、农业银行、建设银行、招商银行、上海浦发银行等各大商业银行以及中国邮政、VISA国际组织等各大机构均与支付宝建立了深入的战略合作，不断根据客户需求推出创新产品，成为金融机构在电子支付领域最为信任的合作伙伴。

2. 财付通

财付通是腾讯公司于 2005 年 9 月正式推出专业在线支付平台，致力于为互联网用户和企业提供安全、便捷、专业的在线支付服务。

财付通构建全新的综合支付平台，业务覆盖 B2B、B2C 和 C2C 各领域，提供卓越的网上支付及清算服务。针对个人用户，财付通提供了包括在线充值、提现、支付、交易管理等丰富功能；针对企业用户，财付通提供了安全可靠的支付清算服务和极富特色的 QQ 营销资源支持。

财付通先后荣膺 2006 年电子支付平台十佳奖、2006 年最佳便捷支付奖、2006 年中国电子支付最具增长潜力平台奖和 2007 年最具竞争力电子支付企业奖等奖项，并于 2007 年获得"国家电子商务专项基金"资金支持。

3. 拉卡拉

拉卡拉集团是首批获得中国人民银行颁发《支付业务许可证》的第三方支付公司，是中国最大的便民金融服务公司，联想控股成员企业。致力于为个人和企业提供日常生活所必需的金融服务及生活、网购、信贷等增值服务。2013 年 8 月完成集团化结构调整，下设拉卡拉支付公司、拉卡拉移动公司、拉卡拉商服、拉卡拉销售和拉卡拉电商公司。

拉卡拉集团是联想控股成员企业，成立于 2005 年，是目前中国最大的线下支付公司，2011 年第一批获得中国人民银行颁发的《支付业务许可证》。

拉卡拉是中国便民金融服务的开创者及领导者，拉卡拉在全国超过 300 个城市投资了超过 10 万台自助终端，遍布所有知名品牌便利店、商超、社区店，每月为超过 1500 万人提供信用卡还款、水电煤气缴费等公共缴费服务。

2007 年 9 月，拉卡拉与平安银行签署战略合作协议，双方在电子账单以及信用卡还款展开合作。随后，拉卡拉陆续与其他商业银行展开了类似的合作。拉卡拉已经与中国银联以及50余家银行建立了战略合作伙伴关系。在任何一个拉卡拉便利支付点，利用拉卡拉的智能刷卡终端，用户可以使用带有银联标志的借记卡为指定信用卡进行还款，支持所有银行的借记卡及拉卡拉签约服务银行的信用卡。

拉卡拉此前与电商的合作主要集中在支付环节方面，即通过支付宝渠道实现线上购物、线下刷卡付款。"开店宝"终端的推出，一方面可以改变拉卡拉在电商领域购物、支付分离的用户体验，实现购物、支付一体化；更重要的是，大举铺设线下终端，意味着拉卡拉在电商中扮演的角色将从纯粹的支付工具扩展为"支付＋渠道"。

此外，拉卡拉还为用户提供特惠、团购、账单分期等多种增值服务，为用户创造消费价值。拉卡拉始终坚持"让支付更简单"这一经营目标，整合资源，不断创新，提供个性化的服务体验，是用户身边名副其实的便民支付专家。

4. Moneybooker

2003年2月5日，Moneybooker成为世界上第一家被政府官方所认可的电子银行。它还是英国电子货币协会EMA的14个成员之一。目前广泛地被赚钱公司列为仅次于e-gold的主要付款形式，更重要的是这家电子银行里的外汇可以转到我们国内银行账户里。

Moneybooker是一家极具有竞争力的网络电子银行，它诞生于2002年4月，是英国伦敦Gatcombe Park风险投资公司的子公司之一。它的执行董事长Benjamin Kullmann也是这家投资公司的执行董事。旗下还有著名的体育赌博网站GAMEBOOK。Gatcombe Park风险投资公司的控股股东之一瑞士Beisheim公司（拥有36.61%股份）是欧洲最著名的新经济投资公司，拥有欧洲37%的体育在线媒体。

3.4　第三方支付的产业预期及实现途径

3.4.1　产业预期

第三方支付是现代金融服务业的重要组成部分，也是中国互联网经济高速发展的底层支撑力量和进一步发展的推动力。第三方支付平台不仅在弥补银行服务功能空白，提升金融交易效率等方面表现突出，同时在健全现代金融体系、完善现代金融功能方面起着重要作用。随着国内电子商务的兴起，一些信息服务企业兴办的支付平台也已经开始崭露头角，第三方支付作为新技术、新业态、新模式的新兴产业，具有广阔的市场需求前景。

据《2015—2020 年中国第三方支付产业市场前瞻与投资战略规划分析报告前瞻》分析认为，网络购物是第三方支付份额最大的应用领域，通常第三方支付均以该领域作为支付的切入点。然而随着各运营商的横向业务拓展，细分支付领域的增多，将导致网络购物网上支付的份额保持在 40%左右。

中国第三方支付市场的核心业务是线上支付市场，该市场从 2004 年开始进入加速发展阶段，在 2008 年和 2009 年里爆发式增长，特别是 2010 年中国人民银行《非金融机构支付服务管理办法》及《非金融机构支付服务管理办法实施细则（征求意见稿）》的出台，第三方支付行业结束了原始成长期，被正式纳入国家监管体系，拥有合法的身份。未来第三方支付行业将面临行业高度集中与差异化优势并存格局，并迎来盈利模式的变革突破，同时也鸣响了国内支付行业淘汰赛开始的枪声。

根据上述分析，可知在不远的将来第三方支付行业将会掀起一场整合与洗牌合二为一运动，在这场运动中，第三方支付企业肯定会有不少企业会消失（被兼并或倒闭），但留下来的第三方支付企业日子也不会太好过，因为它受银行业的网上支付及电子商务平台自身的电子支付的夹击，除非国家规定电子商务平台不能有自身的支付平台，这样也许会给第三方支付留下发展的空间。

3.4.2　行业未来发展前景

相对于传统的资金划拨交易方式，第三方支付可以比较有效地保障了货物质量、交易诚信、退换要求等环节，在整个交易过程中，都可以对交易双方进行约束和监督。在不需要面对面进行交易的电子商务形式中，第三方支付为保证交易成功提供了必要的支持，因此随着电子商务在中国国内的快速发展，第三方支付行业也发展得比较快。

第三方支付行业确实应该治理，无序竞争使各家的利润不高甚至在亏损中经营，没有造血功能的行业生命力就不强。目前大多数第三方支付平台还是靠收取支付手续费，即第三方支付平台与银行确定一个基本的手续费率，缴给银行；然后，第三方支付平台在这个费率上加上自己的毛利润，向客户收取费用。但是由于竞争的残酷，为抢占更多的客户，一些第三方支付公司甚至不惜血本，将向客户的提成份额一降再降，优惠条件层出不穷，不少第三方支付企业在很长时间内一直在赔本赚吆喝。

除了第三方支付企业之间的残酷竞争外，原来第三方支付所依赖的银行也逐渐从幕布后走向前台，大有取代第三方支付企业之势。当初，第三方支付企业出现时，银行认为第三方支付有利于为自己发展新业务，且不管这些支付企业怎么折腾，也都不会威胁到银行自身在这个行业中的主导地位，也正是基于这种认识使得银行对于当初第三方支付平台的发展能够持一种比较开明宽容的态度。而最近几年银行好像对于网上支付的这块"肥肉"也产生了兴趣，目前，中国工商银行、招商银行、兴业银行、广发银行等都已经在网上电子支付投入了很大力量，除此之外，人民银行批准的15家外资银行准许在中国开办网上银行，这无疑会在中国银行业开放之后对中国国内第三方支付企业造成致命冲击。

最后必须要提及的是第三方支付企业背后往往有外资、内资或知名电子商务网站等资金较为雄厚的投资者支撑，在当前为了占领地盘微利经营甚至亏本经营的时期，投资者的支持与否甚至能决定第三方支付能否生存下去，但当前大环境的投资趋冷将使第三方支付企业的生存环境更加恶劣。

3.4.3　实现途径

除了网上银行、电子信用卡等支付方式以外，还有一种方式也可以相对降低网络支付的风险，那就是正在迅猛发展起来的利用第三方机构的支付模式及其支付流程，而这个第三方机构必须具有一定的诚信度。在实际的操作过程中，这个第三方机构可以是发行信用卡的银行本身。在进行网络支付时，信用卡号以及密码的披露只在持卡人和银行之间转移，降低了应通过商家转移而导致的风险。

同样当第三方是除了银行以外的具有良好信誉和技术支持能力的某个机构时，支付也通过第三方在持卡人或者客户和银行之间进行。持卡人首先和第三方以替代银行账号的某种电子数据的形式（例如邮件）传递账户信息，避免了持卡人将银行信息直接透露给商家，另外也可以不必登录不同的网上银行界面，而取而代之的是每次登录时，都能看到相对熟悉和简单的第三方机构的界面。

第三方机构与各个主要银行之间签订有关协议，使得第三方机构与银行可以进行某种形式的数据交换和相关信息确认。这样第三方机构就能实现在持卡人或消费者与各个银行，以及最终的收款人或者是商家之间建立一个支付的流程。

3.5　第三方支付发展的建议

3.5.1　创新产品，规范竞争

现在，第三方支付行业整体仍处于"微盈利"状态，像支付宝、财付通等，它们有淘宝和拍拍网作为依靠。但是，独立的第三方支付企业，需要在行业寻找细分市场，发展出自己的强项和优势，加快向其他行业的服务渗透和拓展，不断探索、开发新的产品业务模式，从而获得更强大的用户群体基础。全面同传统企业相融合，进行"多业务、多银行、多渠道"的服务创新。

3.5.2　提高效率，安全运行

由于第三方支付是一个中间平台，需要银行、商铺、互联网内容提供商、互联网服务商、物流业和谐发展，才能提升社会整体营运效率。因此，可考虑通过对资金、信息、物流等行业进行的有机合作或整合，进一步提升电子商务乃至相关连带行业的运营效率。同时要将效率的提升与风险控制相结合，在构建资金流转平台的同时，也要重点强调安全支付和便捷支付的统一，给用户以最大的保障。

3.5.3 加强行业合作，实现动态监管

根据现有的法律规定，目前对于第三方支付机构的监督管理部门主要有中国人民银行、工商行政管理部门、信息产业管理部门以及税务机关等，各部门要各司其职，强化沟通联系，进一步加强监督管理整体效能。要依托先进的科技手段，建立动态的风险监测和预警系统，及时向第三方支付机构发布风险预警信息。要定期对第三方支付机构所报送的财务会计报表、重大事项报告、交易纠纷和诉讼案件报告等开展分析，根据分析结果进行窗口指导。加强对第三方支付机构交易风险、业务经营风险、沉淀资金风险等方面的现场监管，避免网络违法犯罪活动的发生。定期开展对第三方支付机构内部控制体系的评价，提示其完善内控制度，强化内部控制。

3.5.4 完善法律制度，保护消费者隐私和权益

目前，我国《消费者权益保护法》只适用于一般消费者权益保护，而没有专门对远距离交易或在线交易消费者权益保护问题做出明确规定，此方面应尽快予以完善。同时，应加强对网络和电子商务领域中涉及个人信息数据的隐私权保护的立法，为我国网络经济发展保驾护航。

第四章　众筹与网络借贷的发展

4.1　众筹简介

4.1.1　众筹融资定义

众筹，来自英文 Crowdfunding 一词，即大众筹资或群众筹资，指发起人将需要筹集资金的项目通过众筹平台进行公开展示，感兴趣的投资者可对这些项目提供资金支持。众筹主要包括三个参与方：筹资人、平台运营方和投资人。其中，筹资人就是项目发起人，在众筹平台上创建项目，介绍自己的产品、创意或需求，设定筹资期限、筹资模式、筹资金额和预期回报率等；平台运营方就是众筹网站，负责审核、展示筹资人创建的项目，提供服务支持；投资人则通过浏览平台上的各种项目，选择适合的投资目标进行投资。

4.1.2　众筹的分类详解

众筹根据其模式可以首先分为购买模式和投资模式两大类，其中购买模式又细分为捐赠众筹和奖励众筹。捐赠众筹是指出资者对项目或者机构进行无偿捐赠的众筹模式，例如微公益等公益募捐平台等；奖励众筹是指出资者对项目或机构投资，获得产品或服务的众筹模式，例如国内的点名时间、众筹网等都属于这类众筹平台。投资模式包括债权众筹和股权众筹。债权众筹出资者获得一定比例债权，未来获取利息收益并回收本金，例如人人贷；股权众筹指投资者获得一定比例的股权，例如国内的天使汇。

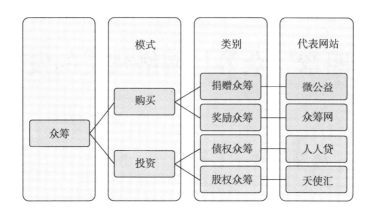

图 4 - 1　众筹的分类详解

4.1.3　国内众筹的发展史

2011 年 7 月国内首家众筹网站点名时间上线，标志着我国网络众筹的开始。2011 年 9 月首个具有公益性质的众筹平台追梦网上线。2011 年 11 月股权众筹平台天使汇上线，随后的两年里，数十家众筹网站纷纷上线，其中包括 2012 年 12 月上线的大家投，而 2013 年 2 月上线的众筹网，如今

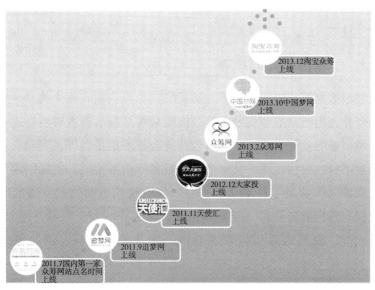

图 4 - 2　众筹企业的发展历程

已经成为国内最大的众筹平台之一。同年十月中国梦网上线，12 月淘星愿上线，并随后更名为淘宝众筹，2014 年 7 月京东众筹也宣布上线。随着时间的推移，不少众筹平台只是昙花一现，但经过时间考验的几家公司已经成长为国内较有影响力的众筹平台。今天的点名时间已经转型成为首发平台，从产品的初级阶段就进入到产品的研发团队中去，为团队提供建设性意见，有效地减少了传统模式的跳票现象，同时也有助于改善产品的用户体验，可见从众筹到首发，不仅仅是一个名称的改变，也是多年来经验的积累。

4.1.4　众筹融资的流程

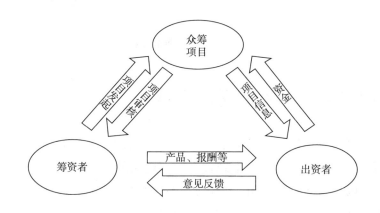

图 4-3　众筹融资模式的参与方

众筹融资模式主要分为股权众筹、产品众筹、混合众筹和公益众筹。股权众筹是指公司出让一定比例的股份，面向普通投资者，投资者通过出资入股公司，获得未来收益；产品众筹是指投资人将资金投给筹款人用于开发某种产品（或服务），待该产品（或服务）开始对外销售或已经具备对外销售的条件的情况下，筹款人按照约定将开发的产品（或服务）无偿或低于成本的方式提供给投资人的一种众筹方式；混合众筹即是股权债权混合式；公益众筹指通过互联网方式发布筹款项目并募集资金的公益行为。

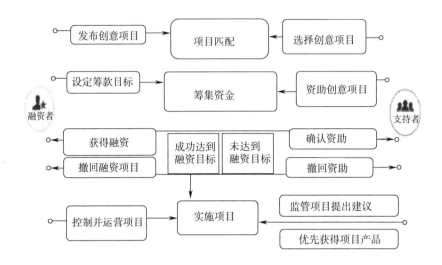

图 4 - 4　众筹融资模式流程图

4.2　众筹融资的发展现状

2011 年 7 月国内第一家众筹平台点名时间上线，标志着我国众筹行业的开端。随后一系列大平台上线代表了国内众筹的重要节点，2011 年 9 月，追梦网在上海上线。2012 年 3 月，淘梦网上线运营，这是国内较早的垂直类产品众筹平台，主要面向微电影领域。2013 年 12 月，淘宝的众筹平台（淘宝众筹平台成立时的名字为"淘星愿"，后经两次改名最终定名为"淘宝众筹"）成立，意味着电商巨头开始挺进产品众筹行业；2014 年 7 月，京东众筹上线；2015 年 4 月，苏宁众筹上线；电商巨头在产品众筹领域的布局逐渐清晰。

4.2.1　众筹平台数量

据不完全统计，截至 2015 年 12 月底，全国共有 354 家众筹平台，目前正常运营的众筹平台达 303 家。自 2011 年第一家众筹平台点名时间诞生，到 2012 年新增 6 家，再到 2013 年新增 27 家，众筹平台增长较为缓慢。而至 2014 年，随着互联网金融概念的爆发，众筹平台数量显著增长，新增运营平台 142 家，2015 年新增 125 家众筹平台，众筹平台新上线速度有所下降。但在新平台不断上线的同时，一些老平台因运营不善而停止运营，截至 2015 年 12 月，停止运营的众筹平台达 32 家，其中 2014 年上线的平台倒闭最多，达 17 家，而 2013 年成立的平台停止运营的概率最高，高达 34.48%。

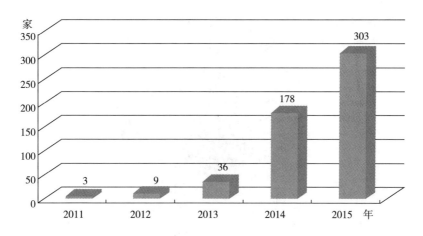

图 4 - 5 我国正常运营的众筹平台数量

4.2.2 各类型众筹平台占比分布

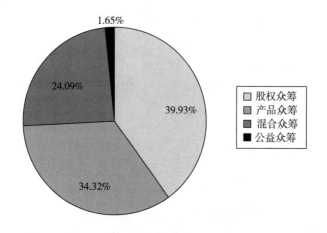

图 4 - 6 各类型众筹平台占比分布

目前正常运营的众筹平台中,股权类众筹平台数量最多,达 121 家,占全国总运营平台数量的 39.93%,其次为产品众筹平台为 104 家,纯公益众筹平台最少,仅有 5 家。

4.2.3 众筹平台地区分布

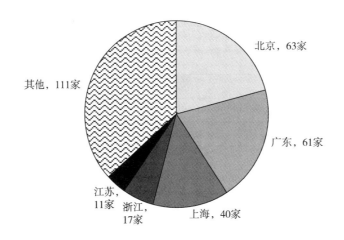

图 4-7 众筹平台地区分布

截至 2015 年 12 月,全国众筹平台分布在 21 个省份,其中北京作为众筹行业的开拓地,平台聚集效应较为明显,以 63 家平台数位居第一,广东以 61 家平台位居第二,上海以 40 家平台数位居第三,浙江以 17 家平台排在第四,江苏以 11 家众筹平台位列第五。从全国众筹平台的地域分布中可以看出,平台多集中于沿海地区,京津冀、长三角、珠三角地区成为众筹平台集聚中心,这与各地互联网金融发展程度、社会认知度、配套设施、投融资环境、创业氛围有很大的关系。

4.2.4 众筹倾向分析

据不完全统计,得出以下几项结论:

1. 众筹文化类项目占近 2/3

据不完全统计,在参与众筹的各类项目中,文化类募资金额占到了总募资规模的 65%,公益类占到了 27%,智能电子设备占到了 6%。可见我

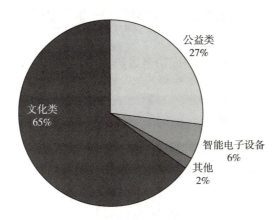

图 4－8　各类项目众筹规模占比

国的众筹行业项目种类较为集中，文化类项目占据主导地位，而除却文化
类项目和公益类以及智能电子设备，国内众筹在其他领域仍有很大的开发
空间。

2. 各大众筹平台的融资金额占比，众筹网、淘宝众筹平分秋色

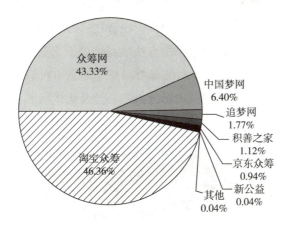

图 4－9　各大众筹平台筹款份额

　　淘宝众筹和众筹网分别占总市场份额的 46.36% 和 43.33%。第三名的
中国梦网募资只占到了 6.4%，追梦网占到了 1.77%，积善之家占到了
1.12%，而 2014 年 7 月上线的京东众筹也搏到了 0.94% 的份额。新公益
占 0.04%。可见国内众筹网和淘宝众筹在项目方和投资方都较能得到积极

地认可,而发展到这样的规模,前者只用了一年多的时间,后者更是用时不到一年。

3. 项目成功率:淘宝众筹成功率达 88.5%

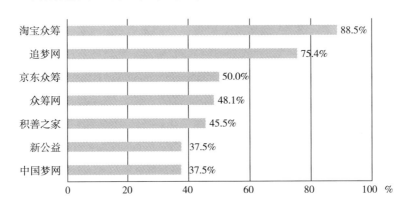

图 4 - 10　几大平台众筹项目成功率

在几大众筹平台项目成功率排行中,淘宝众筹的项目成功率高达88.5%,而众筹网的项目成功率仅为48.1%,此外追梦网的项目成功率为75.4%,京东众筹项目成功率为50%,积善之家为45.5%,新公益和中国梦网均为37.5%。由于调查过程中有些项目仍处于未完成阶段,因此,作为拥有项目最多的众筹网成功率仅有48.1%也是情有可原。

4. 人们对于众筹的理解:大部分人担心涉及法律问题

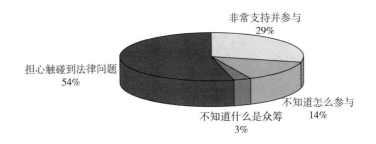

图 4 - 11　网络众筹态度分析

在被调查对于网络众筹的态度的人群中,有54%的被调查者表示担心网络众筹会触碰到法律问题,也有29%的人表示非常支持网络众筹并参与其中,还有14%的人表示不知道怎么参与到众筹活动中去,3%的人不知道什么是众筹。众筹既然是通过大众来筹集资金，那么如何获得更多人的认可是其得以迅速发展要面临的主要问题。我国众筹行业发展时间仍比较短，人们对于众筹的认识有待提高。同时，法律问题一直是众筹发展面临的另一大问题，不少学者也发表文章阐述众筹的合法性质，不过在这里笔者认为，还是应该通过完善的法律手段来保护参与者的合法权益，使得每一个参与到众筹的人都没有后顾之忧。

4.2.5　众筹发展展望

如果要选近几年最热门的一个互联网金融热词，众筹如果获选估计大家都会心悦诚服。众筹通过线上线下以及各种渠道寻找到志同道合的创业者，通过公开公平的方式进行合作，对接社会资源以及创业资源。通过众筹不仅可以拓宽创业企业融资渠道，同时也可改变传统商业模式。很多草根创业者创业初期面临的问题——缺钱缺人，都可以通过众筹迎刃而解。作为互联网金融的重要组成部分，股权众筹在经历了几年静悄悄的发展之后，逐渐走进人们的视野，业界一直在思考股权众筹的难点及未来发展方向，目前股权众筹已经度过行业萌芽期，在京东、阿里、平安等巨头入场后，行业的竞争壁垒迅速提升，在接下来的时间内，将有更多有资金、有实力的机构进入股权众筹市场，真正迎来股权众筹元年。

单打独斗的时代已经过去，共同发展、群策群力的时代已经到来。众筹就是利用他人的资源资本、人脉渠道，除了融资、整合成本、降低资源外，还能提升企业成长发展的速度。众筹是一个很系统的工作，既要有战略规划又要有仔细的设计，同时还要了解不同行业股权的设计、风控系统以及退出机制等。不管怎样，众筹是新事物，在"互联网＋"的形势下，为创业者、中小企业家、大企业转型升级、创业投资插上一对翅膀，未来众筹将是最普遍的创业生态、最普遍的商业模式，中国的中小企业家和创业者应该善用众筹思维，带动自己的企业发展。

当今的中国是创业的热土，也是股权众筹最适宜生长的土壤，支持一大批创新创业公司因众筹而成功是股权众筹行业的历史使命。作为一种全新的金融业态，股权众筹行业尚缺乏制度保障、行业规范、理论储备、技术支持和经验积累。选择一家有财力、有保障的好平台，是普通百姓面对众多众筹平台一筹莫展时，急切需要解决的难题。

4.3　股权众筹的现状及发展趋势

2014 年 11 月 19 日，国务院总理李克强在国务院常务会议上提出"开展股权众筹融资试点"，给予了股权众筹明确定位；2015 年李克强总理在两会报告中提出"大众创业、万众创新"，股权众筹迅速成为时下互联网金融领域中最炙手可热的一个方向。

4.3.1　股权众筹的定义

股权众筹作为资本市场一种重要的融资形式，诞生于美国，后来迅速推广至其他全球经济体。根据国际证监会组织（IOSCO）的定义，股权众筹是指通过互联网技术，从个人投资者或投资机构获取资金的金融活动。其主体包括融资方、众筹平台、投资者三个要素。

2015 年 7 月 18 日，人民银行等十部委发布《关于促进互联网金融健康发展的指导意见》，意见对股权众筹融资进行了定义。股权众筹融资主要是指通过互联网形式进行公开小额股权融资的活动。股权众筹融资必须通过股权众筹融资中介机构平台（互联网网站或其他类似的电子媒介）进行。

目前公开资料披露的股权众筹典型流程是：项目筛选→创业者约谈→确定领投人→引进跟投人→签订投资框架协议→设立有限合伙企业（或其他投资形式）→注册公司→工商登记/变更/增资→签订正式投资协议→投后管理→退出。

4.3.2　股权众筹的发展现状

1. 股权众筹平台的数量

据不完全统计，截至 2015 年 12 月，全国正常运营的股权众筹平台共有 125 家。我国最早开展股权众筹模式的平台是天使汇和创投圈，这两家

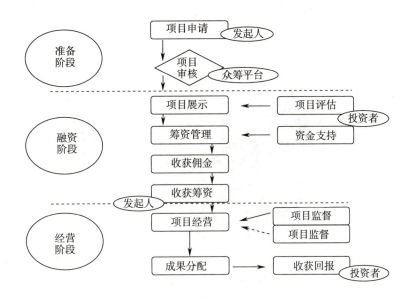

图 4 - 12　股权众筹的运作流程

平台上线时间分别为 2011 年 6 月和 2011 年 11 月。2012 年，众投天地、大家投等平台相继上线开展了股权众筹运营模式；2013 年，股权众筹平台上线 6 家；2014 年，股权众筹平台数量整体规模不断扩张，新增 54 家；2015 年，新增 60 家，继续呈爆发之势。

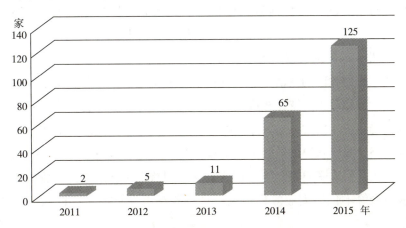

图 4 - 13　股权众筹平台的数量

2. 股权众筹平台的地区分布

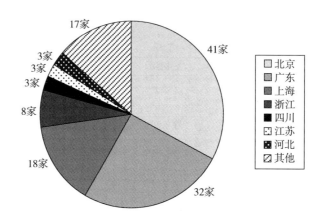

图 4 - 14　股权众筹平台的地区分布

截至 2015 年 12 月，我国共有 125 家正常运营的股权众筹平台，分布于全国 18 个省（市），其中北京、广东、上海、浙江四个省（市）的平台数量最多。北京平台数量达 41 家；广东平台数量达 32 家，其中，深圳为 24 家，其余 8 家平台分布于广州、佛山、揭阳三个地区；上海 18 家，浙江 8 家，四个地区合计共占全国股权众筹平台总数的 76.86%。其余 28 家平台分布于我国中西部地区，包括四川、河北、江苏、山东、安徽、河南、陕西、江西、天津、重庆、福建、湖南、贵州 13 个省（市）。

3. 北京地区的股权众筹平台

北京作为我国的政治中心、科技中心和文化中心，有着得天独厚的地理位置优势和政策支持，相应地，思想意识的开放程度也较高，对新鲜事物的接受更快。同时，地区经济的发展会产生更多的投融资需求，资本流动性更高，股权众筹的适时出现是资源有效配置需求的产物。当前以"天使投资 + 合伙人 + 股权众筹"模式实现的创新创业逐渐成为主流模式，其中股权众筹不仅为创业筹集资金，且可获得更多资源，打造创业团队的"长板"。

表 4－1　　　　　　　　北京的 38 家股权众筹平台

序号	平台名称	平台上线时间	序号	平台名称	平台上线时间
1	创投圈	2011 年 6 月	20	我的众筹	2014 年 11 月
2	众投天地	2013 年 3 月	21	金融客咖啡	2014 年 11 月
3	科创资本	2013 年 3 月	22	因果树	2014 年 12 月
4	一八九八咖啡馆	2013 年 9 月	23	众筹客	2015 年 2 月
5	原始会	2013 年 12 月	24	e 人筹	2015 年 4 月
6	多彩投	2014 年 1 月	25	协同工场	2015 年 5 月
7	投黑马	2014 年 1 月	26	创投在线	2015 年 5 月
8	黑马岛	2014 年 2 月	27	云投汇	2015 年 5 月
9	人人投	2014 年 2 月	28	京北众筹	2015 年 6 月
10	创微网	2014 年 3 月	29	36 氪股权投资	2015 年 6 月
11	京东金融	2014 年 3 月	30	人人天使	2015 年 7 月
12	天使街	2014 年 5 月	31	考拉众筹	即将上线
13	天使汇	2014 年 6 月	32	若水众筹	2015 年 8 月
14	轻松筹	2014 年 9 月	33	乐筹汇	2015 年 10 月
15	蝌蚪众筹	2014 年 9 月	34	梅牡众筹	2015 年 11 月
16	北大创业众筹	2014 年 9 月	35	蓝筹网	2015 年 12 月
17	牛投网	2014 年 10 月	36	新众筹	2015 年 1 月
18	咖啡时刻	2014 年 10 月	37	众筹芯	2014 年 7 月
19	海豚蓝	2015 年 7 月	38	360 淘金	2015 年 12 月

注：本表格名单信息由公开渠道搜集整理而成，不作为投资依据和参考。

4. 目前股权众筹的融资试点

2015 年 5 月 13 日，上海市批准，将在上海发展互联网金融股权众筹融资试点。

2015 年 8 月 7 日，证监会表示，正在抓紧研究制定股权众筹融资试点的监管规则，积极推进试点各项准备工作。

2015 年 8 月初，广东省金融办对外发布《广东省开展股权众筹试点工作方案》。

2015 年 10 月 19 日，北京市人民政府发布《关于大力推进大众创业万众创新的实施意见》，提出"积极开展股权众筹融资试点，打造中关村股权众筹中心"。

2015 年 10 月 31 日，中韩双方考虑在山东省开展股权众筹融资试点。

2015 年 11 月 13 日，天津出台的《天津市金融改革创新三年行动计划》中提到"积极申请股权众筹试点，支持创新创业企业发展"。

4.3.3 股权众筹的基本模式

1. 股权众筹运营的基本模式

股权众筹与传统的股权投资最大的不同在于投资人数的众多，投资资金比较分散。实践中一般采取合投模式，即领投跟投模式，一般要求项目融资人必须参与领投且在投资份额和持股锁定期上有一定的要求。一般有以下四种模式：

一是有限合伙模式。根据投资人人数决定设立合伙体的人数，由 50 个人为一组设立一个合伙体，然后由有限合伙体为投资主体直接投资于融资的项目公司，成为其股东。富有经验的投资者成为普通合伙人，其他投资者成为有限合伙人。目前股权众筹多数采用此模式。

这种模式的好处在于，其一是作为天使投资人，可以通过合投降低投资额度，分散投资风险，而且还能像传统 VC 一样获得额外的投资收益；其二是作为跟投人，往往是众多的非专业个人投资者，他们既免去了审核和挑选项目的成本，而且通过专业天使投资人的领投，也降低了投资风险。而且与传统的 VC 的 LP 不同，跟投人并不需要向领投人交管理费，降低了投资成本。

二是代持模式。在众多投资人中选取少数投资人和其他投资人签订股权代持协议，由这些少数投资人成为被投项目公司的登记股东。此模式不用设立有限合伙实体，但涉及人数众多时，股权代持易产生纠纷。

三是契约基金模式。与有限合伙模式相比，契约型基金模式不是设立有限合伙实体，而是由基金管理公司发起设立契约型基金，基金管理公司作为管理人与其他投资人签订契约型投资合同，然后由该公司直接作为投资主体投资于项目公司成为其股东。此模式与有限合伙模式相比，操作更为简便。

四是公司模式。由投资人设立公司再由公司作为投资主体再投资于融资公司成为融资公司登记股东。此种类型由于成本高操作不便，且涉及双重征税，比较少采用。

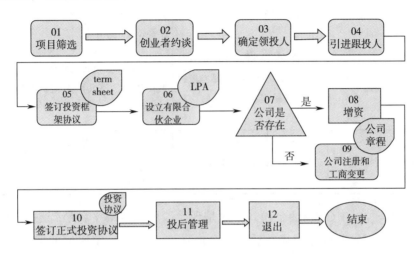

图4-15　股权众筹有限合伙模式的运作流程

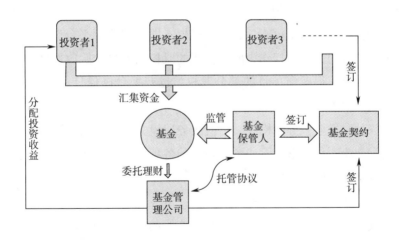

图4-16　股权众筹契约基金模式的运作流程

2. 股权众筹盈利的基本模式

股权众筹的盈利模式一直是行业之痛，由于股权投资的特殊性和股权众筹业务规模目前仍有限，导致对于现在的绝大部分股权众筹平台，仍然很难实现盈利。目前市场上主流的收费模式有三种。

表4－2 股权众筹盈利模式

盈利模式	优势	劣势
中介费/佣金模式	能够获得现金回报，收益明确。	现阶段众筹的项目数量仍然较少，融资规模也较小，只靠佣金、中介费，平台收益非常有限。
股权回报模式	能够规避掉收取佣金存在的收益有限，项目一旦成功，股权顺利退出，平台能够有较大的获利空间。	采用股权回报模式的平台，顺利退出股权需要较长的时间，短期内基本无法获利了结。
增值服务费模式	这部分交易匹配、撮合之外的增值服务，能够真正解决创业企业和项目的痛点。	创业孵化服务的成本较高，现阶段平台难以支持。目前，能够支撑此成本的只有京东等资本雄厚的大平台。

第一种，中介费/佣金模式。这是现阶段股权众筹平台最普遍的收费模式之一，在项目融资成功后，平台向融资者收取一定比例的成交中介费，或称为佣金、手续费等，通常是融资额的3%～5%，视各家平台实际情况而定，没有固定比例。

第二种，股权回报模式。股权回报模式即股权众筹平台获得在平台上成功融资项目的部分股权作为回报。有的股权众筹平台除收取融资顾问费以外，还要求获得融资项目的部分股权，也有平台仅仅只获取股权回报，而不收取其他中介费用。

第三种，增值服务费模式。增值服务费模式即股权众筹平台为众筹融资方提供创业孵化、财务、法务等在内的各项创业增值服务，并对这部分增值创业服务收取费用的模式。

3. 未来股权众筹的模式创新

股权众筹行业自兴起以来，在坚守红线的同时，做了不少创新。比如36氪股权众筹制定了定向邀请和老股发行等特殊游戏规则。其中定向邀请是允许众筹项目在预热阶段，由创始人或领投方邀请特定对象参投，这样的好处是可以直接选定一些除了股权之外还能提供各种资源的潜在投资人。老股发行是给拿到了A轮融资后的创业者一个出让少量股份的机会，也即徐小平等天使投资人提到的"1%快乐"，创业者在A轮融资后出让

1%股份套现，以改善生活，快乐创业。未来，股权众筹将有更多的创新空间，主要有以下几种形式：

一是可转债。在现行法律法规体系下，我国的可转债指的是上市公司发行的可转债，但该模式也可以用于非上市公司，其好处是可以化解投资人的股权投资风险，在投资期结束后，若投资人愿意将债权转为股权成为公司股东，则可以行使权利，若到期后并不看好公司则可以拿回本金及收益。该模式等于赋予了投资人可选择的权利，等于投资人拥有一个具有附加值的债权。当然，正因为拥有选择权，可转债与一般债相比，融资方给予的收益或利率比较低。该模式可以作为股权众筹的补充，对丰富股权众筹产品、满足投资者个性化需求及投资偏好具有较大的作用，但也面临一定的法律风险。

二是股权期权。在现行的法律法规框架下，股权众筹受制于200人的问题。对于部分需要突破200人的项目制约很大。若采用股权期权的办法，对于参与众筹者，承诺给予期权，设定一个条件或期限，待条件成熟时以约定的价格授予参与人购买一定数量股票的选择权，从而避开200人的上限约束，但是，该方案面临一定的法律风险。

三是股权众筹支付对价创新。在目前的股权众筹中，投资人的出资方式为现金。该支付方式显然过于单一，融资公司往往需要的不仅仅是资金，有时也需要专利、品牌或者设备、场地等非金钱性资源。在此情况下，可以考虑多种形式的出资方式，比如场地入资、知识入资、设备入资等多种形式，从而使得股权众筹融资的支付对价更多元化。

四是组合式股权众筹。作为新金融的众筹融资平台需要向综合化服务迈进，因为融资方的需求是多元的。例如创业项目在进行股权融资时，也考虑进行部分债权融资，在进行债权融资时也考虑进行产品众筹，这些组合众筹都有各自的优势，这对早期项目及刚创立的企业发展来说，都具有很大的促进作用。

4.3.4　股权众筹的机遇和挑战

目前，在整个股权众筹生态圈中，上游是众筹平台，如京东众筹、因果树、牛投网、蝌蚪众筹、原始会、天使街等，接着是项目方和项目领投人，如机构投资者或者知名天使投资人，下游则是广大的个人股权投资者。股权众筹开启了股权投资的低门槛时代，早期创投机构如天使汇、原始会等平台大致探索出并确定了这个行业的一系列规则规范，而当下互联网巨头的进场则使整个行业向专业化、高端化迈进，无形中抬高了行业的门槛。

到目前为止，对于股权众筹这个新生事物，官方层面一直没有完全定调，发布的各种规章制度也是以"意见""试行办法"等形式进行引导和梳理。这都传递了一种包容和克制的信号。当然，股权众筹作为一个新生事物，其自身尚未解决一些缺陷，无论是先天的还是后天的，都使一些投资者保持着冷静的观望态度。

2015年4月，在博鳌亚洲论坛上发布的《小微金融发展报告2014》指出，众筹模式在现有的法律法规下可能无法实现快速成长，主要原因有三点：一是受公开发行限制，众筹只能在特定的投资者范围内进行，无法面对所有公众；二是受股东人数限制，募集资金额度有限；三是大部分众筹平台仅能通过返还实物、服务作为回报，不能以股权、债券、分红或者利息等金融形式作为回报，更不能向支持者许诺任何资金上的收益。

除法律体系的受限之外，投资者退出机制亦尚未完善。相较于上市公司股票可以在交易所自由流通，以及成熟的VC、PE投资项目可以采用通用的行业惯例，众筹的法律体系并不完善，采用何种退出方式、何时退出都存在诸多问题。另外，不同于债权借贷拥有协定的期限与利率水平，可以进行事先约定，并且风险相对较小，股权众筹关注的则是创业项目将来的发展，不但收益无法保证，资金回笼期限更是非常不固定。

4.3.5 股权众筹的发展趋势

1. 股权众筹合规化

为了适应我国股权众筹的现状，促进股权众筹市场的发展，使股权众筹市场真正成为我国多层次资本市场的有益补充，通过修改现行相关法律，以扩大股权众筹的适用范围，给股权众筹提供一个更加宽松和充满活力的创新法律环境。因此，公募版股权众筹在加大对投资者利益保护的同时也会放宽投资金额下限、投资人数上限的管制，真正发挥股权众筹小微金融的作用。

2. 股权众筹 O2O 化

目前的股权众筹大多是线上筹资，但仅有在线的股权众筹是不够的，为了保证投资质量，提高投融资交易的匹配效率，股权众筹平台可以采用 O2O 模式，也就是将线下挖掘的好项目放在线上发布并推介给投资人，将线上发布的项目进行线下路演和推介，以促成交易。这种模式必然成为股权众筹发展的趋势和方向。

3. 股权众筹生态化

股权众筹要得到发展，不能仅以一个平台而孤立的存在。要发展成为多层次资本市场体系中的一员，必须与其他资本市场建立有机的联系，这就是股权众筹的生态化。股权众筹只有生态化才能发挥其效用，未来生态化的趋势主要表现为以下两大方面：

第一，股权众筹平台将与孵化器、创业训练、天使投资基金、创业者、创业服务者等建立连接，为靠谱的创业者提供系列服务，从而培育出大量的优质靠谱好项目，有了靠谱的好项目，就可以发挥平台的作用。

第二，股权众筹平台将与国内的新三板、区域性的产权交易所、证券交易所及境外的各类证券交易市场建立广泛的联系与有效的衔接，成为这些股权交易市场的前端、交易目标的输送者和提供者。这样的有机结合能够使股权众筹市场成为多层次资本市场的一员，与其他股权交易市场有机衔接，以发挥其独特的股权融资作用。

4.4　网络借贷

4.4.1　P2P 网络借贷概述

1. P2P 网络借贷

P2P 网络借贷是一种基于互联网形成的新型金融服务模式，在性质上类似于小额民间借贷（陈兆航，2013）。由于 P2P 网络借贷相对于银行借贷更加灵活、简便，近些年来有着十分迅速的发展。2006 年，第一家 P2P 网络借贷平台诞生，而根据不完全统计，目前市场上的 P2P 网络借贷平台累计超过了 2000 家。与此同时，P2P 网络借贷的成交额也有了飞速的增加，从 2012 年全年成交额不足 300 亿元，到 2014 年第一季度就达 302. 3 亿元的规模。P2P 网络借贷不仅为小微群体提供了融资渠道及财富增值渠道，更是现在银行体系的补充，进一步完善了目前的金融体系，推动了金融市场的发展。

2. P2P 网络借贷特点

相对于传统的借贷模式，P2P 网络借贷有其独特的地方。从借贷的本质特征可以看出，P2P 网络借贷是一种新型的网络化的民间借贷方式。

首先，P2P 网络借贷具有较高的灵活性。P2P 网络借贷省略了传统借贷过程中层层审批的程度，只要信用合格，借款人便可以获得一定的资金。同时 P2P 网络借贷平台上借款人和出资人的需求需要相互匹配，因此形成了多样化的产品特征和交易方式。其次，P2P 网络借贷的风险性和收益率均较高。P2P 网络借贷的审核程序少，缺乏市场完善的监管体系以及仅靠借款人的信用发放贷款，因此导致了这种借贷模式处于高风险状态。在高风险的同时，P2P 网络借贷模式也提供给了放贷者较高的收益，以吸引更多的投资者参与其中。最后，P2P 网络借贷依托于互联网技术的发展，P2P 网络借贷平台的发展及健全离不开互联网技术的进步。

4.4.2 P2P 网络借贷在全球发展的主要类型

自从 2005 年国外第一家互联网 P2P 公司 Zopa 在英国上线，这种新兴融资模式很快风靡了西方国家。实际上，P2P 网络借贷真正体现了金融脱媒的理念。在 P2P 网络借贷运行模式中，存在着一个关键的中间服务方——P2P 网络借贷平台。其主要职能是为 P2P 网络借贷的双方提供信息交互、信息价值认定和其他促进交易完成的服务，但是通常不作为借贷资金的债权债务方。具体的服务形式包括但不限于：借贷信息审核、信用审核、投资咨询、资金中间托管结算、法律手续、逾期贷款追偿以及其他增值服务等。正是由于 P2P 借贷方式比银行贷款更加方便灵活，所以在全球范围内得到广泛复制，比如德国的 Auxmoney、日本的 Aqush、韩国的 Pop-funding、西班牙的 Comunitae、冰岛的 Uppspretta、巴西的 Fairpace 等。从国外的经验来看，P2P 网络贷款在全球发展的类型主要分为三类：

第一，直接 P2P 模式。通过让资金的融入方和融出方在一个平台上直接联系，银行及其他金融中介不再参与融资过程。英国的 Zopa 是历史上第一家提供此类服务的中间机构，此后美国的 Lending Club 和 Prosper 将这种模式发展壮大。

第二，间接 P2P 模式。这个模式主要是由 P2P 公司股东出资开发市场，并在各地建立分支机构，进行调研和贷款审核。这种模式与第一种模式的差别在于，互联网贷款公司主动介入到贷款的过程，参与风险控制和尽职调查，为贷款提供一定程度的担保。

第三，网络小额贷款模式。相比作为平台提供商的第一种模式，网络小额贷款是直接由小额贷款公司作为出资人，进行放贷业务。与普通的小额贷款公司没有实质差别，不过是从线下到线上，风险评估的方式更多集中在真实交易的审查上。

与国外相比，国内的 P2P 网络借贷模式出现了严重的分化，并且有其自身的发展特点。表 4-3 选取国内外具有代表性的 3 家 P2P 平台进行对比。除了拍拍贷等少数公司基本参照国外主流 P2P 网络借贷平台的发展模式外，大部分的 P2P 网络借贷公司则是采用有担保的线上模式（如红岭创投），以及线下模式（如宜信）。国外的平台大多是从网络上直接获取借款人和投资人，直接对借贷双方进行撮合，不承担过多的中间业务，模式比较简单。而国内的 P2P 网络借贷行业则对借贷的各个环节进行细化，形成了多种多样的"P2P 网络借贷"模式，如表 4-4 所示。

表 4-3　　　　　　　　　　P2P 在线平台运作模式对比

	宜信	Prosper	人人贷
运作模式	线下交易	纯线上交易	承诺保障本金的 O2O 模式
融资额度	0.01 万 ~ 20 万元	0.1 万 ~ 2.5 万美元	0.3 万 ~ 50 万元
借款利率	一般在 10% ~ 27%，最高 30%	依赖借贷双方的利率竞价	10% ~ 24%，利率由平台根据借款人的信用评级确定

续表

	宜信	Prosper	人人贷
风险控制	提倡熟人之间的借贷交易，鼓励投资人资金分散投资	鼓励加入信用评级较高的客户组，鼓励客户组内借贷	本金保障计划第三方合作机构连带担保
收益率	平均收益率为 16.5%	平均收益率为 17.9%	平均收益率为 13.6%

表 4-4　　　　　　　我国 P2P 的网络借贷各个环节的细分

参与方		内容	特点
借款端	获客途径		
	线上	通过网络推广、电话营销等非地面方式寻找借款人，对借款人的征信与审核也大都在线上完成	获客成本相对较低，业务推广能力经常受限，对信贷技术要求高，在积累一定经验后，发展潜力较高
	线下	通过线下门店、地面销售人员寻找借款人	获客成本高，但是只要投入足够的资金，业务推广能力较强
	混合	同时拥有线上获客渠道和线下获客渠道	既可以快速推广业务，又可以积累数据审贷经验，管理复杂度高，对平台经营者的要求较高
	第三方	平台自身不直接开发借款人，而是通过第三方合作机构（例如小贷公司、担保公司）进行	平台与合作机构分工明确，有利于发挥各自优势，但是业务流程的割裂增加了合作双方的道德风险
	借款人类型		
	普通个人	借款金额小，一般在 10 万元以下，多为信用借款，平台主要审查其个人信用和违约代价	由于金额小，客户开发成本和审贷成本相对较高
	小型工商户	借款额稍大，从几万元到几十万元，平台同时审查其个人信用和商铺经营情况	优缺点比较平衡，形成 P2P 网络借贷的中坚力量
	中小企业主	借款金额较大，从几十万元到上千万，甚至更高，平台主要考察企业经营情况	要求平台有较强的信用评估和风险控制能力，由于单笔借款金额大，投资标的少，投资者的风险不易分散

参与方			内容	特点
平台	撮合方式	直接撮合	借贷双方直接进行需求匹配	借款人的需求信息在平台上进行公开展示,与投资人的需求直接匹配,撮合成本较低
		债权转让	专业放款人先以自有资金放贷,然后把债权转让给投资人	多用于线下平台,可充分发挥专业放款人的能力优势和灵活性,加快放款速度
	产品类型	信用贷款	额度低,无须借款人提供任何抵押物,办理较方便	速度快、风险高、利率高
		抵押贷款	需要借款人提供一定的抵押物(多为房产和汽车)	多了抵押环节、额度较高、速度一般,风险较低,利率较低
		担保贷款	需要借款人寻找愿意为其提供担保的担保机构	多了担保环节,额度较高,借款人需要承担担保费用
	保障机制	风险保障金	由平台从每笔交易中提出一定比例的费用作为风险保障金,一般也匹配平台的部分自有资金,以风险保证金的总额为限,对投资者进行有条件的保障	投资者可获得的保障范围较为明确,但应注意风险保障金的真实性和透明性
		平台担保	平台承诺以自有资金对投资者因借款人违约造成的损失进行全额本金或本息赔付	平台深度介入风险经营,实质上从事着担保业务,有踩线风险
		第三方担保	由担保公司或具有担保资质的小贷公司对借款进行全额担保	风险由平台转移至担保公司或小贷公司,对其担保资质、资金杠杆的审查极其重要

参与方			内容	特点
投资端	获客途径	线上	直接通过广播推广、电话营销等非地面方式寻找投资人	获客成本低，但对策划、宣传、推广能力的要求较高
		线下	通过线下活动、地面销售人员寻找投资人	获客成本较高，但是指标易量化，易复制，较适用于特定群体
	投标方式	手动投标	投资人必须手动选择每笔投资标的和每笔投资金额	投资人拥有自主选择权，操作较烦琐，不易抢到优质标的
		自动投标	投资人设定投资总额和投标条件，委托平台自动选择投资标的和每笔投资金额	操作简单，投资人无自主选择权，自动投标算法亦可能引起争议
		定期理财	对自动投标设置标准化的份额、期限和利率，投资者以购买定期的理财产品形式进行自动投标	操作简单，刚性兑付的暗示强，平台若操作不当，易引发资金池争论，也可能给平台进行金额、期限错配留下空间

4.4.3　P2P网络借贷的未来发展分析

目前互联网金融发展迅速，无论是 BAT（百度、阿里巴巴及腾讯），还是小的公司，都开始着手互联网金融，成为市场焦点。2014 年 11 月在浙江乌镇召开了互联网金融大会进一步推动了互联网金融的发展。一方面 P2P 网络贷款平台祸事频发，另一方面进入者与交易量快速增长。在这样的情况下，首先可以肯定的是 P2P 网络贷款模式会是未来贷款的趋势，它将一定程度上替代目前传统的银行贷款模式，更方便、快捷地为借款人提供贷款。而且未来 P2P 网络贷款应该朝着安全、快捷的方向，既能够保证资金的安全性，又能够通过平台快速地审核发放贷款。然而与此同时，为了建立健全 P2P 网络贷款模式，目前中国市场上还需要较为全面、详细的法规来监管其正常运作。国家可以设立相关的部门对目前 P2P 的发展进行规划与整顿，同时可以制定相应的法规来规范 P2P 贷款平台的正常运营。

互联网金融渐渐深入日常的生活中，其特点就是注重"小微"。目前很多公司都在涉足互联网金融，但并不是所有的公司都能够在这一过程中获得成功，几乎 90% 以上的公司都会出现问题。P2P 网络贷款平台之后的成功运营必然也是建立在各种公司失败的经验之上的。虽然目前这种模式还没有得到认可，并且行业内部的规范仍不健全，但我们仍然相信这种贷款模式的前景非常可观。

4.4.4　网络借贷未来发展趋势

世界经济论坛在 2015 年发布了《金融服务的未来发展报告》，指出新型借贷平台的快速增长给传统借贷带来的压力，迫使其转型。新型借贷的特点是点对点，借款人和投资人直接匹配，有着新型的审批方法和精简的自动化流程，从而使得次贷人群也能获得贷款，且平台透明度高、客户体验好。而传统借贷则不覆盖高风险人群，容错率低、贷款审批速度慢、不透明、用户体验差、回报率低等，使其部分客户开始慢慢流失。

新型借贷由于使用新型的审批方法和精简的自动化流程，使得它不仅仅能覆盖更广的客户，为次贷人群提供贷款，同时通过线上 P2P 平台模式，可以降低借款人的综合成本，从而也可以将业务向上拓展覆盖到优质借款人。这类业务给投资人提供了新型投资机会，获得了更高的收益，从而也使得传统机构的储户流失。

对中国而言，我们认为传统金融机构与网贷平台的差异特征跟该报告所阐述的基本类似，但对于服务人群而言，目前更多的还是服务次贷借款人，由于平台运营成本高，获客成本高，短期内成本降低是很难的。但未来，凭借平台作为信息中介，信息透明，成本下降，同时政策不压制，未来综合成本下降是可能的。目前国外的 Zopa 和 Lending Club，其实定位的都不是次贷人群，而是类似银行的优质借款人，他们能提供比银行更低的借款利率。这在目前的中国是难以想象的。

该报告也提到，由于来自快速增长的新型借贷平台的压力，整个储蓄与借贷行业将被迫与之竞争，未来可能有三种情景，但也可能会全部或某些情景会同时实现。

1. 去中介化：新型借贷机构可能成功向上拓展取代传统机构在优质贷款市场的地位。而传统的借贷机构，受旧流程和资本金要求的限制，失去了市场份额。

2. 互补：传统机构和新型平台可能继续满足不同类别的投资人和借款人，小型的传统机构和新型平台之间很可能会有更多合作。

3. 推动变革：传统机构可能会改造自己的流程和技术，可能会兼并新型平台，并采用新型借贷商业模式的关键特征。

这些情景的假设中其实监管所起的作用是很大的，比如第一种去中介化情景，就是假设监管层理解和了解新型借贷平台，允许做大。同时考虑到流动性，鼓励其发展二级市场，同时可以与货币市场基金等高流动性产品进行竞争。第二种互补情景假设条件之一也是监管允许新型借贷平台服务于次贷人群。如果在中国，第一种情景也就意味着让国内网络借贷行业的债权转让、期限错配甚至活期产品等可以合法化。因此我们也呼吁国内监管部门可以对新生的互联网金融有更多支持，尤其是网贷行业，可以考虑到投资人的多样化投资需求以及平台的极致用户体验，可以允许期限错配，通过债权转让方式来实现。需要特别强调的是这里的期限错配并不是期限分拆，是为了提高用户体验而设计的。让有短期比如 3 个月闲置资金的投资人，能将资金投向超过 3 个月的债权，比如一年期，通过债权转让来实现退出。第二种情景也是基于监管部门允许新型借贷平台服务于次贷人群，在目前人民银行指导意见已出，而银监会细则迟迟未落地的情况下，我们也希望能早日看到细则落地，来规范和发展中国的网络借贷行业。无论是牌照制还是备案制等，让网贷行业尽快阳光合法化即可。

这三种情景，我们觉得总结得很到位，新型借贷对比传统借贷，优势不言而喻，有着更先进更快的决策引擎，更好的用户体验等。如果监管放开，我们认为可以 PK 传统机构，也会有很多合作，甚至兼并等。几种情景同时出现也是完全有可能的。如前所述，其实更多的是取决于监管层的态度。

总体而言，我们认为在中国，第一种情景的可能性极小，因为在我国传统金融是社会融资的主体，在某种程度上而言，政府需要保护传统机构来更好地稳定整个金融体系。尽管政府也在鼓励发展互联网金融，但从目前政策和力度而言，暂时是很难改变这种结构的。第三种可能性也不高，由于传统金融机构很难放下身段，也很难改造其固有的流程，其在政策保护下，面临的压力没有国外金融机构大，因此去改造自身的动力不足。第二种情景的可能性其实是较为理想的，让传统机构服务低风险客户，让新型平台服务次贷借款人和有高收益追求的风险偏好投资人。未来究竟怎样，让我们拭目以待。

4.5　众筹模式与网络借贷的合作

众筹模式与 P2P，都是互联网金融的商业模式，在未来应该有很大的深度合作空间。众筹与 P2P 网络借贷一起，被称为互联网金融颠覆性创新的"双雄"。相对于传统的融资方式，众筹更为开放，能否获得资金也不再是以项目的商业价值作为唯一标准。只要是公众喜欢的项目，都可以通过众筹方式获得项目启动的第一笔资金，且一般首次筹资的规模都不会很大，为更多小本经营或创作的人提供了无限的可能。而众筹与 P2P 的区别在于回报方式不同，众筹主要以产品和媒体内容为主，而 P2P 以利息收益为主。事实上，本书认为，众筹与 P2P，在未来应该有很大的深度合作空间。因为从商业模式层面分析，它们都是平台式的商业模式，通过网络平台对接募资方和投资方；从用户层面分析，找到广大的投资用户群体的需求也是共通的；众筹模式对应的无论是商品和内容类回报，还是进阶的股权类收益回报，与 P2P 对应的债权收益回报，可以很好地成为一个立体的投资组合，让投资用户群体做不同类型和不同风险等级的投资资产配置，从而在风险相对可控的情况下，达到收益最大化。而且这一切都是通过互联网完成的，在效率及成本上，有天然优势，也能够给两端用户带来更好、更极致的用户体验，让更多的用户参与进来，从而使整个行业的发展更加蓬勃迅速。

第五章 互联网保险的发展机遇与挑战

5.1 互联网保险的现状分析

5.1.1 互联网保险销售渠道的发展过程

互联网保险作为一种以互联网技术发展为基础的新型商业模式彻底改变了传统保险业提供产品和服务的方式催生了保险业销售渠道和商业模式的变革。互联网保险销售渠道在我国的发展大致经历了以下三个发展阶段。

一是萌芽阶段（1997—2005 年）。1997 年中国第一家保险网站——中国保险信息网建立，当年 11 月该网站为新华人寿促成了第一份保险电子商务保单。2000 年太保、平安、泰康等保险公司纷纷建立自己的电子商务平台，进行在线保险销售。与此同时，一些保险信息网站也不断涌现。但总体上这一时期互联网和电子商务的市场环境尚不成熟，相关网络保险平台的作用主要体现在信息发布上，基本不能视为独立的销售渠道。

二是渠道探索阶段（2005—2012 年）。2005 年 4 月 1 日，《中华人民共和国电子签名法》实施，我国互联网保险行业迎来新的发展机遇，人保财险随之签发了第一份全流程电子保单。之后几年，阿里巴巴等电子商务平台的兴起为中国互联网市场带来了新一轮的发展热潮，互联网保险由此开始市场细分。一批以保险中介和保险信息服务为定位的保险网站纷纷涌现。这一阶段网络保险的保费规模相对较小，保险公司对此缺少切实有力的政策扶持，电子商务渠道的战略价值尚未完全体现，在渠道资源配置方面处于被忽视的边缘地带。

三是创新发展阶段（2013 年至今）。这一时期，保险业与互联网开始探索深度融合。各保险公司纷纷依托官方网站、门户网站、保险超市、离线商务平台、第三方电子商务平台等多渠道开展保险业务，成立专业的互联网保险公司，各具特色的互联网保险业务管理模式纷纷涌现。2013 年被称为"互联网金融元年"，互联网保险也在这一年取得跨越式发展，以万能险为代表的理财型保险通过第三方电子商务平台创下惊人业绩。至此，一方面是保险公司争相构建互联网销售渠道并日益重视潜力无限的移动终端，另一方面则是互联网巨头奋力涉足保险业务。保险业与互联网的结合日趋深入，从参与主体看，"2015 中国互联网金融高层论坛暨第八届中国电子金融年会"上披露了 2013 年开展互联网保险销售业务的保险公司有 76 家，2014 年增加到 90 家。

5.1.2　互联网保险的现有模式

目前的互联网保险，主要就是利用互联网技术，对上述的一个或某几个环节进行改造，使其能更好地服务用户，提升效率或降低成本。目前，尽管互联网保险进入了高速发展期，但总的来看还处于初级阶段。而从现阶段的互联网保险公司模式看，大家主要还是从产品和营销这两个环节切入。我们尝试做了以下分类：

1. 产品层面

（1）利用互联网的灵活性和能随时产生交互的特性，把传统保险产品所承担的风险拆分，创造小而美的保险产品，从而降低保险的门槛，增强用户粘性。比如某一车险项目，用户这天如果选择不开车，就可以将这天的保费按一定比例赎回，再进一步，就是可以将按年的车险拆成按天，用户只有开车的日子才买车险。再比如像"碎片险"、"雾霾险"或其他"免费险"等，也是将特定的"小"风险提取出来为其设定相应的"小"保险。比如意时网等。

（2）利用互联网打破地域限制，将不同地方具有同质风险的人给聚集起来，将一些原来样本不够保的风险变成可保风险。从这一方面衍生开来就是互助保险，目前也有这一方面的创业公司，比如保保集、E 互助、抗癌公社、壁虎互助等。

（3）从互联网经济衍生出来的创新险种。网络的出现诞生了虚拟财富，同时也产生了虚拟财富丢失的风险，于是虚拟财富险也诞生了，像淘宝的运费险也是在电商发展起来后才出现的。在互联网的不断发展过程中，会不断出现新的风险，这就意味着不断会有相应的保险产品的需求。这一方面的创业公司主要帮相关的互联网企业提供相应的保险产品，比如慧择网、悟空保。

（4）优选、定制、改进保险公司原有产品。这一方面的创业公司主要从保险产品优选出发，帮用户选取保险公司现有产品中比较有竞争力的产品。在有一定用户流量后，他们也会自己去设计或改进原有保险公司中不好的产品，为用户提供更有竞争力的保险产品，这类公司主要有慧择网、大特保、靠谱保等。

2. 营销层面

（1）渠道创新。刚开始的时候，保险公司官网直销、保险代理公司的 B2C 保险超市等，都是把互联网当做一个新的渠道。现在，在原来的基础上，渠道在向场景发展，比如携程去哪儿等成立保险经纪公司，在卖机票的时候卖航空险。

（2）利用互联网技术去做代理人升级。代理人渠道占据了保险很大的市场份额，原来代理人无论从生存现状还是卖保险流程上，都处在低点。很多公司希望利用互联网去提升代理人这一群体的生活状况以及工作效率。这类公司主要有慧择网、IM 保险人、微易保险师等。

在作上述分类的过程中，我们发现慧择网业务比较全面，慧择网成立于 2006 年，发展时间也比较久，网上公开资料也比较多，因此本书以其为案例。慧择网最初的时候可以理解为保险专业代理公司的一个网销平台，目前，在其深化 B2C 平台的同时，也进行了其他方向的探索，推出了 B2B 的保运通、针对代理人的聚米网以及针对其他兼业场景的 CPS/API 服务。

图 5-1 是慧择网 B2C 平台的一个大致的介绍，从最初的专业代理公司的一个网销平台，到现在推出了更多对 C 的服务。B2C 平台对应的是上文产品层面的第四个方向，为用户提供保险产品对比、定制服务。

慧择网通过 B2C 平台，对客户服务和理赔环节也做了一些尝试。在客户服务环节，慧择网学的是携程，建立了 7×24 小时的无间断电话以及网络在线客服服务，计划 3 年后扩至 3000 席。在理赔环节，提供全程协助理赔服务，也推出了先行赔付模式。

慧择网 B2C 平台：

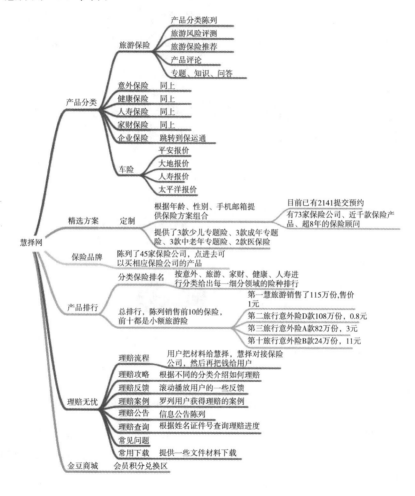

图 5 - 1　慧择网 B2C 平台

在之前的一篇文章中，我们提到并不看好简单的 B2C 保险商城，慧择网在产品呈现方面跟之前的 B2C 保险商城相比并没有太大的区别，而纯粹将保险产品放到网上卖效果不会太好，因为保险产品不像电商中的商品，流量对其的作用并不大，精准流量（想要买保险的人）才有意义。慧择网在客服上的投入，一定程度上能帮用户解释保险产品，帮用户做决策。如何培训客服使其能提供标准化、高质量的服务是核心。理赔是我们非常关注的一个点，因为目前这方面国内保险公司做得不太好，也一直是用户的痛点，虽然这做起来会比较难，但是把理赔服务标准建立起来后，能形成很深的壁垒。如果客服服务和理赔服务做好后，能吸引更多的精准流量，而用户在这个过程中享受到了好的服务，也会形成口碑传播，从而带来更多精准流量。

保运通 B2B 平台：

保运通是面向 B 端用户，给企业提供货物运输保险、企业财产保险、企业责任保险、船舶保险以及企业车辆保险等产品。

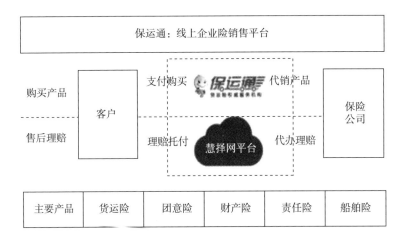

图 5 – 2　保运通 B2B 平台

这是面向企业用户的一个渠道，但在这一方向中，我们更看重其如何能触达互联网新经济企业，并根据他们的需求设计出适合他们或他们用户的保险产品。

聚米网：

聚米网属于上文营销层面的第二个方向，即代理人升级。聚米依托于慧择网 B2C 平台的产品和理赔服务，降低代理人的门槛，使代理人可在聚米中实现交易闭环，慧择网也会通过其他销售平台为代理人导流。聚米网给代理人提供工具，使代理人能管理客户或社交营销，后期也会上其他理财产品，让保险代理人向理财代理人拓展。目前，聚米网号称汇聚了10万保险代理人。

CPS/API渠道：

这个是指慧择网开放平台给兼业代理人，比如旅游网站、户外运动组织、旅行社等。这一方向对应于上文营销层面的第一个方向。在一定的场景下用户更愿意接受保险，慧择网想为那些场景提供接口或工具，让那些场景能够卖慧择网中的产品给他们的场景用户，降低他们卖保险的门槛和成本，对慧择网来讲，也使得他们能更多地去触达用户，丰富其销售渠道。

慧择网以B2C平台为"大本营"，将其积累的保险公司和保险产品沉淀在平台上，一方面直接面向用户通过客服去销售，更重要的是这些是它向另外3个方向衍生的基础。只有具备了产品创新能力，具备了快速跟客户（C和B）以及保险公司的沟通能力，具备了提供优质客服和理赔服务的能力，其四大销售渠道才能更好地发挥重要作用。

5.1.3 互联网保险的四大痼疾

在经历了过去15年产品创新、渠道创新的两轮驱动下，中国保险行业（产险和寿险）的粗放增长开始变得温和起来。在如今这个时点客观回望，毫不客气地说，发展至今，中国保险行业仍面临四大痼疾。

1. 保险意识依然薄弱

相比欧美日等发达国家，纵使今天，中国人民群众的保险认识、保险意识仍然较为薄弱。以寿险深度为例（总寿险保费相对于GDP的比），中国大陆的寿险深度不到2%，而同比中国香港是11%，中国台湾是15%，即使印度也有3%。另外从人均保单来看，相比欧美人均最高可达5张以上保单而言，中国人均保单不足1张。尽管近几年来大家对保险的意识越发强烈，但总体来说中国的广大人民群众对保险的认识仍然以被动推式为主，而非主动拉式。保险意识薄弱是目前整个行业最深层的痼疾。

2. 渠道过于强势

何为渠道？渠道是卖的途径，请注意，这里是"卖"而非"买"。大凡消费者有主动意愿购买的，渠道费用最终都会被挤薄或者被颠覆；但对"卖"的行当，却会变做"渠道为王"。但可惜，保险属于后者。"场景"是从互联网领域借用来的最合适的描述保险渠道的词。

由于痼疾 1 的存在，国人买保险，一定是被动推式的，也就是说买保险一定伴随着具体的场景：只有看到生老病死，才会萌生买寿险健康险类的想法；只有看到航班坠毁的噩耗，才会萌生买航意险的想法；只有在期盼淘宝寄货的时候，才会萌生买退货险的想法。场景论导致了保费成本里渠道费用的强势。

以航意险为例，大家在机场或者携程去哪儿买到的航意险里 90% 以上都是渠道费用。与此同时，为了卖掉保险产品，保险公司们也不得不雇用了 250 万的代理员满地跑，苦口婆心地推销产品，这些费用最终不得已都摊销到了保费上。甚至保险公司发展到今天，渠道的强势使得组织架构也围绕着渠道建立，这使得传统保险公司颠覆渠道又难上加难。

不过这一点其实是保险行业里一直无可奈何的悖论。你可以不在机场买贵的航意险，可是不在机场又有谁会想起买航意险呢？近些日子有不少互联网保险的创业企业提出颠覆保险、颠覆保险黑心渠道的口号，从原理上讲这符合互联网精神，说的也是实话；但这里保险公司也是一半被冤枉的，因为这也并不完全是保险公司的过错。其实这里有一个有意思的推演，当这些互联网保险企业真的垄断了流量，他们会不会自己也演变成一种渠道？这好比早年刚刚起步的旅游门户网站，廉价保险似乎是一种获客与增值服务，但有一天若真变成了携程和"去哪儿"，这渠道的费用赚还是不赚？

3. 产品同质化严重

注意这里用的是同质化严重，而没有说产品匮乏。其实中国保险行业从来不缺保险产品种类，但凡翻开一个保险公司的产品本，都有成百上千的品类，而问题在于绝大部分人，包括很多保险从业人员，都看不懂这些产品，也挑不出来恰好适合消费者需求的产品。

这也不能全怪保险公司，其实目前相当一部分消费者是把保险当作理财产品来看的，这就是为什么中国从险种上看，80% 以上的险种都是分红险，传统保障型险种不到10%。保险公司也要卖保险生存，这就逼着保险公司挖空心思地琢磨推介保险的理财属性。不过近些年这种情况已经大为改观，到处都能听到"保险回归保障本源"的反思了。

同质化的另外一个层面是监管方对费率的管制。以车险为例，在中国，不同的人开同种的车，保费是一样的，不同保险公司卖的产品价格也大致差不多。所以导致大家只能挖空心思地抓渠道、提供增值服务来获客、留客，迫使保险公司都变成了销售公司、服务公司。

4. 从业人员综合素质不高

在西方，特别是以美国为例，保险销售员是很高大上的行业。因为美国搞的是综合销售，而保险本来就是个人金融投资资产里的重要又复杂的环节，所以只有高端的金融人才才可以从投资组合的角度为消费者提供量身定做的综合产品推介，这也是为什么美国的保险销售员都是大学生，而且都是成绩优异的大学生。但中国似乎完全相反。不知从什么时候开始，"卖保险的"似乎成了贬义词。

客观来看，目前市场上大部分的保险代理人都是大妈。大妈卖保险本来没什么问题，但问题出在中国有句古话，叫"物以类聚，人以群分"。所以按此理论，被大妈卖的人一般也是大妈……那所谓的有保险意识的白领、金领，他们的保险找谁来卖呢？

这造成了中国保险市场有一个有趣的现状——有保险意识的人发现好像不知道哪里买保险；而不相信保险的人家总有人推销保险。不过近年来也西学东渐，国内大的保险公司都意识到这个问题，开始试水高端保险销售团队了，这里不赘述。这也客观上给互联网保险提供了一个发展的契机。

5.2　互联网保险的发展机遇

5.2.1　互联网保险的迅猛发展

相关数据显示，互联网保险正在迎来爆发期。前瞻产业研究院

《2015—2020 年中国互联网保险行业商业模式与投资战略规划分析报告》显示，我国经营互联网保险业务的企业数量呈快速增长趋势，从 2011 年至 2014 年，国内经营互联网保险业务的公司从 28 家增加到 85 家，年均增长达 44.8%。

为何互联网保险发展这么快？最重要的两个原因在于保险业传统渠道增长乏力，以及居民消费习惯的变迁。

首先，从保险业渠道来看。一是传统代理人渠道增长乏力，主要是源于保险主体增加，竞争激烈，各公司增员难度不断增加；二是受《关于进一步规范商业银行代理保险业务销售行为的通知》的影响，商业银行的每个网点在同一会计年度内不得与超过 3 家保险公司（以单独法人机构为计算单位）开展保险业务合作，导致银保渠道拓展空间受限。以上因素促使保险公司不得不进行渠道的创新，而互联网的低成本运营和广大用户群体正是受保险公司青睐有加的原因。事实上，互联网保险确实发展惊人，从 2012—2014 年互联网保险的保费收入增速和保险业保费收入增速对比就可以印证此趋势。

其次，居民消费习惯大大改变，主要是互联网的普及带动网民数量增长，网购市场日益成熟。据统计，截至 2014 年末，我国网络购物用户规模达到 3.61 亿，较 2013 年底增加 5953 万人，增长率为 19.7%。互联网市场的高度繁荣，已经扩张到金融领域。2013 年以百度、阿里巴巴、腾讯三大

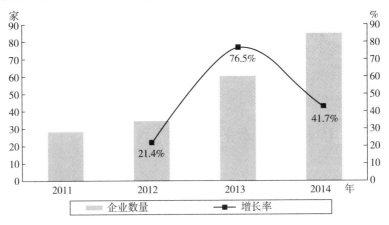

图 5-3　2011—2014 年我国经营互联网保险业务的公司数量及增长率

巨头为代表的互联网公司，通过创新的金融业务和便捷的用户体验掀起了
互联网金融的热潮。网民对于金融产品的接受程度不断提高，给网络保险
营销提供了广阔的发展空间。

由于我国居民福利水平还远远不及欧美发达国家，并且伴随着居民生
活成本和压力的增加，未来居民对保险的意识会越来越强，商业保险仍将
主导着市场大众消费人群。无论是出于竞争力的增强，还是适应消费者网
购习惯的定型，互联网渠道必将是"兵家必争之地"，互联网保险保费收
入仍将保持高速发展。与此同时，为了规范互联网保险市场的发展，切实
保障投保人的利益，保监会也会适时颁布相应的政策文件。总体来说，未
来互联网保险会在监管下走向规范之路，各主体之间强强联手，市场集中
度会进一步提高。

5.2.2　互联网金融有利于保险行业的发展

从渠道上看，互联网保险的发展对保险行业较为有利，主要因为互联
网保险的发展将为行业增加新渠道。寿险行业中传统渠道增长乏力，互联
网保险的发展将为保险行业提供新的分销渠道，提供新的增长动力。互联
网渠道流量大，接触客户数量和频率远高于传统渠道，易于销售简单化、
标准化的产品，如车险、意外险、短期健康险等。

互联网渠道还有助于提升保险公司在与银行谈判时的地位。近几年寿
险公司过于依赖银行渠道，导致其在与银行的谈判中完全处于被动地位。
这种情况在 2010 年银保新规实施以后更为明显，手续费率不断提升。未来
随着互联网渠道的不断发展，预计将逐渐减轻保险公司对于银行渠道的依
赖，这将有助于保险公司在与银行的谈判中更具优势。

从产品上看，互联网渠道的特殊性将有助于保险公司提供更有针对
性、费率更低的产品。主要因为网销渠道成本较低，可有效降低产品费
率。保险产品的保费中除了包含预期未来的赔付外，还包含销售费用、管
理费用等。网销渠道的产品大多与银保渠道相似，但我们估计网销渠道的
销售手续费率（手续费/首年保费）仅为 0.5% 左右，相比银保的 4% 要低
得多。因此网销渠道销售的产品可适当提升理财型产品给予客户的收益

率，或者降低保障型产品的保费费率。

此外，互联网保险的发展将使得未来保险公司可通过互联网获取大数据，从而进一步了解每位客户的特征及需求，为其提供更有针对性的服务与产品。大数法则决定了保险与互联网具有高度融合性。保险基于大数法则经营。大数法则是指当某类群体的样本的数量足够大时，其风险特征往往会呈现出稳定的规律性。对保险来说，大数法则是计算费率的基础，只有承保大量的风险单位，才能准确核定预期损失等关键特征信息。

互联网的海量、碎片、长尾等特点，使得运用大数据技术可以很好地满足保险大数法则运行机制。一是互联网上的用户大样本为保险精细化经营提供了可能。传统保险业务拓展中，细分市场是一项很难的工作，阻力往往来自没有足够的样本规模。现在基于互联网大量用户，这项工作可能更加容易。互联网上大量的个人信息可记录、可跟踪，互联网大数据将成为宝贵资源，大样本下人们的风险特征和行为规律给保险经营带来无限的拓展空间和创新机遇。二是具有同质特征的风险样本可以通过互联网很好地区分筛选出来，同时也为保险的个性化和定制化创新方向提供了可能。

5.2.3 互联网可以促进保险业转型升级

保险业经营管理的特点决定了互联网可以促进保险业转型升级。一是保险经营的是无形产品，不需实物生产、运输、仓储等环节，十分适合电子商务及其他网上应用。二是保险经营的财务成本结构中有很大的一部分是手续费、佣金等，互联网既可以使保险公司在一定程度上摆脱传统商业中介的束缚和制约，同时还能有效降低企业成本，并间接地使保险产品具有更高的性价比，从而更好地吸引客户关注和实现销售。三是在客户服务方面，互联网的便捷、快速、广覆盖的特点可以极大地提升保险服务水平。四是减少销售误导。与传统消费行为相比，网络消费行为一般以主动性购买为主。客户可以在线充分比较多家保险公司的产品，促使保费更加透明、保障权益更加清晰，可以在很大程度上减少销售误导的影响，有利于改善行业形象和提升用户体验，反过来，也可以有效降低保险销售的退保率。

5.3 互联网保险面临的挑战

1. 产品开发问题。在现代营销学中，消费品可以根据消费的特点区分为便利品、选购品、特殊品和非渴求品四种类型。由于保险产品属于非渴求品，即消费者不知道或即使知道也不会主动考虑购买的产品，加之传统的如寿险类保险产品较为复杂，往往需要代理人面对面的讲解，而单纯通过互联网难以让客户迅速、全面地了解产品性质，因此目前互联网上主要销售的还是相对简单的意外险、车险、退运费险等产品。如何开发适应互联网特点、满足互联网需求的保险产品，这一问题显得日益突出。

2. 客户服务问题。在客户服务方面，目前主要的问题是在线核保、核赔技术不成熟。在线核保方面，针对目前通用的网上保险标准流程，保险公司在实际操作中存在太多冗繁的核保标准和核保要求，在线核保仅仅局限在有限的保险产品上。在理赔方面，保险事故发生后，客户一般都能够及时报案，上传和提交必要的资料凭证或预约实地勘查，进入理赔程序。然而，实际执行的流程时间过长，多数仍然需要联络线下的业务网点进行理赔。

3. 渠道掣肘问题。当前，互联网三巨头"BAT"凭借其先发优势分别在互联网搜索、互联网电商、互联网社交三个主要领域占据着垄断地位。保险业在面临互联网保险经营这一课题时，首当其冲的就是如何获取互联网流量的问题。由于互联网世界存在着更加明显的马太效应（强者愈强、弱者愈弱的现象），保险企业在互联网保险销售渠道建设和选择上面临着两难抉择。无论是自建官网销售平台，还是选择与第三方电子商务平台合作，都有着明显的利弊得失。如前所述，保险公司自建官网销售平台可以摆脱中介掣肘，但存在着流量过低的问题；如果与第三方大型电子商务平台合作，保险公司可以借助其巨大的网络流量实现业务快速增长，但缺点是会损失销售控制权以及需要相当高昂的成本投入。

4. 风险控制问题。主要包括信息安全和道德风险两个方面。一方面，由于互联网保险信息系统与保险公司内外部信息系统存在数据交换，因此存在着来自互联网的黑客攻击、病毒入侵、信息泄露等潜在风险。另一方面，保险的最大诚信原则要求保险双方尽自己最大的可能履行如实告知义务，由于保险公司通过互联网难以对客户真实的购买意愿进行有效审核，因此保险公司难以辨别保单销售过程中的道德风险，投保人存在逆选择的可能性更大。

5. 法律法规问题。一方面，已有的《电子签名法》还不能满足互联网保险发展的需要，电子保单的有效性和法律地位存在一定模糊性。另一方面，虽然保险监管部门已经陆续出台了一些监管规定，但由于互联网保险发展太过迅猛，在一定程度上还存在着监管不足的问题。

5.4 互联网保险的七大趋势

尽管保险行业有自身痼疾，尽管互联网保险有避不开的挑战，但商业模式的不断演进的步伐一定是不可逆的，尽管这一演进必然也是螺旋式的曲折上升。按照互联网金融的演进路径，笔者认为互联网保险可能也会按照渠道创新—产品创新—模式创新三步的规则进化。在当前时点，我们或许可以看到互联网保险的七大发展方向，有的早些，有的晚些；有的颠覆性，有的微创新。

1. 保险价值链分拆与细化

目前的保险公司从获客、承保、理赔、投资通吃。但理论上讲，其实获客、理赔、投资都可能出现细分玩家。保险公司不可替代的部分是资产负债表的承载体。所以保险公司并不一定是产品开发、获客、理赔、投资的最强玩家，至少不是唯一玩家。所以未来不排除整个保险的价值链会出现分拆与细分。这一点在美国已经出现了趋势。谷歌和亚马逊逐步承担起了渠道和营销的智能，而风险管理和理赔都出现了非保险公司的新型玩家（Verisk、Guidewired 等）。

2. 基于大数据与人工智能的精算定价

作为金融机构，保险最为核心的地方，就是对风险的定价。目前保险产品的定价都是基于传统的定价理论和模型（目前中国寿险很多产品的定价仍基于 20 世纪制定的死亡表）。伴随大数据与人工智能的发展，相信保险定价一定会出现颠覆性的变革，实现对各种风险更为精准、自我学习、动态的定价。就保险本质，死差是狭义的保险最核心的盈利模式。所以，谁能更精确地定价风险，谁就能赚得更多。

但科技的进步向来都是双刃剑，对于大数据对风险的精准定价其实保险业内存在争议。简单地说，保险是要大数法则才能转起来的，也就是说总要把出险概率高和低的人放在一起，才能赚大数的钱。假设未来大数据发展到极致，可以精准地定义每个个体的差异化的风险，那保险最后赚的是谁的钱？这里不展开讨论了。

3. 基于个体的定制化定价

围绕保险产品，如前文所述，目前市场上同类产品的定价都差不多（比如以车险为例）。伴随大数据和精算定价的深入，以后必然会出现差异化的定价、差异化的产品以及差异化的分工。比如，做 VC 的 30 岁女人，开红色的跑车，在保险公司 A 的车险可能是 100 元；但在保险公司 B 可能只要 50 元。也就是说，伴随着费率的市场化，未来会就产品和人群出现专业细分的保险公司。

4. 基于云 + 端的远程信息获取、处理、定价系统

以车险为例，通过创新的车联网技术，使得车况、路况、驾驶员习惯都能得以实时捕捉与分析，进而得到更为精准的定价和更为迅捷高效的查勘定损。再以寿险为例，结合可穿戴设备，可以对用户的体征进行更为精准的采集，进而实现饮食、行为的推荐，达到对保费的重新定价。事实上，目前已经有些财险和寿险公司开始了这方面的尝试。

5. 无缝的数字化中后台与大数据的变现

这是保险公司内部转型与变革的必然趋势。中国目前大部分的传统保险公司在中后台管理和自身数据的分析处理上仍以手工、静态为主，自动化程度仍有进一步提升空间。因此服务于保险公司的创新、易用的数字化

手段依然看好。

6. 基于互联网场景的险种

如前文所述，保险的销售一定伴随着场景。传统的保险产品是由传统的线下场景伴生出来的。伴随着互联网的不断普及，无论在产品、需求、客群等方面均出现新的"线上场景"，比如虚拟生活与虚拟资产、简单明了的专项重疾险、适合家庭群体特征的捆绑险、赔付灵活（日缴月缴）的意外险等。

这些险种很大程度上伴随着互联网现象会出现短平快的需求。而传统保险公司在产品开发、报备上很难满足这一快速创新、快速迭代的要求，这在客观上给了初创互联网保险公司一定的机会。但从长期来看，同业与互联网巨头的介入也必然使这一领域竞争愈发惨烈。

7. 构造纯粹的"互联网保险"形态

如今，中国保险行业中渠道过于强势，导致产品、组织架构都要围绕渠道建立。因此，传统的保险公司很难真正做好互联网保险——他们不可能从组织架构层面重新塑造一个保险公司。所以颠覆性的保险公司只能推倒重来。

保险最原始的本质是互助（比如美国的 Western Mutual，英国的 Lloyd 都是互助本质），互联网其实是最可能实现互助的载体（使得地理位置、时间的聚集成为可能）。因此从真正颠覆的角度看，"相互保险"很可能未来会出现真正大众的、纯粹的互联网保险形态：有相同需求、利益的群体将资金放到统一的互助池中，出险以后从池子里拿出来，不出险就分还互助人。真正的取之于众，用之于众；风险共担，利益共享。由于大家的需求、利益相同（同类人），风险定价会有同质性，更主要的是真正地消灭了渠道，大幅降低了成本。

互助是保险的本源，所以并不是天方夜谭。而从监管层面来看，其对于这一形态也先知先觉，于 2015 年出台了《相互保险组织监管试行办法》，其中明确了态度，也提高了门槛。

总而言之，互联网与保险的结合使保险业呈现出全新的发展态势。互联网为传统的保险业注入了新元素、新活力，拓展了保险业的发展空间，实现了保险覆盖面的扩大和保险渗透率的提升。从未来发展趋势看，人们购买保险或者分担风险的方式或将因互联网而发生变化，甚至保险公司或将不再是分担风险的唯一选择，因此打破固有观念，大胆尝试拓展和优化保险销售渠道，创新经营理念和经营模式，积极应对互联网保险发展带来的机遇和挑战，已成为保险业发展的必由之路。

第六章 互联网金融担保

6.1 我国担保业发展状况

按照担保公司所从事的业务范围，担保公司可以分为融资性担保公司和非融资性担保公司。本章提及的担保主要是指融资性担保，根据中国银监会等七部委发布的《融资性担保公司管理暂行办法》规定，担保是指担保人与银行业金融机构等债权人约定，当被担保人未履行对债权人负有的融资性债务时，由担保人依法承担合同约定的担保责任的行为。作为辅助债务人融资的增信机构，我国融资担保业从 1992 年开始探索。由于长期快速发展、缺乏监管，早些年爆发了一系列风险事件，经历了全国范围内的清理整顿，行业正处于"控制数量、提高质量、合理布局、防范风险"的艰难调整期。

6.2 我国担保行业发展阶段分析

建立中小企业信用担保体系是世界各国扶持中小企业发展最重要的政策措施。中小企业信用担保实践自发地起步于 1992 年。其发展历程如下。

我国实行改革开放政策以后，尤其是从 1992 年开始，我国确立实行社会主义市场经济体制，资源配置由计划转向市场，企业成为社会经济活动的主体，国家信用逐步从一般经济活动领域退出。为适应市场经济需要，建立新的社会信用中介，扶持中小企业发展，担保体系的建设纳入了国家发展计划，有关政策纷纷出台。

1992 年，上海、广东等地私营中小企业为解决贷款难的问题，防止相互担保造成承担连带债务问题，自发探索建立企业互保基金会，中国的中小企业担保开始实践。1994 年 3 月，国内首家以信用担保为主要业务的全国性专业担保机构——中国经济技术投资担保公司成立。

1999 年 6 月，国家经贸委在广泛调研的基础上，发布了《关于建立中小企业信用担保体系试点的指导意见》，就试点的指导原则、模式体系、担保机构的资金来源、职责与程序、协作银行、风险控制及责任分担、内外部监管及组织实施等内容做了明确规定，全国中小企业信用担保体系试点工作初步步入规范阶段，各项相关的扶持政策也陆续出台。

1999 年 11 月 17 日，中国人民银行下发了《关于加强和改善对中小企业金融服务的指导意见》，对商业银行配合建立中小企业信用担保体系做出要求，并明确提出："对有市场发展前景、信誉良好、有还本付息能力的小企业，可试办非全额担保贷款。"

2000 年 8 月 24 日，国务院办公厅印发《关于鼓励和促进中小企业发展的若干政策意见》，决定加快建立信用担保体系，要求各级政府有关部门要加快建立以中小企业特别是科技型中小企业为主要服务对象的中央、省、地（市）信用担保体系，为中小企业融资创造条件。建立和完善担保机构的准入制度、资金资助制度、信用评估和风险控制制度、行业协调与自律制度。

2001 年国家税务总局下发通知（国税发〔2001〕37 号），对纳入全国中小企业信用担保体系试点范围的担保机构，其担保收入免征三年营业税。2001 年 3 月 26 日，财政部发布《中小企业融资担保机构风险管理暂行办法》，对担保机构的内部组织结构、自主经营管理、项目评估、决策与监管、财务管理办法、担保准备金的提取等做了规定。

2002 年 6 月 9 日，九届全国人大常委会通过《中华人民共和国中小企业促进法》，并于 2003 年 1 月 1 日开始实施。该法对中小企业发展的资金支持、信用担保、创业扶持、技术创新、市场拓展和社会服务等方面做出了具体的规定，该法通过法律的形式对信用担保的大政方针和重要举措进行了确定，不但明确了国家中小企业发展基金支持建立中小企业信用担保体系，而且鼓励各种类型的担保机构为中小企业提供信用担保。

2003 年 7 月，财政部发布《关于加强地方财政部门对中小企业信用担保机构财务管理和政策支持若干问题的通知》，目的在于规范中小企业信用担保机构财务行为，加强各级财政部门对中小企业信用担保机构的财务监管，防范和控制担保风险，进一步加大对中小企业信用担保机构的政策支持，更好地发挥信用担保促进中小企业发展的作用。

2011 年，受温州民间贷风波的影响，温州担保公司的资金链绷紧，部分银行大幅提高准入门槛，降低授信倍率，提高保证金比率，甚至暂停新增业务。

2012 年受国民经济增速放缓和广东创富、北京中担事件影响，各地担保机构在与银行合作方面普遍遇到困难。2012 年，受经济增速放缓等因素影响，一些中小企业无法归还到期贷款，造成融资性担保机构代偿规模和代偿率增加，融资性担保贷款风险有所上升。有数据显示：到 2012 年末，融资性担保代偿率为 1.3%，同比增加 0.9 个百分点。融资性担保损失率为 0.1%，增加 0.1 个百分点。2013 年上半年，银行业金融机构融资性担保贷款不良率为 2.2%，比 2013 年初增加 0.9 个百分点。从整体上看，损失率相对处于低位，融资性担保机构流动性资产总体上能够较好满足流动性负债的要求，行业总体风险基本可控。

2015 年 8 月 13 日，国务院印发《关于促进融资担保行业加快发展的意见》，发挥政府主导作用，推进再担保体系建设，促进政银担三方合作。

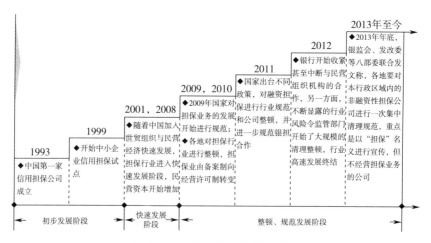

图 6-1　我国担保行业发展阶段

6.3　担保体系存在的问题

6.3.1　产业现状

中小企业在发展过程中面临着诸多的困难，其中对中小企业的发展影响最大的就是融资难的问题，融资难已经成为制约中小企业发展的瓶颈。针对这种状况，虽然近年来我国金融业的改革力度不断加大，但是在现行的金融体制下，融资供应结构失衡的问题始终难以有效解决，我国担保行业就是在这样的背景下应运而生的。近年来，随着国民经济持续快速增长，我国担保行业取得了长足发展。尤其是金融危机以来，为了缓解中小企业资金紧张压力以及融资难等问题，国家在担保机构建立方面的推动力度逐渐加大，在此背景下各类资金看到契机，纷纷进入担保行业。担保行业涉及的业务领域较为广泛，为不同经济主体提供专业风险管理服务并承担相应的风险，在消费、投资、出口以及税收和财政等各个环节都能发挥其信用评级、信用增级以及信用放大的作用。目前担保公司主要分三类，一类是纳入监管体系的融资性担保公司，第二类是非融资性担保公司，第三类则是以担保公司名义开展担保和非担保业务的中小型金融机构。融资性担保业务由于高风险、高资本要求的业务属性，监管部门对其监管力度较非融资性担保业务更为严格。如今，越来越多的企业为了解决自身融资难的问题，也计划设立或投资担保公司。

6.3.2　市场容量

中国产业调研网发布的《2015 年版中国担保市场现状调研与发展趋势分析报告》认为，截至 2013 年末，担保行业法人机构总计 8185 家，行业实收资本 8793 亿元，较 2012 年末增长 6.2%，业务规模增长较快，担保放大倍数明显提升。2013 年新增担保 2.39 万亿元，同比增长 14.5%；其中新增融资性担保 2.05 万亿元，同比增长 13.6%。2013 年末在保余额 2.57 万亿元，较 2012 年末增加 4833 亿元，增长 23.1%。其中融资性担保在保余额 2.22 万亿元，较 2012 年末增加 4024 亿元，增长 22.2%。与此同时，行业经营状况改善，总体效益显著提高。截至 2013 年末，行业资产 1.12 万亿元，同比增长 7.6%；资产负债率 15.6%，同比增加 0.7 个百分点。2013 年度担保业务收入 474 亿元，同比增长 20.9%；实现净利润 154 亿元，同比增长 35.6%。

截至 2013 年末，与融资性担保机构开展业务合作的银行业金融机构（含分支机构）总计 15807 家，较 2012 年末增长 4.7%。融资性担保贷款余额 1.69 万亿元（含银行业金融机构融资性担保贷款，但不含小额贷款公司融资性担保贷款），较 2012 年末增长 16.6%。中小微企业融资性担保贷款余额 1.28 万亿元，较 2012 年末增长 13.9%；中小微企业融资性担保贷款占融资性担保贷款余额的 75.8%，较 2012 年末减少 1.8%；融资性担保机构为 23 万户中小微企业提供贷款担保服务，占融资性担保贷款企业数的 93.6%，较 2012 年末增加 1.1 个百分点。

6.3.3 发展格局

目前民营资本进入金融的主要领域还是担保和小额贷款，介入的资本特别多，可以说是蜂拥而至。随着银行风险控制技术日渐成熟，担保机构生存的担保业务空间进一步被压缩。国内银行逐渐改变依赖固定资产抵押物的贷款方式，特别是一些股份制行和城商行探索出一套成熟的中小企业贷款模式，如供应链金融的引入，担保公司就面临着和银行进行客户竞争的困境，担保公司的生存空间在变小。很多担保企业已经纷纷退出担保市场，担保行业陷入了新一轮的低谷期。在严峻的行业形势面前，担保行业开始尝试业务转型。随着经济增速放缓，商业银行不良贷款率持续提高的趋势有望持续，利用担保增信的企业相对整体来说资质更低，产生不良贷款的概率更高，担保行业代偿率目前已高于银行业不良贷款率，两者间的差距或将进一步拉大，资本实力弱、风险管理不到位的担保企业将受到进一步冲击，担保行业的分化将进一步加剧。2014 年，受银行提高合作门槛、缩减授信额度、降低放大倍率，以及宏观经济下行等诸多不利因素影响，中小企业担保业务增速放缓，有些省市多年来首次出现担保存量业务下降。在银担业务收缩和监管部门整顿的双重压力之下，担保行业"两极分化"的发展格局已成定式。

6.3.4 存在的问题

担保行业"多、小、弱"的问题还比较突出。数量过多、规模偏小、过度竞争、发展不平衡。前几年，担保机构以30%左右的速度增长，这是非理性的。融资性担保公司近年来快速发展，已经成为解决中小企业授信担保难题重要的担保方式。但由于初期管理部门不明确、缺乏准入审核和有效监管等原因造成融资性担保公司行业存在较多问题。突出表现在担保公司数量过大，素质良莠不齐，存在非法经营、超范围经营、不规范经营现象，有些甚至制造了非法集资案件，造成严重的不良社会影响。

6.3.5 发展困境

尽管信用担保体系设计的初衷是提供不以营利为目标的政策性金融服务，但在发展过程中，财政资源的有限性以及行业起步阶段相应运作和补偿机制并不完善。为弥补担保资金不足，各级政府开始引入民间资本，后期也有一些外资进入担保领域。在这种情况下，商业性担保很快占据主导地位。在现有制度设计中，政府为担保机构给出了贷款利率50%的收费空间。银行贷款利率一般为7%至10%，担保公司对企业收取的费率为3%至5%，由于承担了几乎全部信贷风险，这个费率无法保证融资性担保公司的可持续经营。在信贷风险暴露时，担保公司很难承受代偿压力。往往一笔代偿出现，就会吃掉几十笔业务的利润。另一方面，政府严格限制担保公司的经营范围，又导致担保公司缺少其他盈利渠道。2011年至2013年，担保费收入占担保行业总资产的比重只有3%至4%。尽管高出银行业1%左右，但其承受的风险却远远大于银行。在扣除代偿以后，收入占比分别只有2.85%、1.36%和1.48%。3%至5%的担保费率对商业性融资担保公司来说收费偏低，不足以覆盖风险；但对本来就实力薄弱的中小企业来说已经不堪重负。为规避风险，融资性担保公司通常还会提出反担保要求，并要求贷款客户缴纳保证金和风险准备金，更加重了企业负担。从利益机制上看，由于担保费率与贷款利率联动，贷款利率越高担保费收入越多，所以担保公司并无帮助企业降低贷款成本的动力。

6.4 互联网金融担保发展现状

6.4.1 为互联网金融产品直接提供担保

从百度百发出现担保身影开始，担保公司就向互联网金融敞开怀抱。不论这种方式是主动的还是被动的，在互联网时代，担保公司已经捕捉这种机遇并且重新审视自己的未来。

6.4.2 为 P2P 网络借贷增信

现行的 P2P 平台担保方式主要有三种，一是平台自身担保，二是通过小贷、典当行甚至个人及其他企业担保，三是独立的第三方融资担保机构。从 P2P 出现之初，监管就一再提出禁止平台自保，第二种模式中个人、企业没有担保资质难以让人信服。这样，作为第三方担保的融资性担保机构可以松口气了。至少在当前的投资环境下，提供担保是平台为了取信于投资人不得不做的选择，而且出于规避风险的需要，P2P 平台也需要引进第三方担保公司，只是在选择与哪些担保公司合作方面，P2P 平台或许有更多的主动权。在 P2P 高速发展阶段，一些"国字号"P2P 平台也应运而生，并将引进担保作为主要风控手段。如陕西"金开贷"，上线运营两个月以来交易规模达 8000 多万元，服务中小微企业 25 家。其市场运营采用了线上与线下相结合的模式，线下流程中除了平台对项目实地调查、通过审核确定发布贷款项目之外，很重要的一个环节就是审核担保公司、授予担保公司可担保额度、担保公司推荐贷款项目。引入第三方担保公司进行全额连带担保，并对担保机构进行严格准入审核，担保公司推荐项目后，再通过市场部、风控部及审贷会的多重严格把控才可发布，做到项目独立。一旦发生风险，以担保公司为主导，"金开贷"为缓冲，担保公司先行代偿，"金开贷"作为第二道防线进行债权回购，保证投资人及时收回本息。

对于担保公司来讲，P2P 是一个新领域，它提供了一种资金供需双方直接对接，这种对接是有别于传统金融机构的。陕西一家融资担保公司负责人这样评价其与 P2P 的合作："与传统不同，互联网金融效率更高，决策速度快、筹资速度快、放款速度快；银行对担保公司推荐的贷款业务更着重于合规性考察，P2P 更关注与分析企业的经营现状及第一还款来源，相对银行更加合情、合理，贴近市场；线上加线下的运作模式，把现代化的互联网金融与传统的金融模式有机结合，具有明显的市场竞争优势。"

从 P2P 角度看，第三方担保扮演的角色则包括获取项目、融资评估、业务担保、逾期代偿。担保给 P2P 也带来一定的积极影响，如降低客户及融资项目获取成本；有效控制业务风险、降低业务管理成本；提升平台业务保障能力，增加公信力；出现逾期时可及时代偿以获得风险释放。

因此，在风险确定的前提下，将某些审核通过而无法从金融机构拿到资金的项目挂在 P2P 平台上，直接对接平台上的资金借出方，这被业内认为是较为稳妥的合作方式。在类似"金开贷"的"P2P + 担保"模式中，第三方担保机构为 P2P 平台提供优质客户资源，对这些客户进行风控评估，还为借款项目提供担保以加强外部增信。

"担保是有经营风险的，只有严守底线，把控住风险，那么与 P2P 合作的条件是充分的"。也就是说，不管是以什么模式与互联网金融展开合作，控制好风险都是担保公司的第一要务。

2015 年 7 月 18 日互联网金融监管框架出台。中国人民银行、工信部、财政部等十部委联合发布《关于促进互联网金融健康发展的指导意见》，对互联网支付、网络借贷等互联网金融主要业态进行了明确规定。其中，就 P2P 行为进行了着重规范强调：意见中明确了个体网络借贷要坚持平台功能，并且明确了 P2P 平台不得提供增信服务，不得非法集资，这意味着 P2P 平台将不能为借款人提供担保的职责。

6.4.3　搭建线上平台

有些手握大量优质资源项目的担保公司或金融机构逐渐开枝散叶——

自己建起了线上平台，将线下融资担保项目移至线上运作。近几年，徽商银行围绕担保模式，在搭建多方合作模式，创新系列特色产品服务方面做了很多有益尝试。

6.4.4 去担保化是否可行

P2P平台为增信积极寻求与担保公司的合作，一方面，是由于实力较弱的P2P平台没有自己的风控团队，便将借款端转移给担保公司，在风险控制方面完全依赖于合作的担保公司。另一方面，很多P2P平台本身无法获得优质债权，为抢占市场份额，提高交易量，便寻求对接担保公司的资产端。这样造成的结果是：平台对实际资产端企业的信用情况根本不清楚，没有采取尽调审核等一系列风控措施，只是将风险转嫁了。

担保公司为达不到银行征信要求的企业担保，本身就是在做风险较高的非优质企业的生意，更何况很多担保公司自身的风险辨别能力根本不强。在这样的情况下，平台的命运却掌握在担保公司手里，担保公司的风险一旦爆发，连带平台公信力一并受损。这种简单依赖合作渠道的风控方式太过被动，一损俱损。

这样看来，P2P平台寻求担保公司合作的做法根本是陷入误区。越来越多的担保公司风险逐一暴露更是证明了担保公司根本无法保障债权的安全性，无法真正保障P2P投资者的利益。

反观一些创新型P2P平台，如专注于房产抵押的房易贷理财平台，把核心竞争力落实在债权的严密风控上，而非行业通常采用的担保模式，这更符合P2P本应有的发展规律。债权的安全性绝对是所有P2P投资者关心的首要问题，而风控是P2P平台的生存关键。

房易贷所有债权都有足值房产作为抵押，且抵押率不到70%，借款人还款欲望强烈。另外，平台还办理了他项权利证书和全权委托买卖公证，当逾期发生时，房易贷可不经法院诉讼流程，直接进入司法拍卖，在尽可能短的时间内给予投资人赔付。房易贷上线半年不到，成交额就突破7000万元，这显然与用户对房易贷债权的认可有一定的关系。

去担保化是P2P行业的大势所趋，平台想要保持长久的活力，寄希望于第三方担保机构是绝不可行的，自身拥有充足的、经过线下严格尽调审核足够安全的优质债权一定是最基本的前提，只有这样才能在最重要的风控环节化被动为主动，立于不败之地。总之，对信用担保组织而言，减少了增加独立系统的成本。同时，随着互联网用户数量的增长，信用担保数量也会相应增加。

6.5　互联网时代金融担保发展方向

互联网的本质是让沟通便捷，让信息更透明，让关系更密切，它通过打破原有的价值链，改变了人们固有的生活方式和价值理念，打破了企业传统的运营模式，对社会各类资源进行重新优化组合。其不仅是一种科技和经济改良策略，而且是一种社会文化导向。担保业要拥抱互联网思维，就必须要深刻理解互联网精神中开放、共享、平等、普惠、民主及自由选择、去中心化的特质，从文化角度重塑担保经营，打造一个迎合新型消费方式、商业逻辑的综合金融品牌和一整套精心设计的产品服务体验。

此外，互联网担保享受用户信息用户数量的低成本增长，减少交易成本，解决中小企业融资困难的因素。给市场、银行等金融机构效益增长带来福音。

6.5.1　积极营造担保生态圈

对一般担保公司来说，只能为企业提供一种产品，即服务单一、操作复杂的资金担保。在这种状态下如果有企业不以担保为主业，依托平台优势进军担保领域的话，传统担保机构将难以应对。所以有的担保人在研究了互联网金融后，便得出了"未来市场将不再需要担保"的悲观结论。

担保行业要避免被其他行业蚕食、吞并的命运就必须对现有商业模式进行变革，以价值创新为核心，努力开发、寻找新价值来源，优化价值生成机制。将商业模式变革理解为多个战略要素、环节的全局性、结构性转型，系统思考、整体推进。

1. 对行业重新认知

不少业内人士都愿意将担保公司归类为金融或准金融机构，将经营范围有意无意地限制在了与"钱"相关的圈子当中，很少去关注市场的其他需求。其实，担保概念中更主要体现的是信用，一切与信用相关的领域都可以成为担保公司施展拳脚的舞台。从企业经营角度讲，担保公司不仅是融资服务提供商，更是信用服务经营者和平台运营商。支付宝便是以担保信用平台为依托，以支付担保为主线，进而涉足金融领域的。

2. 建设担保生态服务链

在深度研析、深刻理解担保信用平台的本质之后，就要去积极探索可以植入该平台的各个要素。就像万达广场将餐饮、娱乐、购物、居住等纳入一个平台那样，担保公司完全可以针对不同客户的不同需求提供融资担保之外的各类服务，将管理咨询、财富经营、商务社交、继续教育、物流配送、信息技术等纳入综合服务范围，将创投、风投、信托、基金、证券、资管等专业机构纳入平台生态服务链条当中，由产品供应商转变为服务运营商，使客户到此，即可满足全方位、多样化的需求和体验。

3. 跨界融合与混业经营

此理念与平台生态服务异曲同工，却又不完全等同于"生态组织经济"模式。对于规模较大的担保公司来说，除建设组织经济平台之外，还可以学习腾讯、阿里巴巴那样的章鱼式"八爪扩张"，针对大众消费市场，向多个领域迈进；对于规模较小的担保公司来说，则可以通过依托其他平台或产业链条提供专业的配套和代工服务。担保公司应充分利用自身所掌握的大量企业和项目信息，积极寻找商机，实施以担保为主轴的跨界和混业经营。这样做不仅可以较好地解决传统担保业务效益低、风险高问题，而且对扩大品牌影响、促进产业一体化发展具有深远意义。

6.5.2 全面推进市场化发展

长期以来，大多担保机构都在抱怨银担合作不平等，却很少有人去挖掘自身的深层次原因。其实，在资源和渠道均掌握在银行手里的情况下，银担合作不平等是必然的，甚至是难以改变的。要扭转这种局面，就必须摒弃传统金融的"卖方市场"思维，向生产型企业和互联网企业学习，全面推进市场化发展。

1. 进军"平民低端市场"

担保公司大都愿意给抵押物充足且现金流较好的企业提供担保。这虽符合风险管理要求，但却违背了市场化运作理念。于是便导致了最有融资需求的企业既得不到银行准入，也进不了担保公司门槛的局面；此时互联网金融便乘虚而入，获得了飞速发展的机会。鉴于此，担保公司应树立以所有市场主体为服务对象的发展理念，通过为各层面用户设计不同的服务产品，进一步丰富服务内容，不断提高技术水平，积极抢占平民低端市场。

2. 优化业务结构

根据统计数据，国内多数融资担保公司的主营业务都是贷款担保，很多占比都在80%以上，整个行业对于银行的依赖程度较高。在此情况下，担保公司应抓住国家大力发展直接融资市场的有利契机，积极与债券、信托、基金等非银行金融机构开展业务合作，努力研究新的融资服务模式，主动介入并开展私募基金、资产证券化、融资租赁等新型业务，逐步缩小贷款担保比例，优化业务结构。

3. 强化市场营销

只有掌握了客户和渠道，才能赢得市场，在业务合作中处于有利地位。以余额宝为例，马云既可以和天弘基金合作，也可以和其他基金合作，主导权在马云那里，基金公司只是提供了一个金融牌照而已。深圳中小企业担保集团之所以在与银行合作中做到风险共担，很大程度上也是这个原因，该公司前董事长叶小杭在一次演讲中曾提到，经常有银行信贷经理去和他们要客户，于是他们便在银担合作关系上有了一定的话语权。由此可见，有为才能有位，担保公司要想站稳脚跟，在银担合作关系上实现突破，就应充分利用自身的地缘和信息优势，在区域市场进行深度营销，扎根市场实现"根灌"，不仅要做得"深"，做得"细"，更要做得"透"，做得"快"，从而在实际市场份额和顾客心理份额两个层面上，打造区域竞争之矛。

4. 拥抱互联网金融

从社会学上讲，关系即资源，将不同关系不断进行整合和利用即可创造新的关系和价值。互联网金融的最大创新就在于将社会上原本没有关系的资金、人群、项目联系到了一起，使众多个体小资源形成了大资源，并创造了新的关系和价值。目前担保业内对于互联网金融研究不够、认识不足，仅将关注点落在了其放贷模式和技术上，而缺乏深层次的研究和理解。担保公司应学习互联网金融中的关系资源整合理念，通过与第三方支付机构合作，积极开展财富管理业务，努力架构平民理财与担保项目融资之间的信息桥梁，逐渐打入理财及信用贷款市场；通过发展股权众筹模式，实现自身资金规模和信用能力的提升，获得更好的市场渠道。这样不仅可从信贷来源上逐渐摆脱对银行的依赖，而且能够有效凝聚丰富的市场信息，促进金融市场和自身发展环境的改善。浙江中新力合集团推出的鑫合汇产品便是立足全民担保理财服务的一种有效尝试。

5. 积极开发移动互联技术

在人类社会中，任何互联网形式在本质上都是人与人之间的关系网，移动电子设备则是连接人与人之间关系最直接有效的工具。因此，各行各业都开始研发针对自身产品的移动客户端，甚至不惜采用免费请客等手段抢占市场。担保公司此时如果也"照猫画虎"，把传统的融资担保服务做成客户端推向市场，显然不会有什么成效。但市场仍然要占，新技术仍然要应用，否则就会被时代所抛弃，被市场所淘汰。这就需要进一步深挖大众对于担保信用的需求，并结合信息整合理念进行研究开发便民、利民产品，积极尝试O2O模式（线上、线下相融合），或借助互联网上的社交模式，进行共同体式的沟通和销售。

6.5.3 重视产品设计及客户体验

担保公司要实现经营转型，必须深刻理解"平台"的交互功能，即通过设立必要的规则、标准，构建客户交往、互动界面和管道，反馈客户信息，进而开发出足够丰富的产品，不断完善服务、提高效率、实现增长。

1. 创新产品服务形式

为摆脱担保金融产品同质化，实现担保产品服务"规模化定制"模式经营，担保公司可将担保服务中涉及的各个元素进行合理拆解和定价，形成担保"元产品"，通过不断改进服务内容，丰富担保"元产品"库，即可实现标准化设置。待到客户上门时，这些"元产品"便能像超市里的商品一样供客户自行搭配选择。当然，在选择过程中还需要一名"导购员"对产品购买条件、要求、价格及配套政策进行指导说明，从而增加产品服务含量，丰富客户体验，并为其提供个性化解决方案。

2. 挖掘潜在市场需求

按照需求情境对需求集合进行分类，是营销史上一次重大创新，它使许多传统产品获得了新的生命力。在传统担保市场逐渐缩小的情况下，担保公司应由定向营销转为大众营销，主动深入市场了解市场信息，积极建立健全中小企业信息数据库，并对自身产品进行重定价值，对需求情境进行重塑和挖掘。如开展企业成长基金担保计划、信用卡式担保授信等。

3. 延展产品服务价值

受产品单一、费率较低、业务规模较小等因素影响，担保公司经营效益一直处于低位。要扭转颓势，就必须在原有基础上，增加服务内容，提升服务效率。例如将与融资服务相关的手续办理、物流监管、财务改进、信息咨询、战略投资、小额贷款、典当等纳入担保配套服务范围，并针对目标群体潜在需求开发各类复合产品（包括理财推介、管理咨询、文化产品以及其他创意产品），为客户在等待手续办理时提供有偿或免费的学习（购物、读书、培训指导）、社交（商务类互动活动）、休闲（游览、娱乐、茶歇）等多重体验空间。

4. 提高产品服务效率

担保公司应转变将担保当作技术而非产品的观念，在有效降低客户融资价格成本的同时，切实降低其时间和空间成本。通过充分利用移动互联网及大数据管理技术，将产品服务实时化、自主化、一站化，不断优化流程，减少审批环节和人工参与，提高智能化水平。要转变客户鉴别方式，转变风险防控理念，将管控重心由注重实物抵押向提升企业违约成本转变，将服务方向由降价优惠向提升效率和强化质量转变。

6.5.4　重塑内部组织架构

就目前情况看，担保机构大都参照银行信贷部门设置了担保业务部门的职权范围,一般包括市场营销、尽职调查、手续办理、保后监管、风险预警和追偿等。因在技术层面上的要求较高,所以该部门人才极度缺乏。业内人士凡讲起加快行业发展时几乎都会提到人才问题,却很少有人去关注部门和岗位本身的设计问题。彼得·德鲁克曾经说过,一个岗位如果连续三个人都无法胜任的话,就必须重新设计。任何企业要实现规模化快速发展,都必须将岗位设计简单化,使更多的人可以适应。担保公司要想走出业务发展缓慢的困局,应对组织架构进行重新调整。

1. 分解业务系统

将现有业务系统分解为客户服务和风险控制两部分。客户服务系统应包括销售部、企划部、配套服务部。销售部负责市场拓展、客户对接、手续办理、信息互动,并根据客户需求和尽职调查报告进行产品搭配、定价、期限及反担保措施确定;企划部负责担保品牌宣传推广以及针对目标客户开展的各类互动活动的组织落实;配套服务部负责联合第三方支付或银行开展财富管理和信息对接服务,推动客户之间建立商务合作关系,对围绕担保开展的附加服务项目进行日常运营管理。尽职调查、项目监管、风险预警及追偿职能均应归入风控系统。

2. 强化风控系统

风险管理是传统担保经营的核心技术,而多数担保机构的风险管理部门承担的却主要是手续审批、法律事务及档案管理等合规事项,并未被赋予风险防控的关键职能。一些担保机构负责人虽认识到了风控的重要性却舍不得将项目经理调入该部门。优化后的风险系统应包括以下几个部门:尽职调查部,由业务系统而来的担保中坚力量构成,该部可根据项目类型分为不同小组,对项目进行调查分析并形成报告;合规管理部,负责担保项目合规审查工作,对担保项目实体档案进行管理;项目评审会,负责项目评审,由首席风险官、公司高层及业内资深人士构成,评审会下设办事处,负责项目手续的审批签约;项目监管部,对在保项目开展定期监管工作,负责在保项目风险排查分析及应急处理;风险预警部,针对政策、区域市场环境、行业环境、在保企业等进行风险评估和预警分析;法律事务部,负责法律维权、代偿追偿等工作。

3. 重构研发系统

设置战略规划部，负责对宏观经济形势及政策、市场需求信息、行业竞争格局、企业管理、模式创新等进行宏观研究，定期形成战略发展意见和专题研究报告；产品研发部，按照公司发展战略和市场潜在需求设计研发新产品；大数据管理部，负责中小企业信息数据库及担保项目电子档案管理，细化数据统计，对市场及客户各类信息和数据进行收集、核实、归类、分析、评价、优化，为战略规划和产品研发提供数据支持；技术开发部，针对现代互联网技术，开展新型担保客户端、业务操作、数据管理等平台研发及维护。

4. 升级管理系统

提升人力资源管理部门地位，细化部门岗位职责，突出岗位设计、人才储备、薪酬与绩效设计、指导监察功能；单独设立培训管理部，建立健全内部培训师体系，负责对员工及服务客户提供业务指导、管理培训、财务培训等服务；设置平台运营部，负责与银行、创投、风投、信托、基金、证券、小贷、典当、物流等机构之间的协调和对接以及围绕担保信用平台开展的各项内容规划和管理。

6.5.5　人力资源管理自主化

人才战略不是简单的人的问题，而是系统的组织管理能力的提升。在互联网思维下，员工的价值理念、生活方式都发生了变化，他们所期待的管理更具有自主性和互动性，即简单、快乐、好玩。这就需要我们打好文化、系统和人才三大方面的组合拳，既不能过高期许空降兵，也不能照搬他人经验，应从内部开始，从自身的体系、员工和自身的文化开始做起。

1. 更新育人导向

随着新技术的不断发展，企业未来的核心人才将是善于思考、拥有思路、执行力强的人，技术和经验型人才所发挥的作用将越来越有限。就像火枪的出现削弱了武术功能一样，新风控技术的兴起势必对传统担保专业人才造成冲击，智力型、战略型、研发型人才的重要性将日益凸显。担保公司应通过新技术开发、机制创新等手段逐步弱化对员工在经验、技术层面的要求，强化对其思考、规划及执行能力方面的培养。

2. 定制绩效管理

由业务骨干晋升上来的中层管理者虽实战经验丰富，但凡事或亲力亲为，或以业绩为前提采取逼迫式管理，缺乏统筹全局和培养下属的能力，而担保公司内部的基础业务培训培养出的也多为人力而非人才。鉴于此，我们不妨借鉴华为和阿里巴巴的做法，将人力资源管理人员以"政委"身份派到各个部门发挥招聘、指导、监督职能，以避免垂直招聘、统一考核带来的实际与需要脱节问题。

"政委"应针对每个部门和个人通过静态的职责分解和目标分解，帮助其建立目标与职责一致的岗位考核体系，对管理人员和一般员工的管理采取定期检查评议的方式保证预期目标的实现。考核应遵循"能量化的量化，不能量化的细化"的原则，在数据分析基础上，采取多种方式考评部门及员工业绩。对管理人员应在考察其整体业绩的同时，重点对其管理、思考及应变创新能力进行评价。对市场开拓人员采取每月考评机制，以项目发生规模效益为考核指标；对尽职调查人员、战略研发人员应采取季度考评机制，以项目考察、研究成果数量和质量为考核指标；对人力资源管理人员应按其所协助部门平均绩效水平进行考评；对其他人员可采取年度绩效考评。

3. 民主制定制度

通常，企业的规章制度大多是由老板或高层制定之后，由员工无条件服从。这就造成了企业显规则与潜规则不一致，员工享高薪却仍不满意，管理成本高却收效微等问题。在互联网的"民主"理念下，担保公司高层应将制度审议权适度放开，学习西方"小政府、大社会"的理念，对制度只做规划方案，具体内容则由基层的员工进行补充，然后经高层及各部门"政委"联合议定后发布，并根据形势发展和实际需要随时进行修改和完善。

4. 优化职权分配

就目前掌握的情况来看，多数担保公司都存在高层集权或授权缺乏监督的问题，严重制约了内部管理梯队建设和业务创新能力的提高，造成了岗位、部门之间职权界限不明，市场服务效率低下等问题。担保公司应以长远的眼光来考虑集权授权问题，突破常规观念，大胆做"减法"，对各个岗位、部门、职务的权力进行深入分析和设计，对一些不适当的岗位、部门及权力进行削减和整合，以避免部门乱设、人员乱招、权力滥用现象的发生。

总之，当担保行业的"弯道"遇到互联网"风口"的时候，我们没有理由不扑上去，从产品内在的基础性技术之"根"开始转变，再造全新产品，重新定位行业，从而解决市场必须面对的发展"本源"问题。在未来的发展中，担保公司如果能够跳出固有的圈子，在巩固加强风险管理技术的基础上，积极向腾讯、百度、阿里巴巴等互联网企业学战略、学思维，向华为、海尔等传统实体企业学管理、学开拓，就完全可以创新发展思路，扩大发展领域，提升发展水平，创造辉煌业绩。

第七章 互联网金融展望

7.1 互联网金融综合运营

近年来，以移动互联网、大数据、云计算为代表的信息技术迅速发展，正在逐步重塑传统金融机构运营模式和服务方式，使银行、证券、保险等金融行业，包括一些金融行业的相互交叉融合更加便捷。同时，阿里巴巴、百度、腾讯、京东等大型互联网企业陆续进入传统金融服务业务领域，在支付结算、小额贷款、消费金融、财富管理等方面迅速发展，部分企业的业务已经涉及银行、证券和保险中的两个或多个领域，呈现出一定程度的综合运营特征。

互联网综合运营有助于发挥规模经济和范围经济的优势，拓展多元化业务收入，降低企业经营成本。同时，也可能给经营主体带来公司治理、财务管理、利益冲突等方面的风险，并给我国现行分业监管体制带来一定挑战。如何最大程度发挥互联网金融综合运营的优势，有效应对其可能产生的风险和挑战，促进互联网金融健康发展，是摆在学术界和政策界面前的一个重要而紧迫的课题。

7.1.1 互联网金融综合运营的界定和主要模式

互联网金融综合运营是在互联网技术和信息通信技术广泛应用、互联网与金融快速融合的背景下开展金融业综合经营的一种新兴形式，也是构成现代金融业综合经营模式的重要内容。

当前，学术界对于金融业综合运营尚没有明确的、统一的界定。2005年，《中共中央关于制定国民经济和社会发展第十一个五年规划的建议》首次提出"稳步推进金融业综合经营试点"。此前，业界和学术界更多地使用"混业经营"一词，从内涵上看，这两个词没有本质区别，本书不作区分。

根据《中国金融稳定报告2014》，目前金融业经营模式主要包括综合经营和分业经营两种。综合经营主要是指银行业、证券业、保险业等金融机构可以跨业经营。结合金融业综合经营的概念和互联网金融的特点，本书将互联网金融综合经营界定为：金融机构、互联网企业等机构直接或者通过子公司等组织形式，同时经营互联网支付、网络借贷、股权众筹融资、互联网基金销售、互联网保险等互联网金融业务中的至少两类业务。

从互联网金融综合经营和金融业综合经营的概念可以看出，两者都是涉及不同金融业态（行业）的跨业经营，互联网金融综合经营本质上是金融业综合经营的一种新兴形式，金融业综合经营的组织形式（如金融集团、母子公司、金融控股公司）同样适用于互联网金融综合经营，针对金融业综合经营的监管安排和规则也同样适用于互联网金融综合经营。但互联网金融综合经营又有一些不同于传统金融业综合经营的特点。一是互联网金融综合经营的"跨业"主要涉及互联网支付、网络借贷、股权众筹融资、互联网保险等互联网金融业态，具有鲜明的互联网特征；二是互联网金融不仅具有传统金融的风险属性，而且与互联网伴生的技术、信息、安全等风险更为突出，因此，互联网金融综合经营还存在异于传统金融业综合经营的风险特质；三是互联网金融平台的网络效应、扩散效应和规模效应使得业务协同、客户迁徙、交叉销售的效率更高，成本更低，综合经营优势更容易得到发挥，在实现路径上也更加丰富。

本书按照"实质重于形式"的原则，对互联网金融综合经营进行了相对宽泛的定义，即互联网金融综合经营的基本条件是：不论以何种组织形式，从经营整体看，应至少经营两类互联网金融业务。因此，可以从不同角度对互联网金融综合经营模式进行类型划分。

从发起机构属性的角度，互联网金融综合经营模式主要分为两类：一是金融机构提供多元化互联网金融服务，比如中国平安、中国工商银行；二是互联网企业、实业公司等非金融机构涉足金融领域，提供多元化互联网金融服务，比如阿里巴巴发起设立的蚂蚁小微金融服务集团（以下简称蚂蚁金服）、京东集团设立的子集团京东金融集团，以及腾讯、百度等互联网企业通过收购、控股、参股等方式，由专业子公司提供互联网金融服务。

从组织形式的角度，互联网金融综合经营模式主要分为两类：一是母子公司形式，即金融机构、互联网企业等作为母公司，直接或者通过专业子公司，提供多元化互联网金融服务，比如中国工商银行、腾讯、百度等；二是控股公司形式，母公司自身不从事具体金融业务，而是控股不同行业的子公司，提供多元化互联网金融服务（当然，也可能提供传统金融服务），比如，中国平安和蚂蚁金服。

从业务运营的角度，互联网金融综合经营模式主要可以分为三类：一是以蚂蚁金服和京东金融为代表的电商平台模式。该模式主要凭借电商平台的商户和消费者资源，以第三方支付账户为纽带，围绕客户金融需求，通过一站式、多元化金融服务和便捷高效的客户体验，不断扩大客户由电商平台向金融服务平台迁徙的意愿和规模。同时利用大数据、云计算等技术，及时掌握商户和消费者的行为特征，实现精准营销、信用评估、实时风险监测，形成综合经营的协同效应和集聚效应。二是以腾讯为代表的网络社交平台模式。该模式主要依托网络社交平台在用户高频触达、多场景嵌入、接口高扩展性等方面的优势，实现商品流、信息流、资金流以及客户资源在生态型社交平台上的高度聚合，通过对海量社交数据、合作电商平台数据和第三方数据的分析，准确识别客户行为特征和服务需求，为客户提供随身性、闭环化、互动式的多元化金融服务。三是以中国平安和中国工商银行为代表的传统综合经营互联网化模式。该模式的特点在于：一方面，凭借在传统金融业务领域的规模和技术优势，开发互联网金融产品以及相关替代性产品，大力推动传统金融业务向互联网迁移；另一方面，积极布局电子商务平台和互联网通用账户体系，实现"贸易流、信息流、资金流"在通用账户上的"三流合一"。

7.1.2 互联网金融综合运营的驱动因素与主要特征

互联网金融作为借助互联网技术和信息通信技术实现资金融通、支付、投资和信息中介功能的新兴金融业务模式，其综合经营的快速发展，一定程度上反映了互联网技术条件日益成熟的情况下金融业开展一站式金融服务和拓展多元化收入的现实需要，也顺应了全球金融业综合经营和互联网经济迅速扩张的总体趋势。总结起来，互联网金融综合经营具有以下几个方面的特征：

一是以"一站式"金融服务平台和通用账户为核心，将各类业务通过统一的互联网平台向客户提供，满足客户集成化、一站式金融服务需求，最大程度增加客户粘性和品牌忠诚度 。比如，中国平安建立的"一账通"综合资产管理平台，整合集团19家公司金融及互联网账户，在国内首家利用超级网银技术整合29家银行账户，致力于建设"一个客户、一个账户、多个产品、一站式服务"账户平台。蚂蚁金服于2015年8月推出了名为"蚂蚁聚宝"的独立应用，聚合余额宝、招财宝、基金、股票等多种理财类型，通过一个账号打通，为用户提供一站式移动理财平台服务。

二是以平台大数据为基础，运用云计算、数据挖掘等技术，将来自电商平台、社交平台或是传统金融服务平台上的海量客户数据应用于信用评估、客户分析、风险管理等关键环节。比如，京东金融集团提供的"京小贷"服务，就是结合京东商城拥有的高质量且数据真实的商户信息，京东商城开放平台为商家提供融资服务。蚂蚁金服的蚂蚁小贷同样也是基于淘宝、天猫等电子商务平台上海量的客户信用数据及行为数据，实现向小微企业群体批量发放"金额小、期限短、随借随还"的纯信用小额贷款。

三是以互联网支付为纽带，实现电子商务、账户管理、信贷服务、投资理财等业务的无缝连接。通过直接申请第三方支付牌照或者并购第三方支付机构等方式，大力发展第三方支付业务，并将第三方支付账户作为互联网金融业务关键节点，几乎是阿里巴巴、腾讯、京东等互联网金融企业进入金融服务领域的共同选择。中国平安、中国工商银行等金融机构也十分注重发展互联网支付业务或替代性业务，比如中国平安旗下的"平安付"、中国工商银行的"工银e支付"。

四是以专业子公司为主要的业务经营实体，一般通过并购、控股、参股等方式将专业子公司纳入集团，提供专业化的互联网金融服务。比较典型的案例是蚂蚁金服。蚂蚁金服在集团层面并不直接经营业务，而是通过旗下的支付宝（中国）网络技术有限公司、招财宝金融信息服务有限公司、浙江网商银行股份有限公司、芝麻信用管理有限公司等子公司开展相应的互联网金融业务，属于纯粹的金融控股公司模式。

五是以品牌化经营为手段，通过统一、简明、通俗、亲民的品牌创建与营销，提高客户迁徙的意愿和便捷度，形成规模效应和集聚效应。比如，蚂蚁金服集团在"蚂蚁金服"统一品牌下发展的蚂蚁小贷、芝麻信用等子品牌；京东金融集团利用"京东"的强大品牌号召力，发展京东众筹、京东白条、京东理财、京东小金库等子品牌；中国工商银行则将主要的互联网金融业务统一在"e－ICBC"品牌下。

六是以长尾市场为重点，注重利用长尾用户闲置的碎片资金和行为式的海量数据进行业务拓展和创新。比如，蚂蚁金服将服务对象定位于广大"草根"消费者和小微企业。腾讯发起成立的微众银行定位为"个存小贷"，以重点服务个人消费者和小微企业为特色。中国工商银行的"工银 e 投资"、"工银 e 缴费"、"网贷通"等业务也主要面向个人消费者和小微企业。

7.2 互联网金融发展五大支柱

7.2.1 大数据在互联网金融的应用趋势

当下，电脑汽车和可穿戴设备都在不断收集人们的行为数据。随着云计算、云存储等大数据处理技术的快速发展，数据处理已达 EB 量级，大数据不断推动金融服务的创新。

1. 金融市场风险管理

一是提前预估宏观经济景气情况。可以通过记录互联网交易平台统计的买家查询和购买点击的数量，综合多维度的数据建立用户行为模型，分析交易趋势。二是统计并分析区域及行业经济风险。通过获取用户的地理位置、搜索、交易等信息，分析资金流向、商品流向、竞争对手情况。在同一区域内，分析行业优劣、行业结构和行业趋势。投资机构可根据分析的结果指导其投资方向。三是在个人和企业风险监管方面，通过转账、交易、地址、社交网络等信息建立人际关系模型和资金网络模型，突破地理距离的限制，识别和监控相关人际关系信息以及资金流向，在反洗钱，反欺诈的防范等方面起巨大作用。

2. 企业和个人征信

在企业客户方面，分析整理其在电子商务平台上发生的交易、评价、物流数据等信息，结合海关、税务工商等社会公共信息，建立企业信用模型、风险定量化分析等评估机制。在线判断其信用风险、经营状况、资金需求和行业发展趋势，做到贷前、贷中、贷后全程上线模式，提供随借随还的贷款服务。在个人用户方面，随着指纹、人脸识别等生物识别技术的发展，能够在线验证确认客户身份；同时，O2O、移动支付等业务的开展，使人们在线下的活动、地址、环境等信息被互联网采集，可建立多维度身份识别和信用评估体系，实现便捷的在线个人信贷服务。

3. 金融市场透明化

互联网金融平台能够与相关机构合作，在客户授权的情况下在线获取个人资产、社会属性、教育以及工作情况等信息，并融合在电商、社交网络的行为数据，用于评估其贷款投资风险。同时，平台将社会经济、区域、行业发展情况、交易价格信息等数据更为透明和精细地公布出来，互联网金融平台在价值链中更多地扮演中介角色，P2P、众筹等商业模式应运而生。

4. 金融产品创新

互联网金融平台收集到客户在社交网络、购物网站产生的海量行为信息，分析客户行为模式，通过对比在不同条件下机构投资者或普通金融消费者对产品的反应，识别其关联性，优化产品配置方案，实现互联网金融的精准营销、个性化界定等。

7.2.2　云计算对互联网金融的支持作用

随着云计算技术在整个行业的发展，越来越多的传统企业 IT 建设走上了云计算的道路，面对金融行业由来已久的主机架构，金融云计算更能发挥巨大的价值。相对于主机时代的集中管理，云计算能很好地将系统分层和分布化。当前普遍认可的云计算服务分为三大类：基础设施即服务、平台（开发环境）即服务、软件（应用）即服务。基础设施即服务将一致的底层基础设施虚拟化，为用户提供种类繁多的基础设施服务，并以其规模化极大程度地实现了资源共享。

互联网金融、金融的互联网化已经成为一种趋势，云计算必然成为未来金融机构提供金融服务的一个非常重要的手段。原因有三个。

第一，云计算是互联网金融战胜传统金融的一个核心技术。因为，只有在互联网上，才可以真正去运用大数据云计算技术。而大数据才是真正的金融的核心资源。云计算一定会成为金融的核心技术。如阿里小贷，掌握着大量的交易数据，能够对企业未来的经营收入做前瞻式的预测。

第二，云计算是互联网环境下避免金融危机的关键性技术。经济危机，往往是由金融危机，金融活动的不确定形式而引发的，金融波动具有非线性，这是人类很难把控的问题。金融波动要求必须有一种新的更有效的，处理突发事件的技术和服务方式。

第三，云计算是互联网时代金融机构高效的技术后台。大家都知道，金融机构是在所有的行业中设备投入比较多，从使用的效率来看，它存在大量的 IT 成本。传统的 IOE 结构，后台的资源容量超过 50% 以上，庞大的基础设施建设的投入，普遍利用效果不好，一个系统锁定一批资源，没有办法动态资源共享。而且金融机构是广泛经营的一种生态。在各地开营业部，分支机构，建设自己的 IOE，但投入资金量非常大。未来，金融业发展需要更多地去考虑更低成本的开放式存储，分布式计算。

事实上，云计算在金融机构运用当中面临非常严重的制约。最突出的是监管政策的限制，加上对安全政策的忧虑。这是现实情况。但云计算进入金融业，本身也是一次边缘革命。未来，金融会有三大"革命"，一是民间金融走向民营金融；二是金融业务深入，比如原来个人理财是银行或者银行商会来做，但未来可能是资本市场也可能是证券公司来做；三是互联网金融走向金融的互联网化，我们绝大部分的金融业务都将在互联网上得以实现。

7.2.3　新一代安全技术对互联网金融服务的保障

新一代安全技术给广大用户带来便利的同时，也能为金融服务提供更为安全的保障。

1. 提供持续可用的安全防护

首先，互联网金融的安全系统需要强大的扩展能力，这是互联网技术的基本目的和要求。其次，互联网业务连续性高的特性要求安全技术具备快速故障恢复能力。最后，对于漏洞等系统性风险，互联网安全系统可以一次性修补即同时更新到所有用户，缩短系统性风险暴露的时间。

2. 提供综合立体的安全防护

首先体现在全链路的安全防护。从终端层面防护，发展到"端—管—云"，云端协同，实时行为监控，多来源关联关系分析的全链路安全布控。其次体现在全周期、多维度的安全防护。从仅对用户操作时刻的状态评估操作的安全性，发展到账户整体生命周期及"账户—时间—环境—介质—操作方式—关系"等多个交叉维度综合刻画操作的安全性。最后体现在全流程的安全防护。从只是线上的攻防，发展到 IT 研发的安全软件开发周期、实时安全监控、定时扫描和安全演习、攻防的安全事件处理体系、运维的安全管理和审计过程、运营的安全应急响应体系。

3. 提供动态智能的安全防护

首先是多种因素的身份认证技术。从仅根据静态的信息拥有物（如密码）认证发展到结合场景和用户习惯等差异，动态选择包括信息认证、OTP 认证、PKI 认证、生物特征认证及行为认证等多种身份认证方式。其次是安全产品的自适应调整。从完全靠人的主观经验调整，发展到不断应用智能算法，实现规则和模型根据格局变化和结果的反馈自动调整，最后是多种手段的监控和决策处理。从单一的事后离线清洗监控和强硬拒绝操作，发展到从多个途径（安全事件、系统消息、系统内外状态、案情形式等）的在线实时监控，发现风险后，根据风险等级采用用户提醒、挑战与释放、权限等多种处理方式。

7.2.4　智能化技术对互联网金融服务的推动

随着数据计算能力不断提升、机器学习算法越来越先进，基于计算和大数据构建的系统将更加智能化，可以更准确识别与理解客户需求。智能化技术对金融服务的推动主要体现在以下几个方面。

1. 提升金融服务市场的效率

随着个人金融产品及其衍生品的普及，金融产品得到了越来越多的社会关注。各金融机构业务扩张的过程中，各种类型的金融产品被推销给潜在客户。一方面，传统金融机构缺乏了解客户全部需求的渠道，设计的产品未必是客户需要的；另一方面，客户缺乏对金融知识和风险的了解，无法判断产品的优劣，过多的产品让用户不知所措。利用人工智能系统和大数据方法，能有效解决这些问题，在提升金融机构效率的同时，为普通客户打造一个理性、智能的理财助手。智能系统能根据以前各种畅销的产品偏好，指导产品定价和销量预估。

2. 金融服务更加个性化

用户通常投资于多种理财产品。而各种理财产品和投资产品的回报率、投资周期通常会有所不同，而且经常变化。同时，用户会产生临时性大量资金消费需求。如何平衡和管理现金需求和投资回报率之间的关系以获得最高的回报率，将成为个人理财的一个难题。智能化的金融系统借助用户群体的理财、资产、行为资料建立用户的资产行为模型，将其用于每一个用户，预测其可能产生的现金消费，提示其保留一定金额的现金资产。

第二部分
互联网金融风险防控与监管

第八章　互联网金融风险分析

8.1　互联网金融风险定义与基本特征

8.1.1　互联网金融风险的定义

1. 风险的概念

风险无处不在，但对于风险的定义，无论业界还是理论界，都没有统一的观点，下定义的角度各有不同，归纳起来主要包括不确定性、概率、损失、波动性等方面。根据这些角度，风险定义的种类主要有以下几种：（1）风险是指结果的不确定性；不确定性是指人们不能确切知道事物的未来状态，从不确定性的角度出发，事物的结果有好有坏，即潜在损失与盈利机会并存。（2）风险是指以一定概率存在的各种结果的可能性。概率总是在 $0 \sim 1$ 波动，概率越接近于 0，发生的可能性越小；概率越接近 1，发生的可能性越大。（3）风险是实际结果对期望值的偏离，表明了风险因素变化的波动性，既考虑了不利的波动——下侧风险，也考虑了有利的波动——上侧风险。（4）风险是发生损失的可能性。（5）风险是未来不确定性对预期目标的影响。

2. 互联网金融的本质

基于对中国互联网金融业务模式、运行机制及其影响的分析，可以发现，从目前发展状况来看，互联网金融在本质上并没有摆脱金融的特征，而是传统金融通过互联网技术在理念、思维、流程及业务等方面的延伸、升级与创新。互联网金融的发展趋势不是对传统金融的实质颠覆，没有脱离金融的本质，更多是理念和思维的创新，更多依靠互联网技术来完善金融服务及其渠道，是金融服务提供的多元化。因此，互联网金融的本质就是互联网企业通过互联网平台开展的结算、小微贷款、标准化金融产品销售、信息中介等金融业务。

3. 互联网金融风险的定义

互联网金融主要开展第三方支付、P2P 网络借贷、众筹、互联网理财、互联网银行等提供金融产品和金融服务的互联网金融业务活动。根据金融风险理论和对互联网金融本质的概念界定，互联网金融风险是指第三方支付、P2P 网络借贷、众筹、互联网理财、互联网银行等互联网金融业务活动由于结果的不确定性和不可控性而导致发生损失的可能性。风险的存在对互联网金融发展提出了更高的要求，只有提示风险、控制风险、监管风险，互联网金融才能实现更好地发展。

8.1.2 互联网金融风险的基本特征

1. 互联网金融风险具有二重性

互联网金融由于融合互联网技术和金融业务的更高耦合性，存在特定的风险环节和跨界的关联性，风险不容忽视。虽然互联网金融通过引入大数据、云计算等先进技术，有助于强化数据分析，部分克服信息不对称问题，提高金融风险管理效率，但是作为一种金融创新，互联网金融具有互联网、金融以及二者合成之后的三重风险，特别是其碎片化、跨界性和传染性，可能导致新的金融风险。

一方面，互联网金融在本质上具有金融属性，与传统金融一样，互联网金融活动面临信用、市场、流动性、操作性、声誉等一切常规金融风险问题；另一方面，由于互联网金融发展的载体是互联网，互联网本身附有的虚拟性、技术性以及创新性特点会给互联网金融附加很多系统性的隐性风险问题。

2. 互联网金融风险扩散速度快

互联网金融具有更加强大的信息技术支持，信息传递无时间地域限制，能够利用快速远程处理功能和高速高效的数据传输在最短时间内实现金融要素和金融信息的有效传播。然而，事物的任何特点都具有两面性。一方面，高速高效的数据传输可以使得支付清算等互联网金融业务更加便捷有效，提高互联网金融产品和服务的供给效率；另一方面，高速高效的数据传输也意味着加快了金融风险的扩散速度，即使很微小的风险未能有效管控，也会在金融市场和相关主体中快速扩散，减少了对差错和失误进行纠正的宝贵时间。

3. 互联网金融风险易发生交叉传染

互联网金融是由多边信用共同建立起来的信用网络，网络节点交互联动、相互渗透，物理隔离的有效性相对减弱，不能像传统金融那样采取分业经营或特许经营等措施将那些可能导致风险的不同源头隔离开，降低风险相互传染、交叉传染的概率。反之，互联网金融与传统金融的深度合作、互联网金融企业本身的跨界混业经营和互联网提供的跨国金融便利，更是使得互联网金融机构和传统金融机构间、互联网金融业务种类间、国家间的风险相关性日益趋强，风险交叉传染的概率大幅提高，风险传染途径更加多样化，能直接加剧、放大传统金融风险的程度和范围。由于缺乏类似传统金融"最后贷款人"的风险保障机制，在互联网金融任意网络节点出现的风险问题，都有可能迅速传染至整个网络，甚至会导致整个网络的崩溃，影响国家金融体系的安全和稳定。

4. 互联网金融风险危害影响更广

相比于传统金融，互联网金融受众面更广、公众性更强。互联网金融属于普惠金融的范畴，其普惠性与草根性吸引了众多参与者，消费者大多为金融长尾市场的中小企业和普通民众。其中，长尾人群的资金出借方多为金融知识、风险意识相对缺乏，不具备良好的风险识别能力和风险承受能力的普通民众，属于金融消费者中的弱势群体；资金需求方主要是在传统金融机构无法获得资金需求的小微企业、个体工商户和普通民众，用户本身风险较高，极容易出现不良率。由于涉及人数众多，一旦发生互联网金融风险特别是系统性风险，危害影响面相当广泛，将对整个社会产生巨大的负外部性，甚至引发严重群体性事件。

5. 互联网金融风险监管更困难

互联网金融具有虚拟性和开放性，交易、支付、服务等业务都是在互联网或者移动互联网上完成，产品与服务不再受时间和空间的限制，交易时间短、速度快和频率高；而且，混业经营模式是互联网金融的一种常态。互联网金融的这些特点使得对金融风险的防范和监管难以真正落到实处。互联网金融交易过程的虚拟化、交易对象的虚拟化导致了监管上的信息不对称，让以属地管理为主的金融监管部门难以全面准确了解监管对象的实际情况，难以掌握可能发生的互联网金融风险；互联网金融混业经营模式则对以机构监管、分业监管为主的金融监管方式难以采取更多实质性防控措施，可能会导致"监管真空"现象，监管模式亟待进行创新。

8.2　互联网金融风险的生成机理

8.2.1　互联网金融风险的内在机理

和传统金融一样，互联网金融也具有脆弱性。互联网金融本身的内在脆弱性是导致互联网金融风险的内在原因。互联网金融的脆弱性主要体现在技术安全不足、风险控制意识和能力缺乏、信息披露不充分、混业经营等方面，而且规模越大，其脆弱性可能也就越凸显。

1. 技术安全问题

整个互联网金融行业却没有建立起明确的技术门槛，信息技术安全性比较薄弱。互联网金融是互联网技术与金融功能相结合产生的金融创新，互联网金融的所有业务交易活动都依托于信息技术的软硬件装备，对软硬件配置和技术水平要求相当高。但是，各家互联网金融机构所使用的计算机、路由器等硬件设备和操作系统、数据库、认证系统等软件质量也参差不齐，甚至有的平台还存在明显的系统技术漏洞或者系统设计缺陷，极容易导致受到黑客攻击、用户信息泄露、资金和账户被盗窃，或者产生技术故障等风险问题，导致客户对平台的信任度降低。

2. 风险控制能力缺乏

互联网金融机构在风险控制经验与能力上存在短板。行业内不少互联网金融机构都是由互联网公司转型的，或者是刚刚成立的创业公司，缺乏金融领域的专业管理经验和风险控制意识；机构内部高层管理人员也以技术背景出身为主，缺乏从事金融行业的资质和经验，不懂金融专业知识和金融机构内部管理，难以胜任内部管理体系、业务流程设计、风险识别和风险控制、资金链管控、系统安全等方面的专业性工作。风险控制的经验缺乏与能力不足容易引发该行业的巨大风险。此外，一些互联网金融机构自律不够，以互联网金融之名行民间借贷、非法集资、网络洗钱之实，存在资金池模式、违规自融、自我担保或互相担保等突出风险问题。

3. 信息披露不充分

互联网金融行业还没有形成一个关于信息披露、信息保护的行业标准。信息披露和信息保护是互联网金融体系的一个不可或缺的重要业务环节。互联网金融的服务方式具有虚拟性特点，如果没有充分的信息披露和严格的信息保护，很容易引发信用风险、信息安全风险等。但是，绝大部分互联网金融机构没有建立强制性的信息披露制度，对各项业务的信息披露相当不充分，也缺少对客户信息保护的制度考虑。比如，很多 P2P 网络借贷平台对借款人的信息只是简单披露借款金额、借款用途和还款保障等，对借款人信用状况等关键信息缺乏披露。

4. 混业经营

混业经营加大了互联网金融风险发生的可能性。互联网金融混业经营趋势已经非常明显，以第三方支付为代表的支付企业，拓展成为了综合金融服务平台，涉及了货币基金、协议存款、信托、保险等多项金融业务，一些互联网金融机构正在发展为涉足多种金融、准金融业态的互联网金融控股集团，比如阿里蚂蚁金融服务集团，涉及了包括支付（支付宝）、小额贷款（阿里小贷）、保险（众安保险）、基金（天弘基金）、保理（商诚、商融）、互联网银行等业态。毫无疑问，混业经营将增加互联网金融脆弱性，加剧金融风险的不确定性，积累大量隐性风险。然而，目前监管部门对互联网金融混业经营认识不足、准备不充分。

8.2.2　互联网金融风险的外在机理

互联网金融发展受到外部经济环境和政策环境的影响。经济环境和政策环境的变化是引发互联网金融风险的外部因素。

1. 实体经济不景气

实体经济的经营不善或者经济效益下降必然带来互联网金融风险。互联网金融与实体经济关系密切，其服务对象很大一部分是小微企业及"三农"等实体经济。实体经济的波动将会很快反映在互联网金融上。在互联网金融环境下，难以计数的投资人可以通过互联网将富余资金贷给从事实体经济的资金需求者。如果宏观经济环境变得不景气，实体经济就会出现经营不善或者经济效益下降问题，结果所借资金将难以如约归还，就会引发互联网金融风险。P2P 网络借贷、众筹、互联网银行等业态与实体经济联系紧密，受实体经济波动的影响也更大。

2. 金融风险传递

传统金融领域的风险问题也会引发互联网金融风险。随着互联网金融创新步伐加快，金融服务业的生产边界得到极大拓展，互联网金融企业大量进入传统金融领域与传统金融业务相互对接、融合发展。比如，宝宝类互联网理财一般都是与传统金融领域的货币基金连接。一旦与之连接的货币基金出现运营问题，宝宝类互联网理财产品的投资收益将直接受到影响，此外市场利率的变化也会影响到其投资收益。如果收益不如预期，或者有风险事件发生，宝宝类互联网理财产品就会被集中、大量赎回，产生严重的流动性风险。

3. 监管政策变化

监管政策的变化也会引发互联网金融风险。目前我国没有专门针对互联网金融的立法，法律法规与互联网金融发展实际相比严重滞后。传统监管部门"一行三会"对互联网金融的监管难以落到实处，许多互联网金融创新都是游走在法律监管的边缘，甚至出现 P2P 网贷公司卷钱跑路和第三方支付网络洗钱等乱象。规范互联网金融管理成为互联网金融健康持续发展的客观需要，监管趋严已成为实现互联网金融健康持续发展一种必然趋势。监管趋严必然会给互联网金融叠加政策性风险。

8.3 互联网金融风险的主要类型

互联网金融蕴含着复杂的风险状态，其风险具有二重性，既受金融风险的影响，也受互联网风险的影响。金融风险的主要类型有系统性风险、市场风险、信用风险、流动性风险、操作性风险以及声誉风险等，互联网的风险类型主要是技术性风险、信息安全风险和法律政策风险等。

表 8 - 1　　　　　　　　　互联网金融风险的类型与定义

类型		定义
金融风险	系统性风险	系统性风险是指金融机构从事金融活动或交易所在的整个系统（机构系统或市场系统）因外部因素的冲击或内部因素的牵连而发生剧烈波动、危机或瘫痪，使单个金融机构不能幸免，从而遭受经济损失的可能性。
	市场风险	市场风险指金融机构和交易主体由与利率、汇率、商品价格、股票价格等市场价格变动而产生收益或者遭受损失的可能性，具有明显的系统性风险特征。
	信用风险	信用风险是一种历史最悠久的风险，指债务人或交易对手不履行或者不能完全履行合约所规定义务，或信用质量的不利变动而影响金融产品价值，从而给债权人或金融产品持有人造成经济损失的可能性，具有非系统性风险特征。
	流动性风险	流动性风险是指债务到期或发生给付义务时，由于无法及时获得充足资金或者无法以合理成本及时获得充足资金应对给付义务或偿还到期债务而遭受经济损失的可能性。
	操作性风险	根据《巴塞尔协议Ⅱ》，操作风险是指金融机构由于人员失误、外部事件或内部流程及控制系统发生的不利变动而遭受损失的可能性，具有普遍性特征。
	声誉风险	声誉风险是指由于意外事件、机构政策调整、市场表现等产生的负面结果而给金融机构造成损失的可能性，对金融机构的影响巨大且深远。
互联网风险	技术性风险	互联网金融技术风险是指由于互联网金融平台计算机网络系统的技术支持缺陷或技术解决方案不成熟而引起交易主体资金损失的可能性。
	信息安全风险	互联网金融信息安全风险是指互联网金融机构由于内控制度不健全、不注重客户信息"传输、存储、使用、销毁"等环节上的安全保护，导致客户信息被篡改、泄露、盗用和滥用，给客户带来重大损失的可能性。
	法律政策风险	互联网金融法律政策风险是指由于缺乏专门针对互联网金融业务的法律规范和监管政策、税收政策等政策环境不确定性而导致互联网金融机构和相关交易主体经济损失的可能性。

8.3.1 系统性风险

在经济联系越来越紧密的今天，各行各业都需要面对发生系统性风险的严重后果。随着金融市场脱媒趋势的不断演进，投融资双方可以直接通过互联网金融企业获得资金融通服务，因此，与传统金融业一样，互联网金融也需要注意系统性风险。

1. 系统性金融风险的衡量

对于包括互联网金融系统性风险的衡量，我们可以从横向和纵向两个维度来考虑。

（1）系统性金融风险的横向维度

由于金融系统在运行中存在"合成谬误"问题，即当一个机构遭受冲击而抛售资产时，能够有效抵御冲击，但当所有机构都集中抛售所持有的资产时，该种措施将无法达到抵御冲击的作用，所以当金融体系遇到外部冲击时，在"羊群效应"作用下，就极其容易引发系统性风险。由于大型金融机构的个体风险有可能会带来很大的影响，因此更易引起系统性金融风险，因此在防范横向维度系统性风险方面，应注重于加强对大型金融机构，特别是"大而不能倒"的金融机构监管。

（2）系统性金融风险的纵向维度

在互联网金融体系中，由于纵向系统性风险更多源于金融机构的亲经济周期性，因此互联网金融的防控与监管需要在微观审慎监管的同时，更加重视加强宏观审慎监管，更要注重逆周期金融监管，即在经济繁荣时期提高对金融机构净资本、拨备等方面的要求，而在经济萧条时期则适当降低净资本、拨备等要求，通过逆周期金融监管，来熨平经济周期，进而防范互联网金融可能引发的系统性金融风险甚至是金融危机。

2. 互联网金融的系统性风险形成途径

从目前我国经济所处的国际宏观经济环境以及国内经济结构调整的阶段来看，我国互联网金融的系统性风险形成途径主要有三种：

（1）经济风险从微观层面迅速上升并转嫁成为金融风险

在我国经济转轨过程中各种社会经济问题对金融体系构成巨大压力，

我国经济结构调整和发展方式转变面临着发展的结构性矛盾突出，金融领域长期以来累积而形成的一些深层矛盾与问题尚未化解，并且在美国金融危机和欧债危机的多年冲击和影响下，在内外部环境趋紧的形势下有些金融风险问题逐渐凸显，对金融稳定造成一定的冲击，对互联网金融业产生较大影响。

（2）信贷集中与信贷期限结构长期失衡风险

通过推进金融改革，本世纪初以来的国有银行的巨额不良贷款得以化解，但随着信贷投放力度的不断加大，新增贷款过度投向大企业、中长期和政府投资项目而形成的"贷大、贷长、贷集中"问题突出；地方政府融资平台授信存在一定的合规性风险，包括部分房地产业、产能过剩行业都存在影响贷款质量的不确定性因素，流动性风险逐渐积聚。国际金融危机和欧债危机以来，地方政府出于经济快速增长的内在冲动，运用财政及其他手段，扩大基础设施、大型项目建设，造成部分产业和地区投资过热、政府债务负担沉重，隐藏着经济和金融风险。

（3）金融创新形成的市场风险

信息技术的飞速发展使以此为基础的金融衍生品和跨市场交易快速发展，但我国分业监管的现实和监管立法的步伐滞后，对部分金融创新领域的监管可能存在监管空白。长期以银行间接融资为主的融资结构在金融危机以来发生了重大转变，十年前以信贷为主的银行间接融资占社会融资总额占比超过90%，近年来随着融资方式的增多，影子银行体系发展迅速，到2012年以信贷为主的银行间接融资占社会融资总额的比例下降到不足50%。民间借贷、信托等影子银行系统获得了巨大的发展空间，也为互联网金融的繁荣发展创造了良好的外部环境和内在激励。在没有明晰的风险管理既定战略情况下，各类金融市场联动效应增强而产生的交叉性和系统性风险问题越来越突出，很可能诱使互联网金融爆发系统性风险。

3. 互联网金融的系统性风险

互联网金融的基因在于其技术领先性和业务发展的高效性以及支付系统的快捷性，因此，必须要防范系统性风险快速传播的可能性。在传统的纸质支付交易结算当中，对于出现的偶然性差错或失误还有一定的时间进行纠正，而在互联网金融的网络环境中这种回旋余地就大为减小。因为互联网或者移动互联网内流动的并不仅仅是现实货币资金，而更多的是数字化信息，当金融风险在短时间内突然爆发时进行预防和化解就比较困难，这也加大了金融风险的扩散面积和补救的成本。从这点来说，互联网金融的系统性风险对金融系统和实体经济的冲击更大，一旦爆发危机，其破坏性可能更大，持续时间更长。

8.3.2　市场风险

互联网金融市场风险是指互联网金融资产或负债由于利率、汇率、股票价格、商品价格等市场价格变动而导致潜在收益和可能损失的不确定性。互联网金融业态中，互联网理财、P2P网络借贷、互联网银行等业态都受各类交易市场上基础金融变量市场价格变动的影响。比如，传统金融市场利率较低，会引发借款人提前还款，从而引发利率风险。市场风险的大小与金融市场本身的成熟程度相关，越成熟的市场，市场风险越小。互联网金融刚刚兴起，市场不够成熟，比传统金融面临更大的市场风险。

1. 利率变动的风险

所谓利率变动引起的市场风险是指若市场利率上升，可能导致互联网金融产品投资者持有的理财产品价值缩水，或借出款项的收益率低于市场利率从而造成收益金额减少；若市场利率下降，可能使借款人通过其他渠道获得资金以致提前还贷，从而减少贷款人的收益；再者，利率的波动可以通过影响借款者进行融资的方式，进而影响互联网金融产品的年化收益率变动，从而影响投资者的收益。

2. 汇率变动的风险

所谓汇率风险，是指汇率变动的不确定性给参与者带来的不利影响。目前，互联网金融涉及的业务范围或提供的服务不仅在本国范围内，而且在国际上也开展，随着互联网金融的不断发展，以后将会有更多的业务跨越国门的界线，在国际上开展相关的互联网金融业务，这就会受到汇率波动的干扰。

3. 股价变动的风险

在我国股市尚不成熟的条件下，随着经济的下滑，政策的放纵以及去杠杆的进一步落实，股票配资会不断从互联网金融企业流出，投资人无法及时平仓是大概率事件。股票配资平台就会出现清盘危机。P2P 网络借贷平台整体利率下滑，会面临挤兑风波。随着降准降息等救市措施的出台，全社会融资成本下降，众多中小微企业，能够以更低的成本获得资金，P2P 对其吸引力将会下降，互联网金融市场趋冷。

4. 货币政策的风险

互联网金融会使货币流通速度加快，如果货币供应量和有效需求不变，则可能导致物价上升而引起通货膨胀；虚拟货币如果脱离法定货币约束，可能通过信用扩张引起通货膨胀。目前，国内金融市场发展不够发达，人民银行通过存款准备金制度集中一部分资金仍是防范金融机构流动性风险的重要手段。

创新业务衍生出问题，且缺乏有效的监管和应对措施，导致货币政策的实施不能充分发挥作用，存在一定风险。主要表现形式有：第一，互联网金融的创新业务通过影响市场主体的交易行为，进而通过利率等变量影响到货币政策的传导机制。比如，当中央银行实行紧缩的货币政策时，受贷款限制的厂商或行业可以通过网络借贷的方式获得急需资金，从而在一定程度上削弱了货币政策的信贷传导渠道；再比如，由于互联网金融的交易成本大大降低，越来越多的中小投资者直接投资于资本市场，这在一定程度上加大影响货币政策的财富效应传导渠道。第二，市场主体的现金需求和交易审慎性需求会改变现金、存款比率和超额准备金需求，导致货币乘数扩张对货币政策造成困扰。第三，虚拟电子货币的发行，尚未纳入 M2 和社会融资总量的范畴，易导致货币供应量被低估。可见，互联网金融对货币政策带来的风险是不可小觑的。

8.3.3　信用风险

1. 信用风险的发生机理

第一，互联网金融信用风险主要是因为社会信用体系的不完善。互联网金融交易中，由于与人民银行征信系统没有实现对接、互联网金融机构之间也没有信息交换，互联网金融机构较难依靠外界第三方力量对交易双方的信用状况进行准确评价，往往只能凭借自身的审核技术和策略，收集、分析交易主体的信用信息，作出有限的信用评价，使得信用风险增高。

第二，任何金融产品都是对信用的风险定价，其信用都得由组织、企业、个人、政府其中的一方来担保。如果没有谁对该产品进行信用担保，那么无论是创新金融产品的企业还是投资者，都可能把其行为的收益归自己而把其行为风险让整个社会来承担，导致金融市场的风险越积越高。互联网金融募集到的资金要通过一种托管银行来进行，但其资金额如此之高，其任何一个运行环节都可能存在巨大风险，而互联网企业是无法对这些金融产品的风险进行信用担保的，因此会产生很大的信用风险。

第三，当前互联网金融产品所承诺的高收益是不可靠的。首先，互联网金融产品所募集到的资金，主要是通过基金进入国内货币市场，从事固定收益投资。如果货币市场的情况发生巨大的变化及现有市场制度改变，那么这些所募集到的资金要用高收益来吸引投资者是不可能的。其次，类余额宝的资金仍然通过迂回的方式流入房地产市场及地方政府融资平台。在房地产顺周期时，资金风险不高，但是如果房地产市场出现调整，所有的风险都可能暴露出来。最后，当前不少互联网金融产品正在利用海量资金瞬间聚集的传销式的办法支付先来者的收益，即先进入者收益由后来者来支付。只要资金源源不断地流入这个产品，那么所有风险都可能被掩盖起来。一旦海量资金流断裂，所有风险都会暴露出来。

2. 互联网金融信用风险的表现

互联网金融产品的核心是金融，任何金融产品都是对信用的风险定价，金融具有的信息不对称、交易成本、监管、金融风险等因素并不会因为互联网金融的出现而消失，反而会更复杂。在互联网金融方面则主要表现为信息不对称风险和道德风险。

（1）信息不对称风险

由于互联网金融的业务活动大多都是在由电子信息构成的虚拟空间中进行，交易双方不需要面对面的接触，只需通过网络便能进行交易，这在给交易双方带来便利的同时也增加了对交易者身份和交易真实性的验证难度，从而导致了交易双方在身份认证、信用评级、财务状况等方面的信息不对称的程度加大，进而导致信用风险加剧。

（2）道德风险

道德风险是制约互联网金融发展的重要风险因素，比如电商小贷，其贷款是依托于电商的庞大数据，经过一系列的分析处理，并依据相关结果对贷款人进行自动化处理，这在降低交易成本、提高运作效率和资金周转速度的同时，仍然面临难以克服虚假交易和虚假信用的难题；此外，由于征信体系不完善，难以有效实现信息共享，很容易造成不同体系和不同平台之间的信息套利，这种道德风险对搭建平台的互联网金融模式带来的损失将是巨大的，可见，无论何种道德风险对互联网金融所产生的信用风险都是难以估量的。

8.3.4　流动性风险

互联网金融流动性风险是指互联网金融机构在某个时点无法提供足够的资金量来满足诸如客户提现需求等流动性供给的可能性。流动性风险按照形成原因可以划分为两种：一是融资流动性风险，是指企业或金融机构为了履行其支付义务，影响正常运作或基本财务状况的风险；二是市场流动性风险，是指由于遭受市场价格大幅下跌而产生损失的风险。流动性风险具有不确定性强、冲击破坏力大等特点，因此被称为"互联网金融风险中最致命的风险"。

1. 互联网金融流动性风险的成因

由于无法参与银行间市场拆借、也得不到央行作为"最后借款人"的紧急支持，再加上互联网的瞬时性特点，互联网金融机构一旦遇到投资者大量同时撤资，很难提供即时流动性，极容易引发难以应付的支付危机。

除此之外，还有以下几个原因会引发互联网金融的流动性风险：（1）资产长期化和负债短期化之间的矛盾带来的流动性风险。非标资产流动性问题是一个世界性金融难题，可以通过资产证券化上互联网来解决。但是通过互联网金融解决时要注意流动性风险问题。（2）与支付不同，清算有流动性风险，必须要有一定的流动性准备。世界上大部分国家的清算都是由央行来提供的，可以随时主动提供流动性，保证血液的流通，做支付点对点。（3）P2P拆标错配。P2P平台将项目拆分为更短期限或更小金额的标的，一旦平台无力及时偿还或出现突发事件时，就可能出现"一根稻草压死骆驼"的情况。当前，经济下行压力显现，一些地方债务链断裂，互联网金融也要高度重视流动性风险，规范发展，提高风险应对能力。

P2P平台发挥着金融中介的作用，发生流动性风险的可能性更大，且后果更加严重，这是因为：（1）高杠杆率。尽管大多数P2P网贷平台承诺"包赔本金"，但几乎没有相应的资本去约束和保证。国内部分P2P网贷平台对出资人的本金提供相应担保，但这种本金保障模式很有可能将出资人面临的信用风险转嫁给P2P网贷平台，从而形成流动性风险。而《融资性担保公司暂行管理办法》规定，担保公司的杠杆不得超过10倍，但大多数P2P网贷平台的成交量与风险保障金总量极不相称，远无法达到这项规定。在网贷公司杠杆率极高的情况下，若坏账率大规模出现，超出自身偿付能力，会因流动性不足给网贷公司带来灾难性打击。（2）资金集中赎回。"余额宝"作为客户购买的基金产品，不属于客户备付金的缴存范围，支付宝公司就不必为转存的资金缴存备付金。在以转出或支付的形式赎回基金的过程中，支付宝公司只能利用本公司的自有资金或客户备付金垫付基金赎回资金，才能实现实时到账。在利率上下限进一步开放的情况下，若银行通过上调存款利率而使收益水平达到或超过互联网相关投资理财的收益水平时，就将吸引大量资金从互联网融资平台回流至银行，由此可能会引发流动性风险。"双十一"、"双十二"等购物高峰时段，一些互联网企业承诺的"T+0"交易，就可能导致资金大规模赎回的情况发生。

2. 互联网金融流动性风险的挑战

目前，互联网金融在进行风险管理方面还面临新的挑战：一是金融产品的创新和复杂化。由于创新的金融产品面市时间不长、历史数据缺乏、信息披露和透明度较低、交易欠活跃等原因，难以全面准确地了解和评估其流动性风险特性。二是支付系统的变革和发展。在原有的支付清算系统基础上，网上支付和移动支付越来越普遍，网络金融和手机金融等业务逐渐普及，加大了流动性风险管理难度。三是跨境业务的发展。跨境交易规模的日益增大，可能导致流动性问题在各经济体的体系内扩张，为维护本国利益，这些国家很可能进一步限制资金的自由流动。

8.3.5　操作性风险

互联网金融操作性风险是指互联网金融业务中由于操作问题而导致直接或间接损失的可能性。从以上定义可以看出，所有互联网金融中介和市场的内部程序在任意环节出现的问题、相关业务人员出现的疏漏，都属于操作风险的范畴。由于互联网的快捷性，互联网金融交易过程中的一个小小的操作失误可能会从单纯的操作风险演变成一种系统性风险，带来无法挽回的巨大损失，如金融机构的"乌龙指"事件。

1. 互联网金融操作风险的来源

根据形成风险的主体不同，互联网金融的操作风险一方面可能来自计算机的安全系统，另一方面可能是交易主体操作不当。就前者而言，操作风险包括互联网金融账户的授权使用、风险管理系统、互联网金融企业与顾客的信息沟通等，这些计算机系统本身的设计欠缺都将给互联网金融企业的运行带来比较严重的操作风险。从后者看，若交易主体对互联网金融业务的操作规范与流程不熟悉，可能导致不必要的资金损失。因此，对交易主体进行必要的互联网金融业务的操作规范与流程培训非常必要。

根据风险的来源差异，互联网金融的操作风险可以分为：内部操作风险、第三方风险和客户操作风险。内部操作风险主要来自于对互联网金融机构网上银行业务缺乏系统性管理、内控相对滞后。第三方风险主要来自于服务提供商风险、互联网金融机构与银行信息技术外包风险。操作风险涵盖的内容广泛，相对于传统金融模式而言，互联网金融的内部程序和系统所带来的操作风险有所上升，而且针对于不同模式，又会产生不同形式的操作风险，其所带来的后果可能是非常严重的，甚至是致命的。

2. 互联网金融操作性风险的表现

相对传统的金融服务，互联网金融业务操作风险的特殊性主要体现在：大数据的经营、操作主体的变换、互联网金融账户的授权使用、操作流程设计对网络系统的依赖，以及真假电子货币识别等方面。

（1）大数据经营风险。互联网金融风险控制的核心在于对数据的整合、模型构建和定量分析，由于平台数据获取主要是基于业务的交易数据，形成维度单一，再加上实际操作中还存在"刷信用"、"改评价"等行为，使得互联网金融的大数据风险控制在操作中存在风险"有偏"隐患。

（2）操作主体变换风险。互联网金融环境下的操作大都是由客户在自有计算机上实现，若不熟悉具体的操作规范与要求，可能会引起不必要的损失，同时互联网交易系统的设计缺陷、安全性以及运行的稳定性等，也可能引发金融业务的操作风险。

（3）授权风险。互联网金融可能会存在由于没有树立良好的信誉而导致的各项业务不能在良好的信用环境下有序展开而面临风险。

（4）操作流程风险。互联网金融操作风险是由互联网金融的高技术性决定，由于操作流程和内部控制不当、交易主体不熟悉互联网金融业务的操作规范与要求产生的操作不当、互联网金融机构员工操作违规以及互联网交易系统的设计缺陷，也会产生操作性风险。

8.3.6　声誉风险

互联网金融声誉风险是指负面社会舆论使互联网金融机构的声誉受损、造成客户严重流失和经济重大损失，甚至遭受法律诉讼的可能性。互联网金融声誉风险主要源于机构自身经营不善、技术故障、虚假销售、网络欺诈、理赔投诉处理不妥当等行为。互联网强虚拟性和传播性产生的放大效应将会加速声誉风险在互联网上的蔓延与传播，成倍地放大声誉风险，严重时会给互联网金融机构造成致命性的损害，甚至会对行业内其他机构产生严重不良影响，诱发更大范围的风险发生。

由于互联网金融通过电子信息交易平台进行交易，交易双方不像传统商业银行那样在柜台有形的市场进行面对面交易，更重要的是其交易平台控制权一般掌握在非金融企业手中，处于有效的市场监管之外，很难验证交易者身份信息与交易动机。目前我国社会征信体系欠缺，交易双方时常出现逆向选择并发生道德风险，影响金融市场的稳定，进而给交易双方带来不必要的经济损失。一旦由于某种原因或某些原因导致互联网金融企业出现交易安全问题，顾客损失惨重，社会影响恶劣，互联网金融企业的声誉便会大打折扣，不利于互联网金融的可持续发展。

由于非对称信息的存在引发互联网金融企业面临不利选择与道德风险而产生的市场选择风险。一方面，互联网金融的虚拟性非常明显，在电子信息操作平台开展的相关金融交易活动，更增加了确认交易者身份、信用评价等方面的信息非对称性。另一方面，在非对称信息下，互联网金融市场可能出现格雷欣法则——"劣币驱逐良币"的非理性现象。由于互联网金融企业提供的是典型的虚拟金融服务，加之我国互联网金融企业质量参差不齐，顾客对各金融企业的服务质量不太了解，极有可能出现"劣币驱逐良币"的不良现象，即高质量的互联网金融企业被挤出市场，价格低但服务质量差的互联网金融企业充斥市场，这将不利于我国整个金融业的有序健康发展。

8.3.7　技术性风险

1. 互联网金融技术风险的成因

我国互联网金融的技术安全风险的形成原因有很多，可以归结为高科技自主知识产权匮乏、木马软件泛滥、黑客攻击猖獗、钓鱼网站众多、消费者电子支付操作不当以及消费者安全意识淡薄等。结合该风险的成因和我国的实际情况，我们应该加快核心技术等薄弱环节的研发进度，切实落实技术安全制度，加强互联网金融产业链各方的技术安全合作，才能对技术安全风险进行有效地防控。

由于网络及计算机自身缺陷或技术不成熟造成的停机、堵塞、出错及故障等，以通过病毒、黑客等人为破坏手段构成的网络软硬件瘫痪、信息泄露、被篡改等，都有可能导致资金的截留或被盗。同时，由于互联网金融活动的交易信息完全通过网络传输，在这过程中存在非法盗取、篡改以及个人信息泄露风险。此外，在技术支撑上，很多互联网金融机构往往通过购买外部技术支撑来解决内部技术和管理问题，而在互联网技术设备上我国又缺乏自主知识产权优势，国外进口的互联网软硬件设施对我国的金融信息安全问题存在的隐患也不得忽视。

2. 互联网金融技术风险的表现

技术性风险主要是指来自于计算机网络系统的在当前阶段的不足所带来的风险。主要表现在以下方面：第一，系统漏洞风险。互联网金融业务的应用系统和数据库，在技术上都会存在一定的系统漏洞和隐患，如果这些漏洞被计算机病毒和黑客所利用，比如，在防火墙和防御体系不足够强大的情况下，互联网金融软件容易被病毒或其他不法分子所攻击，为其谋求巨大的经济利益，而且甚至有人专门寻找互联网金融业务系统的漏洞，将其出售给黑客或病毒制造者，以此获取高额收益。第二，由于未经授权的访问，尤其是那些黑客和病毒程序对互联网金融的攻击，目前针对互联网金融各种模式的木马程序不断翻新，盗取客户的数据资料，从而威胁到客户的资料安全和经济安全。第三，通过伪造交易客户身份，即以盗取合法用户信息的方式，用假冒身份进行金融诈骗，从而产生技术性风险。这种情况一般发生在客户身份认证存在安全漏洞，或客户身份信息在互联网传输过程中安全保密措施不到位，使得不法分子趁机伪造身份进行金融欺诈甚至恶意攻击。第四，外包管理风险。一方面，由于我国互联网的软硬件系统多进口自欧美发达国家，这是一大隐患；另一方面，我国互联网金融在系统开发、运行过程中，由于机构的人才缺乏和资金不足，其业务技术支持基本都是通过购买第三方外部服务的方式获得，如果外包服务管理不到位，很可能给服务机构带来信息泄密的风险；如果由于各种原因造成外包服务中断，则很可能会严重影响到互联网金融业务安全稳定的运行。第五，缺乏成熟的技术解决方案，在挑选方案时可能出现技术选择错误的风险。当我国互联网金融的技术安全出现问题时，相应的技术解决方案不成熟，有可能产生所选技术系统与客户终端软件不兼容，也有可能所选技术方案已被技术变革所淘汰而没被我们察觉，这些都将会给我国互联网金融带来不可估量的风险。

互联网金融的技术性风险所带来的危害是不言而喻的，可能直接造成客户无可挽回的巨额经济损失，与普通互联网平台的技术性风险存在巨大差异：普通的网站和软件可以通过不断升级进行完善，偶尔遇到宕机问题也不会带来太大的问题，但是互联网金融的各类平台是绝对不能出现宕机问题的，否则后果不堪设想。因此，在目前某些互联网金融模式准入门槛较低的情况下，应该对互联网金融的技术性风险管理予以高度重视。

8.3.8　信息安全风险

国内的网络安全技术平台、安全防护机制尚不成熟，互联网金融各方参与者对于数据安全、客户信息安全的风险防患意识较弱，因此发生信息安全风险的可能性大大增加，主要体现在：

1. 信息泄露问题

企业在互联网上申请融资，需要提供商业流水和营业执照等信息，投资者需要提供个人身份信息和银行账号等支付信息。由于交易双方并不进行现场交易，无法通过传统的面对面方式确认双方的合法身份，各类交易信息（包括用户身份信息、账户信息、资金信息等）要通过互联网传输，存在可能被非法盗取、篡改的风险。因而，互联网金融首要的风险是信息泄露风险。同时，信息安全也是消费者最为关心的问题。

2. 信息披露问题

由于互联网金融更多是零售业务，其客户更多是普通民众，因此这更加需要拥有健全的客户保护机制才能保障其在互联网金融业务中的权益。以美国为例，P2P平台必须在美国证券交易委员会（SEC）注册登记，并且需要将每天的贷款列表提交给SEC。投资者可以在SEC的数据系统和网站查到这些数据。这可以保证当有投资者对P2P平台提起法律诉讼的时候，该存档的记录可以证明是否存在错误信息误导消费者；众筹平台同样必须到SEC进行注册登记，并且要求发行人至少在首次销售的21天之前，向SEC提交信息披露文件以及风险揭示，如果筹资额超过50万美元的话，需要披露额外的财务信息。这些举措都是为了实现高度完整的信息披露和富有针对性的风险揭示，以更好地保护客户的权益。我国则缺乏类似的监管措施，因而导致信息披露问题。

3. 身份识别问题

互联网金融在数字签名与手写签名中无法现场核对以及在网络传输中

面临截取、篡改、假冒等问题，使得互联网金融成为经济犯罪的重要途径之一，并与腐败、洗钱与欺诈等经济犯罪相互联系。

4. 有效监管问题

由于互联网金融无法进行现场监管，技术协议、网络设置标准、交易记录、责任认定与风险处置等比传统金融更加困难，监管难度较大，监管有效性相对较低。部分互联网金融利用了监管体系的制度性或技术性缺陷，通过互联网来规避监管，可能存在监管漏洞。互联网金融的内部监管上也可能存在纰漏，比如交易员可以利用交易系统的问题扩大自己的交易权限，最后导致机构的重大金融风险。

5. 技术系统失败问题

互联网金融除存在传统金融业所面临的信用风险、流动性风险、市场风险和利率风险等风险，互联网金融还可能因为信息安全问题，引发严重的金融风险，比如订单系统、交易系统、支付与清算体系等整个或部分系统的失效。系统可靠性、稳定性和安全性的重大缺陷都可能导致巨额损失，此外还涉及互联网金融流程中对金融账户的授权使用、金融交易信息传递以及真假电子货币识别等问题。

8.3.9 法律风险

法律政策风险是指与互联网金融相关的法律法规不健全甚至缺失，以致交易过程中出现的问题，没有明确的法律规范进行处理，从而导致权责不明的风险。互联网金融法律风险主要体现在以下方面：

1. 互联网金融的创新性与现行法律制度的滞后性冲突造成的风险

我国互联网金融的发展尚处于起步阶段但发展非常迅猛，基于传统金融制定的相关法律法规，很难满足互联网金融业务的监管需求。目前，我国互联网金融的法律制度的滞后性主要表现在：一是新法律空白风险，即新法律空白可能造成的"搭便车"风险集聚，而互联网金融由于本身涉及领域的交叉属性，使得其立法过程很复杂，难度超过传统金融，如实名制和客户隐私保护两难问题，更加剧了这种风险的不确定性。二是在互联网金融的交易过程中，大多数采取无纸化的交易与支付，倘若电子货币的交易系统和运作过程的法律框架不健全、不完善，则有可能给那些具有合约权利与义务的运营机构带来诸多不良影响；而且由于电子货币是匿名的、单个交易也难以追踪，所以很容易被相关犯罪分子所利用。三是对于互联网金融的新兴业务，如果没有及时出台健全的法律政策对其进行监管，很可能出现监管漏洞，这既包括监管主体不明确，又包括运作流程监管缺乏，从而容易引发金融风险。比如，许多P2P平台出现"跑路"现象，就是因为缺乏相应的法律法规对其监管主体进行明确和对其运作流程进行监管，对其各项经营指标的披露也没有明确的法律规定，从而造成了目前整个P2P行业比较混乱的局面。

2. 互联网金融跨界经营对分业经营界限及监管模式提出挑战

第一，目前，互联网金融模式中除了金融机构的信息化金融受原监管机构约束外，仅第三方支付企业的法律地位得到了一定程度的认可，受人民银行支付结算司监管并由中国支付清算协会作为行业自律性组织约束。而像P2P网络借贷、众筹等新型互联网金融形势，虽然2014年上半年已被分类归口于银监会和证监会监管，但相应的监管法规建设任重道远，短期内监管的灰色地带仍会存在。第二，互联网金融由于其自身的行业交叉属性，与传统金融相比风险诱发的因素多样化，加上其虚拟性、信息量大、传播速度快，导致监管的全面跟踪难以识别，这也进一步加大了监管的难度。第三，在全球化背景下，频繁的互联网金融跨国交易打破了地域限制，这种趋势对单独的国内监管也提出了挑战。

3. 互联网金融洗钱犯罪的风险

互联网金融的洗钱犯罪风险是指由于电子货币、网上支付、网络银行等产品和服务方式不断涌现，传统洗钱方式与它们相结合，使风险进一步增加。成因主要有以下几个：第一，由于互联网金融的快速、便捷和隐蔽等特点，使得获取交易信息资料、识别客户身份和可疑交易、监测分析资金活动等反洗钱日常工作不能得到有效落实。第二，在互联网金融法律体系不健全、监管体制不完善的情况下，部分互联网金融企业对客户身份、交易流程、资金用途等内容的审核监督机制不完善，极易使套现和洗钱等犯罪活动藏匿其中。第三，尤其是虚拟电子货币的出现，其具有全世界流通、无法辨认用户身份信息等特点，为进行洗钱、逃税等非法活动拓宽了途径。据调查，目前洗钱犯罪活动在网络渠道的帮助下日趋频繁，且犯罪金额较大，国际上出现了该类犯罪现象。因此，互联网金融的发展，加大了洗钱犯罪的可能性，为洗钱犯罪活动的监管提出了新的挑战，应该全方位、多角度地采取相应措施对洗钱犯罪活动进行防范和惩处。

4. 互联网金融的法律适用性较差

现有法律存在一定的运用风险，即现有法律运用到互联网金融领域的难以适用，容易导致交易主体之间的责、权、利边界不明确，一方面增加了交易的不确定性，另一方面对某些金融行为（如虚拟货币）本身的违法与不违法难以界定，这就造成了已有法律法规对互联网金融的适用性较弱。例如，《巴塞尔协议Ⅲ》对商业银行的资本充足率、杠杆率等作出了规定，但是它对于互联网金融中的新兴业务模式起不了什么作用，限制性较弱，从而容易产生高风险的操作。而且由于我国的法律法规尚不健全，加上互联网金融涉及诸多领域，从而决定了互联网金融方面的立法难度将远远大于传统金融的立法，并且立法过程会更加复杂。

第九章　互联网金融风险控制常用方法

9.1　系统性风险控制方法

9.1.1　系统性风险管理方法

金融系统性风险的生成是一个动态过程，所以金融系统性风险的防范也是一个动态的风险管理过程。金融系统性风险的防范包括两个阶段，第一阶段是事前防范阶段，第二阶段是危机管理阶段。事前防范即将金融系统性风险控制在一定范围内，防止局部损失全面扩散而引发金融系统性危机。危机管理即当系统性危机爆发时，如何化解金融系统性风险，将损失控制在最小程度。以往的系统性风险一般都只关注银行业，而现阶段系统性风险很可能也会由互联网金融、影子银行等非银行金融机构产生。如何防范和控制好互联网金融这一新兴行业的系统性风险呢？那就是要做好事前预防从而降低系统性风险可能性的监管，以及做好事后减轻系统性风险传播速度和危害后果的准备。

1. 金融系统性风险的事前防范

市场纪律、资本监管制度、最后贷款人制度和存款保险制度通常被视为银行系统性风险的事前防范的金融安全网。银行业的市场纪律是指私人部门利益的代表在面对由银行的过度风险投资行为引致的成本时，所采取的基于这些成本的保护行为。存款人、债权人和股东是银行的市场纪律的主要实施者，其中，存款人对银行的市场纪律约束最大。市场纪律主要通过两种途径约束银行：利率渠道和存款规模渠道。利率渠道在存款人方面表现为存款人对银行的风险行为的惩罚，在银行方面表现为银行为达到某些指标而必须采取的措施；存款规模渠道反映了存款人的"用脚投票"行为。市场纪律的有效性受到存款人与银行之间的信息不对称的影响。在信息不对称条件下，市场纪律对银行难以起到安全网的作用，反倒会在某些情况下引发银行系统性风险，比如在信息不对称导致的"羊群效应"下发生银行挤兑风潮。资本监管制度就是要求银行必须持有与风险资产规模相适应的最低资本数量，它是衡量银行资本的风险防御程度的一个重要的国际通用指标。资本是银行资产出现问题时的第一道防火墙，使银行风险不至于立刻扩散到其他银行，同时它也是银行承担风险的成本，可以约束银行的道德风险，即过度承担风险而损害存款人的利益。最后贷款人制度指的是确立一个机构（通常是一国的中央银行）作为最后贷款人，当银行出现支付危机时，可以向最后贷款人申请流动性援助。最后贷款人制度是对银行体系的流动性风险的事前防范。存款保险制度即要求商业银行对其吸收的存款进行全额或部分投保，当银行倒闭时，由存款保险公司负责清偿存款人的存款。存款保险制度被认为能减小存款人挤兑银行的可能性，从而能避免由于信息不对称而导致的银行挤兑风险。

金融市场系统性风险的事前防范主要措施是提高市场透明度，严格市场纪律和对做市商等市场影响力较大的金融机构进行风险监管。提高金融市场透明度指的是要求金融市场参与者对自己的风险状况进行披露，要求对金融市场工具的风险进行详细说明。市场透明度是严格市场纪律的前提条件。充分的风险披露制度有利于市场参与者做出理性决策，减少信息不对称带来的风险。因为做市商等市场影响力较大的金融机构的倒闭容易引发市场混乱，从而引起金融市场系统性危机，所以，加强对市场影响力较大的金融机构的监管，有利于事前防范金融市场系统性风险。

2. 系统性金融危机的管理

系统性金融危机的管理分为两部分：危机的控制和危机的处理。危机的控制指的是当危机发生时，政府如何采取恰当的政策手段控制事态，防止危机的进一步扩散；危机的处理指的是政府采取适当的方法处理危机留下的损失，恢复金融体系的健康运行。系统性金融危机发生的原因和结果不同，其危机控制和处理的政策也不一样。一般来说，当系统性金融危机爆发时,可以通过以下控制政策防范危机的进一步发展。

(1)紧急流动性贷款。当银行面临存款人挤兑而出现流动性不足时,中央银行可以向被挤兑银行提供临时性的紧急流动性贷款。当金融市场因为流动性枯竭而急剧下跌时,政府也可以通过中央银行直接向参与市场的金融机构发放紧急流动性贷款稳定金融资产价格,当然,中央银行向金融市场提供流动性的前提是金融资产价格的下跌是恐慌性的或仅仅是因为流动性不足引起的,而不是由于金融资产质量下降的原因造成的下跌。

(2)清算、接管或重组问题金融机构。及时清算资不抵债的金融机构,防止其风险的进一步扩散。对问题严重但还不足以资不抵债的金融机构实行接管,由金融监管部门代为管理,严格控制其业务范围或实施停业整顿,或者引入健康的金融机构对问题金融机构进行并购重组。

(3)给问题金融机构注资。当银行或非银行金融机构因为经济周期原因,或因为外部冲击,或自然灾害原因暂时陷入困境时,政府可以通过对银行或非银行金融机构注资,增强问题金融机构抵御冲击的能力,帮助其渡过暂时的难关,从而控制其风险的外溢。上述控制政策要根据金融危机发生原因而选择性应用。金融危机控制政策往往能在短期内控制危机的蔓延,但真正要解决金融危机留下的一系列问题,恢复金融体系的健康运行还需要更系统更长远的危机处理政策。同样,不同性质的金融危机其处理的方法是不一样的。主要的危机处理方法有:第一,有条件的政府补贴政策。即对银行的不良贷款或非银行金融机构的损失实施有条件的政府补贴,比如使金融机构国有化或者是要求金融机构注入新的资本。第二,债务减免。直接减免金融机构的应急贷款等债务。但是这种方法可能带来的不利影响是会增加金融机构的道德风险,并可能为下一次的金融危机埋下祸根。第三,建立官方的资产管理公司购买和处理不良资产。即通过官方的资产管理公司购买和处理银行或非银行金融机构的不良资产,使这些金融机构的资产负债表在短时期内恢复健康状况。

(4)实行宽松的货币政策和贬值的汇率政策。宽松的货币政策可能造成通货膨胀,进而减轻债务人的负担,其效果相当于直接的债务减免。贬值的汇率政策,对于以本国货币表示的债务也是一种债务减免的效果。

9.1.2　互联网金融系统性风险防范措施

1. 完善信息披露制度

信息披露是预防系统性风险最具有可行性的方法，是金融监管的主导性制度安排。有效的信息披露有利于买卖双方做出正确的投资判断，有利于提高金融市场的运作效率，有利于促进金融资源的合理配置。为防范互联网金融这一新兴行业的系统性风险，应该增强该行业的透明性从而减少风险的隐蔽性，无论是对传统的金融机构还是对互联网金融机构，都应该加强信息披露制度建设。

2. 增加互联网金融风险敞口的限制

通过限制机构间的金融敞口，可以减少特定合同相对方的经济损失，甚至可以降低因该损失导致破产的可能性，因此可以达到分散风险增强金融市场稳定性的目的。此方法在银行业通过限制贷款的方式，对某些特定顾客的最高风险敞口进行了限制。由于互联网金融机构之间或互联网金融机构与传统金融机构之间金融资产流通量日益增大，这种限制方法完全可以而且有必要扩大到互联网金融机构中。

3. 降低杠杆率

越低的杠杆率使金融机构到期无法履行债务的可能性越小，较高的杠杆率可能使金融机构承受与自身规模和杠杆率不相匹配的巨大损失，致使其履约能力急速恶化。因此，通过降低互联网金融机构的杠杆率，不仅可以降低该机构本身破产的风险，而且可以降低由此可能带来的系统性风险，或者减轻系统性崩溃带来的后果，有利于实现整个金融市场的稳定。

4. 制定避免金融恐慌的相应措施

有的经济学家将系统性风险与产生货币紧缩的银行恐慌相等同，也就是说金融恐慌很可能触发连锁破产。当互联网金融市场出现动荡时，交易对手竞相抛售自己的产品，使金融产品的价格急剧下降导致更多的金融市场无法正常运营，而进一步导致投资者对互联网金融市场丧失信心，这一系列恐慌反应造成了恶性循环。因此，制定避免恐慌的监管措施，可以达到预防系统性风险的效果，有助于互联网金融市场的稳定。

5. 加强行业自律

在采取上述方法进行系统性风险控制的同时，可以再加上行业自律的方式，其可作为上述监管方法的有效补充。但是，如果仅仅通过行业自律进行预防系统性风险，这是很难做到的，因此，该方式不能作为唯一的或最重要的系统性风险的监管机制。

9.2 信用风险控制方法

9.2.1 信用风险的度量

在实际操作中信用风险的数量化一直是一项非常艰难的任务，因为信用风险并非简单地把信用事件作为唯一动因，而且信用事件本身也并非仅一种情况，它存在着彼此相关而外部表征各不相同的多种情况。因而信用风险计量的发展可谓是步履艰难且缓慢，它大致经历了从主观性到客观性，从艺术性到科学性的发展历程，具体有经验方法、计量经济方法以及利率期限结构比较法这三种主要的计量方法，其中前两种方法代表了当前国际业界信用风险计量模型的主流思路。

1. 经验方法

所谓经验方法就是通过经验数据，即实际的违约记录，来推断不同信用等级的违约概率。其前提是必须拥有样本容量足够大且按时间进行分层处理的信用评级数据库。

经验方法最大的特点就是在信用评级时可以全面地考虑所有可能引起企业信用风险发生的主客观因素，这些风险因子里当然包括了一些可量化的因素，如财务数据、财务比率等因子，同时它也包括了一些不能或者说很难准确量化的风险因子，如管理者素质、行业风险等，这一点是其他信用风险模型难以做到的。

经验方法的不足之处在于：第一，它是依赖于以信用评级为基础建立起的数据库而形成的，因而需要大量的大样本数据，才能建立起有意义的静态数据库和转移矩阵。第二，它对信用评级因子的选择有极高的要求。

因为只有正确相对客观地对企业作出信用评级，准确地对研究对象做出归类，才能在此基础上正确估计企业的信用风险以及可能发生的变化情况，进而为其融资成本进行定价。而信用评级不可回避地就是存在一定比例的主观因素，这既是经验方法的优点所在，同时也是不利的地方，因为主观判断的准确性无疑与评定人员的个人判断能力和道德风险相关，因而也就存在着因评定人员素质的差异带来的信用评级的不准确性和不一致性。第三，它是依赖于历史数据的，在假定"历史事件可以重演"的前提下做出判断，因而预测结果必然受限于历史特定的体制条件、商业周期环境或是宏观经济环境。

2. 计量经济方法

计量经济方法建立在一个基本假设之上，即借款人的违约风险全部反映在财务状况中。因此只要确定了借款人违约指标与其财务指标间的线性关系，就能够通过借款人的财务数据反过来估计借款人违约概率。可以选择在该类模型中比较有代表性的 Altman 的线性甄别模型（以下简称 Z 模型）为例。Z 模型以通过信用评分模型计算出的债务人的整体信用状况指标作为因变量（Z）；自变量（X）是选定的财务指标，双方通过建立一个线性模型联系起来。形式如下：

$$Z = O'_1 X_1 + O'_2 X_2 + O'_3 X_3 + O'_4 X_4 + O'_5 X_5 + \varepsilon \qquad 公式（1）$$

其中：X_1 代表流动资金与资产的比率；

X_2 代表保留盈余与全部资产的比率；

X_3 代表息税前盈余与全部资产的比率；

X_4 代表股本市值与长期债务面值的比率；

X_5 代表销售额与全部资产的比率；

ε 代表误差项。

Z 模型通过样本数据得出的回归模型为：

$$Z = 1.2X_1 + 1.4X_2 + 3.3X_3 + 0.6X_4 + 1.0X_5 \qquad 公式（2）$$

该模型确认的临界值为 1.64。那么将借款人的财物数据代入公式（2），计算出 Z 值，如果该值高于临界值 1.64，则属于低违约风险类别；否则属于高违约风险类别。

计量经济方法简单直观、易理解，而且可以通过补充自变量不断完善模型，提高模型的拟合度。像 Zata 模型，就是将 Z 模型的 5 个因素扩展成 7 个因素，它包含了资产回报率，即息税前收益占全部资产的比率；收益稳定性，即资产回报率 10 年期趋势值的标准差；债务负担，即息税前收入占全部利息支付的比例；累积的盈利性，即企业的保留盈余（表内）占全部资产的比例；流动比率，即流动资产占全部资产的比例；资本化比率，即普通股占全部资本的比例；以及用资产总值代表的企业规模。但是计量经济方法缺乏理论基础的支撑，有两点无法克服的弊端：第一，自变量和因变量的线性函数关系没有经过合理的论证，无法从理论上证明 Z 值和 Xi 的线性关系是可靠的、有效的。第二，计量经济方法中自变量的选择范围都在财务指标里，但实际上企业的信用风险不仅与其自身的财务状况有关，还会受到管理层的情况、行业表现、宏观环境的影响。目前这些因素只能作为虚拟变量加入到公式中，而虚拟变量的取值很难做到准确。所以这些非财务风险因子如何加入到计量模型中，如何取值，如何确认函数关系是计量经济方法改进的突破口。就因为这些暂时无法克服的技术缺陷，使得计量经济方法在信用风险计量领域的运用受限较多。

3. 利率期限结构比较法

利率期限结构比较法是指通过具有相同到期日的公司债和国债之间的利率差额即信贷利率差来推算年违约率。一般来讲，国债是不存在信用风险的，因而国债利率可以看做是无风险利率；而对于存在信用风险的资产，作为风险补偿它会提供给投资者一个高于无风险利率的收益率。因而反过来看信贷利差越大，说明其信用风险越大。

利率期限结构比较法只适用于国债零息债券市场和公司债券市场等规模大、流动性强的市场环境。对于债券市场发展薄弱的我国而言，此方法很难适用，尤其是在解决信用评级对象是那些规模小的并不适宜发行公司债券的中小企业时更是难以使用。为减小信用风险发生的可能性，许多商业银行都会采用一些信用风险度量模型，互联网金融机构可以结合自身情况，借鉴和改进信用风险度量模型，从而有利于做好风险控制。

9.2.2 互联网金融信用风险的度量

1. KMV 模型。这是一种违约预测模型，先根据借款企业的股价的变动情况来测算预期违约频率，然后进一步估算违约损失金额。该模型属于动态模型，是把借款公司的股票信息转换为信用信息，这样便能够对借款公司的信用情况的变化尽快了解和掌握，而且该模型也能反映市场信息，具有较强的前瞻性和预测能力。孙小丽和彭龙（2013）采用真实的金融市场数据，模拟了应用信用风险度量（KMV）模型测算公司信用风险状况的全过程，结果表明模型能够很好地区分 ST 与 NST 公司，并能有效计算出 DD 和 EDF 这些信用风险评估过程中的关键性数据指标，从而证明了运用 KMV 模型评估现阶段中国互联网金融同业中的信用风险具有一定的可行性。

2. Credit Risk + 模型。该模型是瑞士信贷银行在财产保险精算思想的启发下开发出的违约模型。模型只考虑违约或不违约两种状态，同时假定违约率是随机的，并以此为前提度量预期损失、未预期损失及其变化。李琦和曹国华（2015）基于 Credit Risk + 模型框架，使用互联网信贷平台四个行业的贷款数据，在不同置信水平下，对不同模型下互联网金融的信用风险水平进行比较分析。结果表明，多元系统风险 Credit Risk + 模型能克服其他 Credit Risk + 模型的缺陷，综合考量系统风险和行业风险的影响，能更好地估计贷款组合的非预期损失，其在互联网金融信贷平台信用风险估计方面可能具有较好的适用性。

3. 信用度量术模型。该模型在受到信用品质变迁影响的情况下，求解信贷资产的价值分布数据，计算出信用风险的 VAR 值。信用度量术模型对于商业信用、贷款等信贷资产组合的风险度量比较适合，但是，只有在具备完善的征信体系、权威的信用评级公司以及事先决定的基础利率等条件下，才可能运用此模型度量信用，因此，该模型广泛运用于互联网金融的难度较大，至少在中国现阶段是不能运用此模型进行信用度量的。

4. 宏观模拟模型。该模型把宏观因素和转移概率间的关系模型化，用有条件转移矩阵代替基于历史数据的无条件转移矩阵，然后求出对经济周期比较敏感的 VAR 值。它是基于国家和各个行业的违约数据，在信用风险量化处于成熟阶段并具备完善数据库的情况下，此模型对于互联网金融进行信用度量的适用性较强，但中国目前使用此模型还缺乏相应的基础条件。

上述几个模型是从理论的角度论述如何评估信用风险，而现实中要做好互联网金融风险防范，最为切实有效的方法就是建立和完善个人信用风险管理体系。在美国，其拥有完善的个人信用风险评级体系，拥有相应的评级机构和风险评估机构，可以帮助金融机构快速地做出准确的信贷决策。个人信用评分体系同样适用于互联网金融，而且将个人信用评级运用于互联网金融的风险控制，将会极大地降低互联网金融风险，因此，在发展互联网金融的道路上，建立个人信用的评估和科学评分体系是至关重要的。

9.2.3　我国商业银行信用风险管理技术

长期以来，我国商业银行的风险管理手段都是以定性分析、经验分析为主，定量分析和各种财务工具的运用被放在次要的位置。目前，这种局面已经有很大的改进，我国商业银行基本建立起由客户评价体系—客户信用评级法和债项评价体系—贷款风险分类法所构成的两维评级体系。我国互联网金融信用风险控制方法可以参考商业银行的信用风险管理技术和方法。

1. 客户信用评级法

从 2001 年起，我国各商业银行先后改革了信用等级分类方法，全面引入国际先进的综合分析法，引入了量化评级手段，建立起信用等级评定的评级系统，使信用等级分类上了一个新的台阶。

（1）定性分析法

商业银行的传统定性评价方法中，包括财务报表、行业特征、财务信息质量、债务人管理水平等方面评价。其中，财务报表分析是最常用、最重要的方法。在对商业银行的财务分析中，财务报表是其中的重要资料。财务报表是商业银行经营与管理的概括与反映，它以规范的归类方法向股东、客户和监管部门反映商业银行的经营成果，向银行内部管理人员提供分析、衡量经营业绩和控制经营行为的依据。此外，专家分析法也是目前我国商业银行主要的信用风险定性分析方法之一。它由一些富有经验的专家凭借自己的专业技能和主观判断，对贷款企业的一些关键因素进行权衡以后，评估其信用风险，并作出相应的信贷决策。在此方法下，信贷决策是由专家做出的。对信贷决策起决定性作用的是专业技能以及对某些关键因素的把握和权衡。

根据专家分析的内容和要素的不同，又分为"5C"法、"LAPP"法、"5P"法、"5W"法等，其中"5C"法有一定的代表性。"5C"法是通过分析借款人的 5 项因素作出信贷决策，具体内容包括：品格（Character）、资本（Capital）、偿付能力（Capacity）、抵押品（Collateral）、周期形势（Cycle Condition）。在这一制度下，不同的专家在对同一借款人的信用进行分析时可以运用完全不同的标准，这些人在选择客户时有着强烈的偏好，这样就加剧了银行贷款的集中程度，无法实现收益和风险的合理分布。

（2）定量分析法

传统定量评价方法——财务比率分析。在财务报表基础上，需要进一步进行财务分析，方法有很多，包括：比率分析法、因素分析法、指数分析法、边际分析法、趋势分析法、比较分析法等，其中财务比率分析是最重要的分析方法。财务比率一般是通过将同一会计期间财务报表上的相关项目的数据进行相除求得。一般将商业银行的财务比率分为：收益比率、风险比率和其他比率。

信用评分模型。信用评分模型是将反映借款人经济状况或影响借款人信用状况的若干指标，如借款企业的财务状况、借款人的收入、年龄、职业、资产状况等给予一定权重，通过某些特定方法得到能够反映信用状况的信用综合得分或违约概率值，并将其与基准值相比来决定是否给予贷款以及贷款定价，主要包括线性概率模型 Logit 模型、Probit 模型和线性判别模型等，这种方法已被广泛应用于各种领域。

信用风险度量模型（Credit Metrics）。该模型是一个以 VaR 方法为基础的风险管理模型。由 JP 摩根公司和一些合作机构（美国银行、KMV、瑞士联合银行等）于 1997 年推出的信用度量术，旨在提供一个进行信用

146

风险估值的框架，用于诸如贷款和私募债券这样非交易资产的估值和风险计算。计算 VaR 有两个关键因素：一是可以在市场上出售的金融工具的市场价值 P，而大多数贷款不会在市场上公开交易；二是金融工具市场价值的波动性或者标准差 δ。在险价值法提出了一个有创意的解决框架，利用可得到的借款人的信用评级、下一年评级发生变化的概率（评级转移矩阵）、违约贷款的回收率、债券市场上的信用风险价差和收益率，就可能为任何非交易性贷款计算出一组假想的 P 和 δ，随之算出一项贷款的信用 VaR。

2. 贷款风险五级分类法

从 2002 年起，各商业银行全面推行贷款风险五级分类法，"一逾两呆"的期限分类方法逐渐退出历史舞台。我国现行的贷款五级分类法以风险为基础，通过判断借款人及时足额归还贷款本息的可能性，把信贷资产分为正常、关注、次级、可疑和损失五类，后三类合称为不良信贷资产。

贷款风险分类法的核心是对还款可能性的分析，对还款可能性的把握主要是从财务状况、现金流量、非财务情况和信用支持四个方面，综合考虑借款人的还款能力，还款记录、还款意愿、贷款的担保、贷款偿还的法律责任和银行的信贷管理等因素的影响。对银行客户的信用评级不同于对贷款（债项）的评级，对客户的信用评级是对客户偿还银行贷款的历史记录、主观意愿和客户还款能力的综合评价，对贷款（债项）的评级是在对客户信用评级的基础上，结合贷款方式和违约率大小进行风险评级。在具体实施五级分类法的过程中，一些商业银行设计了贷款风险分类的七大量化因素作为分类标准，分别是：借款人经营及资信情况，借款人财务状况，项目进展情况及项目能力，宏观经济、市场、行业情况，还款保证情况，银行贷款管理情况，保证偿还的法律责任及其他因素。

上述方法均为目前我国传统金融机构经常使用的管理信用风险的模型与技术。由于互联网金融并未摆脱其金融本质，因此可以借鉴以上技术与方法，不断探索出互联网金融信用风险的管理方法。

9.2.4 国外互联网金融信用风险管理经验借鉴

作为新生事物，互联网金融市场的信用风险管理在全世界都面临挑战。因为互联网金融并未改变金融的本质，而美国、英国等成熟市场对各类金融业务的监管体制相对健全，体系内各类法律法规协调配合机制较为完善，能大体涵盖接纳互联网金融新形式，不存在明显的监管空白，通过分析总结他们的管理经验，可以为我国提供参考借鉴。

1. 美国互联网金融信用风险管理

美国作为信用风险管理理念的发源国，一直致力于改造和完善风险管控体系，特别是 2008 年金融危机之后，美国更加重视对金融市场信用风险管理体系的完善。对于互联网金融市场这一新渠道业务，美国政府从宏观到微观建立了相对完整的信用风险管理体系。

（1）根据互联网金融特点迅速补充出台相关政策法规

对互联网金融交易过程的风险控制方面，从网络信息安全、电子签名、电子交易等方面补充出台了《网络信息安全稳健操作指南》、《国际国内电子商务签名法》、《电子银行业务——安全与稳健程序》等系列规则。如《国际国内电子商务签名法》中规定，必须事前向消费者充分说明其享有的权利及撤销同意的权利、条件及后果等；消费者有调取和保存电子记录的权利，消费者享有无条件撤销同意的权利。

（2）构建严密的监管体系并建立互相协作机制

以对第三方支付的监管为例，美国出台了《爱国者法》、《电子资金转移法》、《诚实借贷法》等法案，并要求联邦和州两个层面，采用现场和非现场核查手段重点对交易过程进行严密监管，最大限度减少损害消费者权益的行为。如《爱国者法》中规定，将第三方支付平台定位为货币服务企业，要在美国财政部的金融犯罪执法网络注册，并及时汇报可疑交易，保存所有交易记录。

（3）设立专门信息平台，对接互联网金融消费者各类需求

随着大量金融业务迁至互联网上交易，各类高科技网络诈骗花样百出，对此，美国政府设立专栏网站，实时更新互联网诈骗、消费者权益受损等案例，开展广泛的互联网消费权益警示教育，促进公众提高风险防范意识和自我保护意识，旨在降低互联网金融消费损失；此外，美国联邦调查局和白领犯罪中心联合组建了互联网犯罪投诉中心，消费者一旦发现权

益受到侵害，可通过电话、电邮和上门等多渠道进行投诉。

（4）微观审慎的监管

根据互联网金融市场变化，对新推出的各类产品制定详细完善的监管规则。比如对于市场新推出的众筹业务，主要是从防范风险、保护投资人的角度进行规定：首先是对项目融资总规模限制，每个项目在 12 个月内的融资规模不超过 100 万美元；其次是投资人投资规模限制，根据每个投资人的财务情况对融资规模有一定限制，比如投资人年收入或净值低于 10 万美元，总投资额不能超过 2000 美元或其总收入的 5%。

2. 英国互联网金融信用风险管理

英国除了像美国一样，将互联网金融纳入现有监管框架内、补充制定相关的法律法规外，还进行了一些有特点的尝试。

（1）行业自律组织承担监管职能

英国英格兰银行的金融行为监管局（FCA）负责监管各类金融机构的业务行为，当然也包括对互联网金融行业的监管，但因该部门制定互联网金融方面的法规流程较长，在具体法规流程未出台前，允许自律性较强的行业协会承担相关监管职能。如英国成立了全球第一家 P2P 小额贷款行业协会，已发展成为良好的行业自律组织，协会章程对借款人设立了最低标准要求，对整个行业规范、良性竞争及消费者保护起到了很好的促进作用。

（2）充分结合现有征信体系，促进信用信息双向沟通

英国利用市场化的征信公司建立了完整的征信体系，可提供准确的信用记录，实现机构与客户间对称、双向的信息获取；同时与多家银行实现征信数据共享，将客户信用等级与系统中的信用评分挂钩，为互联网金融交易提供事前资料分享、事中信息数据交互、事后信用约束服务，降低互联网交易不透明风险。

9.2.5 互联网金融信用风险管理建议

1. 丰富互联网金融市场信用数据库，加快配套征信系统建设

一方面，创建互联网金融数据库，全面采集互联网金融平台信息，建

立覆盖全社会的互联网征信体系数据库，同时关联人民银行征信系统，对比完善互联网金融数据；另一方面，将互联网金融市场信息传递给人民银行征信系统，实时更新征信信息，全面共享数据库信息，为客观评价企业和个人信用提供良好的数据保障。

2. 设立互联网金融投诉平台，掌握一手信用违约数据

可以参照美国政府的做法，由人民银行、公安部等部门联合成立互联网金融犯罪投诉中心，接受消费者多渠道投诉，掌握市场真实信用风险状况。同时设立专门网站，实时更新诈骗案例，进行互联网消费权益警示教育，促进公众提高风险防范意识和自我保护意识。

3. 建立面向互联网市场的信用风险识别和分析方法

一方面，以互联网金融数据库平台为基础，通过大数据、云计算等数据挖掘和分析工具甄选价值信息，并与传统信用风险度量模型结合，开发综合型信用分析方法，通过对数据库信息的整合、深入分析和加工，建立互联网金融市场评分机制和信用审核机制；另一方面，由于互联网金融市场属于新兴市场，参与主体多为非专业金融机构和人士，对互联网金融风险的预测和控制能力相对较弱，可在数据库平台上增加信用风险自评模块，方便互联网企业通过平台数据监测自身风险能力、改进业务营运环境，完善金融网络多边信用环境。

4. 构建互联网金融信用风险评价体系

构建完整的互联网金融信用风险的评价指标体系，加大对互联网金融平台的审计力度，做好信用风险的预警模型，对风险"早发现，早预防，早控制"。常见的信用风险评价方法有层次分析法、灰色关联度法、逻辑回归模型以及主成分分析法等。采取适当的信用风险评价模型来评估互联网金融的信用风险，具有更加现实的意义。

9.3 其他互联网风险管理策略

9.3.1 转变经营观念

长期以来，我国金融行业一直秉承着以"经济效益"为核心价值观的

理念去从事金融管理工作，而从某种角度来看，金融行业的本质就是服务大众，这种以"经济效益"的经营观念很显然已经难以适应现代社会发展的需求了。为此，在互联网金融模式下，金融机构就必须积极转变经营观念，树立风险意识，将"经济效益"型转变为"服务质量"型，在金融行业中全面落实风险管理意识，进而确保金融行业的健康发展。

9.3.2 加大专业人才的培养

在互联网金融模式下，对人才的需求越来越高，而我国金融要想在这个竞争激烈的市场环境下更好地生存，就必须加大专业人才的培养。首先，必须加大专业互联网金融人才的培养，不仅要加强互联网金融专业知识的教育，同时还要不断提高风险意识以及计算机相关知识的培养；其次，我国政府及相关部门要给予政策扶持，为互联网金融人才的培养提供保障。另外，金融机构还应当加强对外联系，对外引进优秀的人才，不断学习国外先进的管理经营，进而不断提高我国互联网金融管理水平。

9.3.3 完善风险管理机制

随着互联网金融的发展，对互联网金融风险管理要求也越来越高。在互联网金融模式下，风险是一直存在的，金融机构要想确保金融业务的健康发展，保证金融资金安全，就必须做好风险管理工作。首先，金融机构必须健全风险管理机制，做好风险评估工作；其次，要全面落实风险管理责任制，将风险管理责任落实到管理人员的身上，进而提高他们的责任心和责任意识。另外，为了更好地促进互联网金融的发展，有效地规避风险，我国金融机构就必须坚持不懈地抓好风险管理，在金融行业内部建立有效的信用风险、市场风险和操作风险的全程量化和立体的全面风险管理体系，进而为金融行业的发展创造良好的环境。

9.3.4 提高风险管理的认识

互联网金融的出现促进了金融产品的创新，拓宽了金融行业发展的空间，然而金融机构在利用互联网金融进行产品创新时很容易忽视风险管理工作，进而增加金融风险的发生。为此，在互联网金融发展过程中，金融机构就必须提高风险管理的认识，在产品创新的道路上时刻保持较高的风险意识。作为政府，必须加强宏观调控职能，提高商业银行对风险管理的认识，进而为我国金融市场的发展提供保障。其次，作为金融机构，必须提高自身对风险管理的认识，在银行内部完善风险管理制度，进而提高工作人员的风险管理意识，进而促进银行金融产品创新的健康发展。

9.3.5　建立有效的信用评价体制

信用风险作为互联网金融风险的一种，它指的是交易对手未能履行约定契约中的义务而造成经济损失的风险。为了避免信用风险的发生，建立有效的信用评价体制有着积极的作用。加强社会信用制度建设，建立完善的社会信用制度可以有效地减少金融风险，促进金融行业的健康发展。我国政府及相关部门必须完善企业、个人信用评估体系，对企业、个人进行客观的信用评价；另外，要完善互联网身份认证，确保互联网金融的透明度。

9.3.6　加大网络安全技术的应用

互联网金融是以互联网为依托的，为此，网络安全风险对互联网金融的发展有着巨大的影响。网络风险不仅会威胁到金融机构的利益，同时也会影响到广大人民群众的利益，为此，在互联网金融发展过程中，为降低网络安全风险，就必须加大互联网安全技术的应用。如防火墙技术、加密技术、身份认证技术等，都可以有效地保障人们在互联网金融活动过程中的安全性。

第十章　互联网金融创新模式的风险防控

10.1　网络银行的风险特征与防控

10.1.1　网络银行的风险特征

网络银行存在着较大的风险，且这些风险往往具有隐蔽性、不确定性和客观性等特征。针对网络银行的风险特征，将网络银行的风险种类分为固有风险和特有风险。

1. 网络银行的固有风险

（1）信用风险：指银行借款方未按时履行义务致使银行发生财务损失的风险。网络银行的信用风险主要表现为用户利用网络银行的虚拟性，在用信用卡进行支付时恶意透支，或使用伪造的信用卡来欺骗银行。由于网络银行的用户可以随时随地利用互联网进行信用卡支付和交易，因此缺乏银行客服人员与用户之间面对面的交流，客户的信誉难以保障，严重影响了银行信誉。

（2）流动性风险：指银行在其所作承诺到期时，银行无法满足用户正常提款和贷款的资金需要，从而对银行收益造成风险。在网络银行中，信用、市场、操作都易带来管理上的缺陷，极易引发风险扩散，造成整个金融系统出现流动性困难，因此网络银行的流动性风险比普通银行更大。

（3）利率风险：指随着利息率变化而对银行收益或资本造成的风险。在西方，利率风险已成为网络银行面临的最主要的风险。网上银行同普通银行相比，能更快捷地从更多的客户群中吸引存款、办理贷款和其他业务关系，所以它要求网络银行管理者更加敏锐地对变化的市场情况作出

153

反应。

2. 网络银行的特有风险

（1）安全风险。由于我国在网络银行方面的发展尚处于初期，网络银行安全系统暂未完善，在这个方面还存在着较大的风险。比如 2012 年 6 月福建省福州市公安局网安部门查处的以"黑客联盟"为幌子实施诈骗的新型犯罪案件，犯罪嫌疑人利用黑客手段获取了公民个人隐私信息，疯狂实施网络银行诈骗，涉案金额达上百万元。调查显示，不愿意选择网络银行的客户中有 76% 是出于安全考虑。这主要体现为两点：一是由于互联网的开放性担心个人信息和密码泄露；二是害怕网络病毒、黑客的侵袭。从银行的角度来看，开通网络银行业务将承担比用户更大的风险，银行往往制定了安全制度并不断提高网络银行的技术以保证用户权益，但互联网上的安全问题仍然不能完全解决。安全风险也严重制约了网络银行的发展，如何避免安全系统的风险将在很长时间内成为研究的重点。

（2）操作风险。网络银行主要依附于虚拟的互联网，技术上难免存在漏洞，所以它要求专业化程度更高的技术和设备。因网络银行操作不当带来的财产损失案例更是屡见不鲜。用户无意间使用假网络银行查询系统输入了自己的账号和密码，使藏在网络背后的黑手轻松窃取到用户隐私，进而通过转账方式，窃取用户的大量现金。如此这般因为用户自身操作上的不严谨以及网络银行系统本身的漏洞而造成的财产损失难以统计。操作风险在用户和银行两方面都存在。对于用户来说，用户在网上交易过程中操作上的失误将会给银行和自己带来损失，此问题在新客户中尤为突出，不少用户都因为不熟练的操作方法或是未采取必要的保密措施致使黑客侵入，自己的银行账户信息遭到盗取。对于银行来说，网络银行的技术问题如何解决和提升将很大程度上影响它的发展，而且在网络银行的发展初期，服务端、交易系统、银行内部主机等也难免出现漏洞，所以基于银行自身利益，解决技术问题刻不容缓。作为一种网络技术和金融服务相结合的产物，网络银行如何高速发展也是管理层应重视的问题。

（3）道德风险。据统计，网络银行安全事故中出于员工疏忽的占57%，用户操作失误仅占 5%。由此可知，如果加强了网络银行业务管理安全的监管，大部分的安全事故是可以避免的。如温州某银行副行长利用职务权力，采取收钱不入账的手段，骗取到20余名客户数千万元巨资。网络银行的道德风险主要包括内部员工利用职务之便内外勾结进行金融诈骗，使银行遭受财务损失，还包括内部职工故意不遵守工作流程，内部职工缺乏全面系统的管理制度约束，进而影响了整个系统的工作进程，使公司信誉下降。所以网络银行在管理方面的漏洞还是很大的，这也大大影响了网络银行的安全性。主要原因是由于内部员工对网络银行风险控制的认识不够，整个行业也没有引起足够的重视，加之监管不到位，才会使得金融业的道德风险频发。

10.1.2　网络银行的风险防范措施

针对上文提出的网络银行风险，本书从内部环境、风险评估、控制活动和内部监督与评价四个方面进行风险防控的探讨。

1. 内部环境

（1）设立内部治理结构和权责分工。高级管理人员负责加强网络银行操作人员的道德建设，制定网络银行的战略规划和战略目标，并负责宏观掌控网络银行的管理和运营工作，树立正确的价值观；专业技术人员负责提高自身的技术水平，并定期进行网络系统维护和更新，开发安全性能更高的网络交易支付平台；普通员工自觉维护公司利益和财产，加强与客户之间的沟通，接受客户的投诉与建议，并及时处理由于系统失误造成的损失。同时设立监督机制，对网络银行工作人员的工作进行监督和考评。不同部门在职能上各司其职，工作上相互联系，共同促进网络银行的发展。

（2）树立网络银行文化。网络银行的文化是其经营战略的体现，也是促进网络银行发展，提高经济效益的关键。网络银行文化应该反映自身的特点，加强网络文化建设，培育员工积极向上、开拓创业的工作态度。同时由于现阶段网络银行的风险仍不容小觑，所以树立其自身文化不仅可以让员工明确自己的工作方向，形成良好的工作氛围，发掘互联网技术方面的人才，加强创新，还可以提升网络银行的形象，增加广大用户对网络银行的信心，提高网络银行的信誉，与客户建立长久的合作关系。

2. 风险评估

（1）风险规避。网络银行的风险规避主要是应用安全的操作系统技术来保证网络系统的安全，维护用户利益。安全的操作系统不仅可以防范网络黑客利用操作系统本身的漏洞来攻击网络银行操作系统，而且还可以在一定程度上避免应用软件系统上的某些安全漏洞。同时也要加强计算机系统、网络设备、密钥等关键设备的安全防卫措施，并加强数据通信加密技术的应用。在网络银行的系统中，用户必须要输入用户密码，并经过身份认证系统的检测才能登录到网络银行账户中。同时为了规避网络病毒和黑客的攻击，必须建立完善的计算机病毒检测技术，并要求用户安装包含过滤技术的防火墙，以及病毒扫描等安全服务，营造良好的网络银行交易环境，进而规避风险。

（2）风险降低。我国网络银行的发展很不成熟，政府尚没有与之配套的法律、法规，许多有关网上交易的权利义务的规定不清晰，银行在业务拓展时无法可依，用户权利受到侵害时也缺乏相应的网络消费者权益保护管理规则，在网络诈骗和交易上受到欺骗等问题也找不到相关法律支持。所以国家应跟进网络银行的发展，制定相关的法律法规，将网络银行风险纳入法律体系中，维护互联网的稳定和安全，同时大力加强科技创新的步伐，开发新的高效杀毒软件和安全性能更高的网络银行操作系统。用户也应加强风险意识，与信誉好的银行签订协议，并选择安全的网络银行支付平台，以达到降低网络银行风险的目的。

3. 控制活动

（1）内部控制制度的制定。金融业的舞弊行为大多是由于缺乏内部控制制度，所以网络银行领域应完善网络银行的内部控制制度。内部控制的核心其实也就是风险控制，所以对于网络银行的建设应从宏观上设立风险控制体系，包括授权审批控制、会计系统控制、财产保护控制、预算控制等。网络银行的内部运营应符合金融大局走势，并规范好职责范围和权限，不同部门和职能的员工应按照各自的程序完成相应工作，管理层应在授权范围内行使职能和承担责任，综合运用投资、筹资、财务等方面的信息，定期对网络银行的运营情况分析控制，发现存在的问题，查明原因并及时改正。对于重大的业务和事项，特别是将影响网络银行未来发展走向的，应当实行集体决策制度，切不可单独决策。

（2）道德建设。网络银行与普通银行相比，信贷活动更加难以控制，网上交易的弊端也大大存在，而信贷又需要一个比较长的时间才可以收回，这在客观上为内部员工的骗贷舞弊行为提供了可乘之机。而且技术上的疏漏难以避免，同时潜藏网络技术人员舞弊的风险。同时金融业还经常发生相关机构人员串通舞弊和泄露银行商业秘密和客户信息的案例，给网络银行的发展带来了巨大威胁。所以应该加强员工的职业道德建设，组织职业人员操守培训并制定员工的行为规范，营造出良好的工作氛围，使员工将网络银行的发展作为自己的职业奋斗目标。同时，制定出对网络银行员工的激励措施，对网络银行发展作出巨大贡献者，以及在系统开发方面有了重大突破者给予升职或奖励，对串通舞弊或是泄露客户资料以谋求自己利益者予以调岗或辞退。

4. 内部监督与评价

内部监督是风险控制极其重要的一环，也是风险控制得到有效实施的保证，促进风险控制体系的完整性、合理性。网络银行安全离不开网络法规环境的支持，更离不开内部监督体系的确立。完善服务投诉机制，积极与客户沟通，发挥公众监督作用，有效的信息披露制度可以使用户对网络银行的运作状况充分了解，更能加强公众对网络银行的信心。确立内部监督体系，对不同部门的工作进行有效监督，防范作弊，强化内部控制意识，确保各项活动的合法合规性，为风险管理提供信息服务和决策支持，提高风险管理水平。

10.2　第三方支付风险特征与防控

10.2.1　第三方支付的风险特征

以支付宝为代表的第三方支付机构的出现，缓解了交易双方对彼此信用的猜疑，增强了网上购物的可信度，在一定程度上促进了电子商务的发展状况。但长期以来，第三方支付存在政策法规风险、金融风险和市场风险等风险隐患，亟需有效的风险防控。

1. 政策法规风险

政策法规风险具体可以分为政策风险、主体资格风险及法律责任风险等。对于政策风险，随着国家对于第三方支付的相关法律法规如《非金融机构支付服务管理办法》等的出台，可以看出政府正在逐步为第三方支付创造良好的市场环境，体现出了一定的政策支持，但随着市场竞争的加剧以及监管力度的加强，第三方支付行业可能将面临着一系列的整顿和洗牌，未来不排除政策变动的可能。因此，从整体上来说第三方支付还是存在着一定的政策风险。

对于主体资格风险，我国对第三方支付的主体资格合法性在 2010 年之前一直存在着争议，主要是由于其处在金融业与网络运营业的"灰色地带"，即一方面从事着诸如货币的支付结算、具备资金储蓄性质的沉淀资金等类似银行的金融业务，另一方面又未得到银监会的批准，有违《商业银行法》的相关规定。而随着 2010 年《非金融机构支付服务管理办法》及其实施细则的公布，尤其是支付牌照的发放，使得第三方支付的法律地位得到肯定，从而对于第三方支付来说，能否顺利取得支付牌照，获取相应的主体资格，就成为支付商首要考虑的资质风险，这种风险很可能给消费者和商家带来损失。

对于法律责任风险，由于第三方支付提供的服务主要依托于互联网，而且毕竟《非金融机构支付服务管理办法》的效力低于《商业银行法》，那么在复杂的网络环境中，一旦发生诸如用户支付资金的损失、欺诈或个人信息的泄露等纠纷时，法律责任的归属问题就比较难以界定，为此如何准确界定其中的网络合同效力、责任承担、诉讼范围等法律责任问题，保障用户及自身权益，就成为需要关注的又一风险。

2. 金融风险

第三方支付作为互联网金融的重要组成部分，虽然其仍然属于非金融机构，但其提供的服务已经涉及金融领域，诸如货币的支付结算以及一定程度上存在着具备资金储蓄性质的沉淀资金等金融业务，其必然会具有类似于金融机构的相关金融风险，这种风险大部分出现在账户模式中，具体可分为沉淀资金风险、套现风险、洗钱风险、流动性风险等。

对于沉淀资金风险，由于第三方支付系统与传统的金融系统相比，资金停留在第三方支付账户中的时间更长，而且像支付宝这样拥有巨大市场交易额的企业，其沉淀资金量可是不容小觑的。据调查显示，截至 2013 年底，仅支付宝一家就处理了 120 多亿笔网络支付业务，其金额涉及 3.5 万亿元，可想而知其沉淀资金之多。另外对于支付宝沉淀资金的运用也一直是个敏感话题，其资金主要分散存管在全国各地各家各级银行，但实际上仍然很难掌握其总体规模及流向。对于整个第三方支付，如若其沉淀资金利用不当，比如投资失败，甚至是卷款潜逃等，其风险后果是难以估量的。

对于套现风险，在网上交易中，第三方支付平台为交易提供了技术性支持，可却无法保证交易的真实性，很有可能某些人会利用第三方支付账户如支付宝等，通过虚假交易来实现资金套现，比如信用卡套现。对于信用卡的提现，每家银行都会采取设置提现成本等措施进行控制，然而通过网上几乎免费的第三方支付平台，提现成本完全可以避开，尤其是自 2014 年 12 月以来，股市出现利好的情况下，更容易激发人们套现炒股的热情。而非法套现一方面无疑会增加个人的风险点，比如遇到资金诈骗、个人信息泄露导致信用卡被盗刷甚至影响个人征信等风险，另一方面也会增加银行信用卡业务的风险，给银行资金的安全性甚至整个金融体系的稳定性带来威胁。

对于洗钱风险，第三方支付参与网上交易后，原本的一次买卖交易变成实际意义上的两次，即买方与第三方支付机构、第三方支付机构与卖方，加上虚拟网络的隐蔽性，使得银行无法准确把握交易的真实性，对于资金流向的识别也会较困难。尤其是有些第三方支付账户可以随意注册，不需要实名认证，这就为网络洗钱、赌博及各种犯罪提供了便利，比如不法分子利用木马病毒、虚设交易等手段通过第三方支付窃取用户资金。而且随着第三方支付的跨国发展，更有可能发生资金的非法跨境流动，加大了洗钱风险。

159

对于流动性风险，主要是由于发生诸如前文所述的第三方支付沉淀资金运用不当、经营管理不善等问题，使得企业面临资金变现压力或是资金流失无法收回进而无法满足运营需要而产生的，这不仅会给第三方支付企业带来流动性风险，也会对第三方支付用户尤其是网上交易中的商家带来风险。

3. 市场风险

市场风险是指由于市场价格水平波动引起的风险。市场风险经常包含流动性风险。第三方支付的市场风险是指由于第三方支付市场价格水平受第三方市场各因素变化影响而发生波动引起的风险。目前第三方支付的市场风险主要包括：银行拒绝合作的风险、客户流失的风险、潜在进入者的风险、替代品及其他企业竞争的风险、行业内现有企业的竞争风险。

（1）银行拒绝合作的风险。第三方支付是将其平台与各大银行连接起来，为客户提供方便、快捷、低成本支付服务的支付平台和工具。银行在第三方支付的存在与发展中起着至关重要的作用，第三方支付行业会因为银行的不予合作和拒绝提供网络接口而遭受致命的打击。

（2）客户流失的风险。第三方支付的客户是第三方支付平台的使用者。各第三方支付企业为了扩大市场份额，正经历着在价格上相互竞争，甚至采取免费策略的阶段。目前第三方支付企业与客户的议价能力有限，客户的忠诚度也不高，一旦第三方支付服务中出现失误则会导致大量的客户资源流失。

（3）潜在进入者的风险。目前，银行和部分有实力的电子商务企业已在开发自己的支付平台。这些企业的介入必然会给第三方支付带来威胁，所以第三方支付企业必须实现自身的创新和支付体系的完善以应付银行及电子商务企业的介入。

（4）替代品及其他企业竞争的风险。2010年底，新一代跨行网上支付清算系统（即"超级网银"系统）在中国人民银行的牵头下正式上线。该系统和第三方支付服务具有相似的功能，可以为企业客户及个人客户提供全天24小时实时的资金跨行汇划、扣款、账户和账务询查等业务。另外，鉴于银行和电子商务公司的信誉度远高于第三方支付平台，银行及电子商务公司所提供的直接支付、邮局汇款、货到付款等服务将给新兴的第三方支付市场带来激烈的竞争。

（5）行业内现有企业的竞争风险。第三方支付行业内现有服务商较多，已超过 400 家，且出现严重同质化现象，同质化的产品和服务导致第三方支付行业"价格战"硝烟四起。激烈的竞争给第三方支付企业带来了很大的威胁，在挤压第三方支付市场有限盈利空间的同时引发了恶性竞争，对客户服务也造成了一定的影响。

4. 信用风险

在第三方支付过程中，参与主体主要有买方、卖方、银行和第三方支付商。虽然由于第三方支付的介入弥补了交易过程中部分信用缺失的问题，但同时也带来了新的信用风险，根据主体不同，可分为买方违约风险、卖方违约风险、银行违约风险和支付商违约风险。

买方违约风险从交易过程看，主要涉及交易前的买方身份真实性、资金来源合法性等，交易中的虚假交易等违法违规操作以及交易后的单方面退货等问题，虽然买方违约不一定会造成卖方及支付商的资金损失，但无形中肯定会提高对方的运营成本，影响其声誉，导致客户流失等风险的发生。

卖方违约风险主要为在买方支付货款后，卖方未能按约定准时发送货物或货物质量有问题，从而导致损失的风险。这虽然不会造成买方货款的真实损失，但会使买方的时间成本、退货的物流费用等增加，而且也会使第三方支付商的运营成本增加。

银行违约风险一方面可能是由于银行员工的操作不当或失误，另一方面可能由于第三方支付的支付命令与银行系统的结算处理不同步或有误，从而导致一定的流动性风险，但是这种风险发生的概率通常较小。

支付商的违约风险主要体现在其内部的违规操作、挪用资金或管理不善，导致的诸如客户信息和交易数据等的泄露、资金运用不当如前文所述的沉淀资金风险，从而影响第三方支付本身的信用，甚至导致破产等风险的发生，这些都会给客户带来不必要的困扰，甚至引发巨大的经济损失。

5. 技术及操作风险

技术风险主要体现在银行方面的结算接口系统、支付商的支付服务系统以及买卖双方的终端系统等方面，比如因为维护不当、系统不稳、病毒入侵等导致诸如电子设备、通讯系统等软硬件设施的故障，都将可能使得交易失败、数据泄露等风险的发生。

操作风险多是由于人为的错误或故意为之而导致的直接或间接的损失，比如用户方面由于疏忽大意导致操作失误，或是银行、支付商工作人员的故意、违规操作，或是操作系统或流程本身的不完善、失灵，这些都很有可能导致风险的发生，从而给交易中的参与主体带来损失。

10.2.2　第三方支付的风险防控

1. 金融风险防控

（1）沉淀资金风险控制。《非金融机构支付服务管理办法》中对支付机构的沉淀资金做出了明确规定，禁止支付机构将不属于自身资产的该项资金挪作他用。为避免第三方支付机构挪用沉淀资金进行非法运营等操作，人民银行要严格要求其开设备付金专用账户，从而与其基本账户分开，并且这种备付金专用账户只能选择在一家银行开设，方便统一监管。另外托管银行要做好备付金账户的专业管理，最好针对具体客户做出明细分类账，切实核实查证每笔交易的真实性，杜绝第三方支付机构通过伪造交易等手段擅自挪用沉淀资金。针对资金托管的信息披露，如果按照基金托管半年或者一个季度报告的话是无法及时发现问题的，必须加强信息披露机制，托管银行可加快对于第三方支付机构沉淀资金报告的发布频率，最好能实现实时公开，而且应建立健全查询机制，使利益相关人可以实时查询资金状况。同时，人民银行还可以建立客户备付金保证金制度，通过对支付机构的动态监控，依据其组织规模、资金流动和信用评级等情况，要求其向人民银行缴纳一定比例的保证金，形成类似于保险的保障制度，从而保障用户的资金安全。

（2）开展落实反洗钱和反套现工作。基于前文所述的第三方支付的特殊交易机制，资金可以通过第三方支付在虚拟网络上方便自由快捷地流转，从而为洗钱者和套现者提供了可乘之机，比如网络赌博、信用卡非法套现等。为切实做好风险控制，必须将第三方支付机构纳入《反洗钱法》

和反套现有关规定的监控范围，要求其严格执行反洗钱和反套现义务。通过建立并完善用户认证体系，对用户的真实身份进行严格审查，可联合全国公安系统对用户身份信息进行比对识别，严格审核其资格合法性和服务真实性，确保资金流动的可追踪性。同时要加强网上交易系统电子签名及交易记录的监测及审计工作，有效甄别洗钱及套现活动，对大额交易和可疑交易及时报告。监管部门和托管银行也应定期或不定期地进行资金流动监测审查，可通过物流公司的发货凭证和商家已售货的发票等来审查交易真实性，杜绝违法套现活动，另外，对于反洗钱和反套现的立法工作也要加强，研究制定更加细致明确的反洗钱和反套现规定，同时可加强国际反洗钱合作，交流信息、协调监管，严厉打击洗钱犯罪和套现行为。

（3）加强资金流动性监管。对于第三方支付流动性风险的控制，首要的就是对其沉淀资金的管理，严格把控沉淀资金的运用，这在前文已有所表述，严格区分支付机构自有资金与沉淀资金，加强对第三方支付机构的检查和审计，禁止将沉淀资金挪作他用，如违法违规投资等。另外，监管部门要严格设置第三方支付市场准入门槛，使得具有相当资金规模和一定信用、实力的机构进入市场，同时得以进入市场的第三方支付机构自身也要不断创新，寻找新的盈利点，积极开展一些增值业务，同银行积极开展合作的同时，也可以创新开发出一些银行尚未涉及的金融类新业务，提供差异化服务。同时支付机构自身最好也建立独立的风险管理部门，负责监管企业内部各项运作合规性，确保资金安全性、流动性。

2. 市场风险控制

目前第三方支付的市场风险主要有银行拒绝合作的风险、客户流失的风险、潜在进入者的风险、替代品及其他企业竞争的风险、行业内现有企业的竞争风险以及流动性风险。针对目前存在的各种市场风险，第三方支付机构本身需实施以下各项措施来控制市场风险：（1）拓宽盈利渠道，提升服务质量；（2）加强产业链业务合作：第三方支付机构需不断创新技术、提高客户服务质量、增强自身优势、加强与银行的合作，并在银行未涉及的市场上，创新开发一些金融类新业务；（3）提供多元化服务：目前的第三方支付机构已不仅是一个支付通道，第三方支付行业的激烈竞争要求其必须丰富服务种类，拓展新的业务领域；（4）营销策略创新：第三方支付市场的同质化是导致第三方支付市场竞争激烈、屡现价格战的主要原因，故第三方支付机构在丰富其产品种类的同时还须创新其营销策略，以体现差异化优势。

3. 信用风险控制

由于目前我国第三方支付市场的信用体系不够完善导致第三方支付市场的信用风险屡次发生，故第三方支付机构需不断完善自身与用户的信用，采用建立信用体系、构建内部反欺诈机制、使用欺诈监控机制的方法来降低自身的信用风险和反欺诈风险。

4. 操作风险控制

在第三方支付市场中技术风险是操作风险很常见的一类，这类风险严重影响支付过程中的安全性，然而对于第三方支付机构来说规避技术风险是很困难的。第三方支付机构需不断加强企业本身的软硬件建设、加强商户及客户数据储存及传输、不断研发新的安全信息技术。

10.3　众筹的风险特征与防控

10.3.1　众筹融资的风险特征

众筹融资不同于一般意义上的融资，作为一种新生的事物，其不确定性更大，蕴藏着更大的风险，主要有法律风险、技术风险、信用风险和管理风险。

1. 法律风险

对于预购行为的众筹行为在法律上是允许的，但是作为投资的众筹行为存在法律风险。众筹网站通过向投资人提供目标公司的增资扩股、股权转让等商业信息，促成投资人与目标公司股东签订增资扩股协议、股权转让协议或者其他协议，最终使投资人成为目标公司的新股东，投资人从事的是股权投资行为。因为资金来源于大众，对象不特定。根据法律规定，股份有限公司向不特定公众发行，必须要经过批准。众筹网站的行为有证券经纪的意味。根据中国法律规定，从事证券经纪业务需要得到中国证监会批准的特殊资质。

2. 技术风险

技术风险主要指产品技术的不成熟、寿命不确定或持续创新能力不足等带来的产品难以获得市场竞争优势的风险。（1）产品技术不成熟。众筹项目有一部分是技术处于开发阶段或技术试验阶段，如果研发生产出来的产品无法达到预期的功能，或者产品的瑕疵多，项目的支持者将会蒙受损失。一个创意项目跟一个过硬的产品有本质的区别，如果把两者弄混，将是非常危险的。（2）技术标准缺乏。产品生产出来后，因为属于前沿性的高科技产品，缺乏鉴定的标准，支持者难以鉴定质量是否合格，会不会存在质量安全隐患。（3）技术寿命不确定。现代知识更新加速，科技发展日新月异，新技术的生命周期缩短，一项技术或产品被另一项更新的技术或产品所替代的时间是难以确定的。如果换代的时间提前出现，或者实力雄厚的企业率先研发生产出类似产品，发起人的项目价值将大为下降，支持者也有可能面临损失。

3. 信用风险

在委托代理关系中，信息不对称与不确定性是在委托代理关系中产生道德风险的根源。项目支持者与项目发起人形成了委托代理关系，这种关系是基于网络社区建立起来的。美国著名数字预言家埃瑟·戴森曾经对此作出过论断，"数字化是一片崭新的疆土，可以释放出难以形容的生产能量，但它也可能成为恐怖主义者和江湖巨骗的工具，或是弥天大谎和恶意中伤的大本营。"由于网络社区真实与虚假并存，成员间人际关系脆弱，在利益的驱动下，网络水军、网络推手也可能介入到项目推广中，项目发起人与支持者之间的信息不对称与不确定性更加严重。在难以有效鉴定信息真实性和可靠性的情况下，支持者把资金委托给发起人，中间缺乏担保和监管制度，易产生道德风险。此外，众筹的资金来源主要是大众，对大众网友而言，他们往往缺乏对投资风险的预估，难以鉴定发起人是否真正具备专业的知识和能力来实现项目，项目是否具有真实性和合法性等，这无疑增加了项目发起人违约的可能性。对那些居心叵测的人来说，这种模式是有机可乘的，欺诈事件的发生也就防不胜防了。一些狡猾的企业家有很大的空子可以钻，他们可以通过成立虚假公司诱导没有经验的投资者投钱给他们。

4. 管理风险

管理风险是指由于项目发起人因管理不当而给支持者造成损失的风险。（1）项目发起人的素质风险。作为项目的领头人，应具有敏锐的洞察力、高超的组织能力和果断的魄力。众筹项目很多发起人都是技术出身，具有技术专长，很少兼具领导才能。（2）组织风险。通过众筹网络社区，在短时间内获得大量订单，这需要迅速组建团队、建立内部管理制度来处理这些订单，并且与支持者保持良好的关系。一些项目发起人反映，通过众筹发布项目后，他们被许多额外的事情困扰，包括回复电子邮件，以及为资助者制作纪念T恤，这导致他们没有时间专心研发技术，最终导致项目失败。如果项目没有一个合理的组织结构，没有一个优秀的团队，没有一个有效的激励和约束机制，技术开发有可能受阻，项目有可能失败。

10.3.2　众筹的风险防控

1. 完善投融资人资格审核，合理设置准入门槛

首先，对投资人的资格审核，众筹融资大大降低了公众参与的门槛，但是并没有改变投资风险。各国的股权众筹平台都设定了合乎法律或行业惯例的合格投资者准入门槛。如美国在法律上对年收入或者家庭净资产有要求；英国通过个人申报信息和在线问卷调查的方式来判别合格投资者。《中华人民共和国证券投资基金法》对合格投资者做了规定："达到规定资产规模或者收入水平，并且具备相应的风险识别能力和风险承担能力，其基金份额认购金额不低于规定限额的单位和个人。"这里对合格投资者规定了四项要求：收入上的要求，风险识别能力，风险承担能力的要求，认购金额上的要求。收入上，可借鉴不同地域的收入标准、工作标准和最低消费标准，对个人和机构投资者设定不同的标准，以求最大限度地保护投资人；风险识别能力上，应当从投资者的年龄、职业、投资经历来甄别其风险识别能力；风险承担能力上，主要是通过明确的风险提示和对收入的

审核予以考量，但标准不宜过严，否则会影响投资者投资的空间和积极性；认购金额上，通过对投资者基金实力和风险抵御能力进行有效的判断，避免一个项目的投资者过度分散，导致权利义务过于复杂而阻碍融资进程，以满足项目融资的现实需要。其次，可对众筹平台实施市场准入制度，可设置一定的条件，采取备案制或许可制，使符合条件的众筹平台从事众筹业务。再次，规定众筹发起人的资质与责任，为保证众筹项目的规范运作，应对众筹发起人作出严格的约束。最后，对众筹各个主体的权责作出明确规定，进一步强化和实施众筹过程监督。

2. 通过第三方支付平台完善资金流管理

资金流的问题关系投资者资金的安全，也是投资者保护的一个重要方面。众筹平台必须是独立的平台，"自融"是众筹平台的禁区，众筹平台一旦与发起人产生关联，或者独立发起项目，就会与其他项目发起人产生直接或潜在的利益冲突，丧失自己的独立地位。美国"JOBS"法案的相关规定，众筹平台及其雇员不得以任何形式提供资金参与众筹项目。筹资者与投资者可以通过委托信任的银行或第三方平台进行资金的流转，众筹平台不经手资金的流向，也不提供资金，不直接介入投资者与筹资者之间的交易流程，只起到交易服务和辅助作用，并由项目发起人和支持者协商向托管方支付一定的管理费用，从而保障资金流的安全。

3. 设置投资者冷静期，完善融资机制

在股权融资当中，传统金融市场有一套完整的程序，如尽职调查、信息披露、财务审计、股东大会等一套完整的程序来尽可能地帮助消费者减少投资风险，而众筹中所有环节均通过投资双方的直接交流来进行。投资者只能依赖自身的信息通道和以往经验做出判断。投资者最大的风险在于缺乏足够的信息来判别风险和定价风险，只拥有决定是否投资的权利，而设置冷静期将极大改变这一状况。冷静期是指设定一个固定期限，投资者将投资资金打入第三方托管账户后，在总体投资金额达到筹资者要求后的这个固定期限内，投资者都可以要求无理由的资金返还。冷静期的设置是为了在更大程度上保护弱势的投资者的利益，防止投资者因冲动投资带来的不利后果。在众筹融资，特别是股权众筹当中，设置投资者冷静期为缺乏相关领域投资经验而处于弱势地位的投资者提供特殊的保护。

10.4　网络贷款的风险特征与防控

10.4.1　P2P网络贷款的风险特征

P2P借贷模式，是由孟加拉国穆罕默德·尤努斯教授首创，将小额闲散资金集中起来贷给有资金需求的人的一种商业模式。随着互联网的发展普及，P2P借贷由单一的线下模式，发展成线上线下并行，最终形成现在的P2P网络借贷平台。世界上最早的P2P网贷平台Zopa（Zone of possible agreement）于2005年开始上线运营，目前每天的线上投资额高达200多万英镑。2006年，P2P网络借贷平台Prosper在加州三藩市成立，标志着这种新型的借贷模式正式传入美国。随后，韩国、日本、西班牙、冰岛等国相继成立了自己的网络借贷公司。其他的网络借贷公司还包括现在最成功的P2P平台之一的Lending Club和为发展中国家提供小额贷款的非营利组织Kiva等。2007年6月，中国第一家P2P借贷平台——拍拍贷上线运营，随后，平台数量开始快速增加，2012年之后更是以惊人的速度快速增长。当前，我国P2P行业在传统模式的基础上演变出了多种具有中国特色的运营模式，相对传统的模式甚至产生了很大的异化，这使得P2P的内部风险管理变得更加复杂。

1. 信用风险

（1）来自借款人的信用风险。信用风险即违约风险，是借款人无法按时还本付息的风险。相对于线下的民间金融而言，网络交易的虚拟性导致很难认证借款人的真实信息，由于缺乏抵押和担保，使其信用风险明显高于其他正规金融机构。网络平台是一种基于网络的个人对个人小额信贷创新模式，其信用风险表现在两个方面：一方面，借款人和贷款人之间信息不对称程度较大，借款人因为各种原因出现违约的可能性总是存在的；另一方面，整个借贷行业会因为经济发展的周期性波动而面临周期性信用风险。

P2P 网络借贷存在着严重的信息不对称问题。网络借贷平台兴起很重要的原因是由于已有的金融机构对于中小企业等弱势群体的金融排斥，而网络借贷的低门槛则使得在金融机构借不到款的弱势群体能够得到金融服务。因此，P2P 借贷中的借款人一般自有资本数量不足，不能保证稳定的还款来源；或者信息不透明，不能提供让银行相信其可以长期稳定经营的信息，只能通过其他途径获得融资。这类借款人更容易在面对个人理性和集体理性的冲突，无力偿还借款或者面对高风险高收益诱惑时而发生违约。另外，与欧美发达国家相比，我国个人信用体系的构建尚且不完善，网络借贷平台并没有与征信管理局实现个人信用信息的共享，无法像银行一样登录征信系统了解借款人资信情况。同时，平台信用评级手段有限，风控体系脆弱，虽然可以通过电话、网络等渠道调查，但难以得到借款人的信用、经营状况及贷款用途等信息。与银行体系成熟的风险考核指标比，平台没有标准的风险考核体系，贷款人承担很大的逆向选择风险和道德风险。

逆向选择风险指的是借款人为获得贷款，隐藏对自己不利的信息，甚至提供虚假信息，使贷款投向风险大的借款人。可行项目的预期收益率越高，风险越高，而没有抵押担保的借款人更愿意利用较高的平台借贷成本借款去冒险投资。因而，高风险借款人可能会把低风险、信用状况较好的借款人挤出市场。道德风险指当贷款人发放贷款后，借款人可能不按合同约定使用资金，或从事高风险投资导致贷款因无法归还而违约。当借款人在贷款人不知情的情况下从事高风险经营时，经营成功时，借款人获得高收益而贷款人不会有任何增加的收益；经营不成功，损失极有可能由贷款人承担。

（2）来自网络借贷平台的信用风险。除了借款人信用体系不完善外，网络借贷公司本身也具有一定的信用风险。平台信用评级手段有限，风控体系脆弱。由于我国信用评价体系不健全，平台无法像银行一样登录征信系统了解借款人的资信情况并进行有效的贷后管理。目前国内主要依靠的信息调查技术手段，包括与公安部系统联网的身份认证、与教育部系统联网的学历认证、与移动电信等运营商合作的用户认证及视频、地址等。但身份资料和借款人用途仅通过网络验证并不可靠，有可能出现冒用他人材料，一人注册多个账户骗取贷款的情况。与银行体系的不良贷款率、贷存比、资本充足率等成熟的风险考核指标相比，平台没有一个标准的风险考核体系。

网络借贷平台是借助于网络的中介，借贷过程中要完成资金的周转，但是其资金托管并不规范，由于资金规模有限，几乎没有银行愿意提供托管服务。很多网贷经营者利用第三方支付平台进行资金的周转或是利用经营者个人账户完成周转。如果资金在周转过程中经过经营者个人账户，那么平台经营者将在多笔资金的来往中形成一笔相对稳定的账户内资金。这样，平台经营者通过虚拟账户和在途资金，可能会将大量的客户滞留资金用于高风险投资。一旦失败，贷款的资金链会断裂，波及一大批平台客户；更有甚者，平台经营者对于账户内资金的操作还可能涉及洗钱、套现等非法活动，造成更大的风险。

2. 操作风险

（1）利用网络贷款进行合同诈骗。网络贷款中存在借款人进行诈骗的高风险。因为网络贷款的一大特点是利用便捷的互联网运作借贷业务，特别是单纯中介型以线上业务为主的网络贷款平台，这导致了交易对方难以了解借款人提供的信息真实与否，贷款平台的信息收集仅有赖于借款人提供的信息，其可能利用虚假身份作为借款人发出贷款申请；还有可能借款人身份信息虽然是真实的，但是资金用途是虚假的，例如商业计划书是虚假的，在计划书中宣称自己即将从事的商业活动能够还款，但其实却在高消费。

借款人可能利用网络贷款进行诈骗，以非法占有为目的，在签订、履行合同过程中，以虚构的个人或者冒用他人名义签订合同、以虚假的资料证明自己的财务状况、收到借款人资金后逃匿等。

而采用第三方支付平台则可能造成部分恶意创办的网贷平台利用管理不严的资金托管机构进行欺诈。这也是淘金贷诈骗案发生的原因。在该案件中，环讯支付和淘金贷的合作模式属于直接支取服务，即淘金贷在环讯支付设立一个资金账户，投资人直接将资金打入淘金贷在环讯的账户，后来发生了经营者卷款跑路事件。

（2）借新债还旧债。目前，中国网络贷款平台众多，但信息联系与共享机制尚未很好地建立起来，且网络贷款通过网络进行审核交易，十分迅捷便利，这使得借款人可以轻而易举地实施借新债还旧债，从一个网络贷款平台借款后，再通过另一个网络贷款平台借款来偿还前债，风险也随之急速扩散。借款人不断以新借款来偿还旧债，其中存在诸多风险。一是借款人以自己能借到新款作为偿还旧债的一个保证，一旦无法筹得新款，其资金链就会中断，违约风险就会暴露；二是在这种模式下，若借款人所借资金数额庞大或者有众多借款人同时实施该行为，其蕴藏风险将成倍剧增，可能会牵连多家网络贷款平台，加剧行业内部风险。

3. 业务管理风险

网络贷款这种新型业务在管理和运营过程中的风险也不能小觑。第一，由于网络借贷需要大量实名认证，借款人的身份信息及诸多重要资料留存网上，一旦网站的保密技术被破解，资料泄露可能会给借贷双方带来重大损失。第二，目前这些贷款平台都自行设计了审核和风险管理机制，其本身可能因为实力、技术、能力、资源有限等原因存在诸多漏洞，如其无法像银行一样登录征信系统了解借款人资信情况等。若放贷金额达到相当水平，风险控制不严，后果将十分严重，甚至影响社会稳定。第三，国内网络贷款平台的相当部分工作人员未受到金融专业培训，而银行在放这类贷款时，有着完整的授信评级、信贷管理程序和系统，而且放贷人员必须经过专业的培训才能走上信贷岗位。网络借贷公司也有审核人员，比如人人贷打出"拥有一套科学有效的信用审核标准和方法"的口号，但有人认为，这只是在模仿银行，实际上审核人员的专业素质很难达到风险控制的要求。

4. 市场与政策风险

网络借贷平台的市场风险主要体现在高杠杆导致的坏账和利率波动导致的不良贷款上。表 10-1 反映了国外相对成熟的借贷平台的坏账率和收益率。由此可见高杠杆担保甚至是无担保对应的较高的坏账率和收益率。虽然网络借贷平台多通过鼓励分散贷款的方式对坏账风险进行控制，但是对于整个网络借贷平台而言，还是有因为坏账累积造成资金断裂甚至公司破产的风险。

表 10 - 1　　　　　　　　有担保的 P2P 网络贷款平台收益、
划账比率比较：以 Prosper、Zopa 为例

P2P 平台	模式	坏账率	收益率
Prosper	单纯中介型（无担保）	7% ~ 8%	17.9%
Zopa	复合中介型（有担保）	<3%	5.6% ~ 7.5%

资料来源：Lend Academy 网站。

另外，作为经营货币的公司，网络借贷平台对利率的波动会十分敏感。当货币政策从紧，利率水平上升时，借款人从银行借款的难度增大，转向网络借贷平台，借贷业务规模会迅速增大，呈现逆周期增长的特点。但是当货币政策过于紧缩时，虽然业务规模大，但是此时实体经济会受到冲击，企业或个人收入减少，违约概率升高，平台的不良贷款会增加，甚至引发流动性风险。

政策风险主要是体现在宏观政策效果可能被弱化的风险。网络借贷公司虽然属于信息中介公司，但是由于其中介对象是资金，具备一定的银行业金融机构属性，但是由于资金运作游离于银监会及人民银行监控之外，银监会和人民银行无从掌握网络借贷资金数量、投向及运营情况。随着网络借贷公司业务不断发展，资金规模越来越大，当达到一定规模之后，由于大量资金在银监会和人民银行统计范围之外，银监会和人民银行根据不完整的金融统计数据制定的宏观调控政策效果可能被削弱。例如在国家对房地产以及"两高一剩"行业调控政策趋紧的背景下，民间资金可能通过网络借贷平台流入限制性行业，与国家政策相悖，从而就大大减弱调控效应。

10.4.2　网络贷款的风险防控

1. P2P 网络贷款平台应该建立合适高效的风险控制

体系良好的风险控制体系可以实现风险的分散和控制，从而达到降低风险的目的。就 P2P 网络贷款平台来说，第一，应该建立适当的盈利模

式，保障持续经营的现金流，尽量避免风险巨大的资金错配；第二，应该根据平台的盈利模式建立合适的风险控制系统，从而达到保护投资者资金安全，吸引投资者放贷，最终盈利的良性循环；第三，P2P 网络贷款平台应该加强对借款人的征信审查手段，根据客户征信等级的不同设置不同的贷款额度条件，从而降低风险；第四，通过实名认证建立个人资信管理系统，并且应该积极谋求行业信息共享，和银行征信系统对接，从而降低整个行业的风险；第五，应该强化交易流程的严谨性，投资者账号应与个人身份证、银行卡、手机号实行绑定，并且通过 U 盾等 IT 技术防控木马风险，尽可能地保障投资者资金安全。

2. 行业应该建立自律组织

首先，P2P 网络贷款平台应该在政府指导下建立行业联盟，规范行业行为以及收费标准，拒绝恶性竞争，促进行业良性发展；其次，行业联盟成员应该在客户资信方面进行共享，设立行业内的黑名单制度，从而降低各平台坏账的发生；最后，行业联盟与应与第三方机构合作，建立一个司法求助机构，解决行业内企业纠纷，帮助投资者求偿求助，防止影响金融稳定和社会稳定的不良事件发生。

3. 投资者应该强化风险意识和自我权益保护意识

投资者是 P2P 网络贷款平台的核心，也是风险最终的承担者，并且由于信息不对称，是行业中最弱势的一方。投资者在对平台项目进行投资时，要强化风险意识和自我权益的保护意识。第一，投资者应该分析自己的财务状况和风险承受能力，利用小额闲散资金进行投资，并且应该把资金分散到多个平台，切不可因为平台高额的收益盲目地跟风投资，一旦平台倒闭将血本无归；第二，投资者应该选择知名度高，比较成熟的平台进行投资，投资前应该确认平台的合法性和正规性，是否取得相应牌照等；第三，如果闲散资金比较大，最好进行保本的有担保项目投资；第四，投资者应该认真学习网络诈骗的相关案例和知识，要有能力甄别冒牌网址和冒牌链接；第五，投资者应该注意个人的账户信息安全，不定期跟换复杂的数字、字母、符号的组合密码，不要轻信钓鱼网站的链接，不要安装来路不明的软件，定期杀毒保障电脑的安全。

10.5 互联网保险的风险特征及防控

10.5.1 互联网保险的风险特征

互联网保险作为互联网与传统保险的融合产物，不可避免地带来了有别于传统保险的新风险，同时其天然存在的技术风险、快速发展带来的服务错位、监管缺失等问题已经浮出水面，互联网保险的风险轮廓基本呈现。

1. 信息安全风险

信息安全是互联网保险业务顺利开展的重要前提，对于以信息技术为基础的虚拟交易市场，最大的风险就是信息安全风险。互联保险服务要通过网络来完成投保、承保、保费支付和保险金支付等过程，对互联网的依赖程度高，开放性在赋予互联网便捷性的同时，也蕴藏着不安全因素。高度依赖信息技术的特点，使信息安全风险成为互联网保险的天然伴生风险，大致可分为四类：

（1）操作风险，包括软硬件等基础设施故障、人为操作失误、利用信息技术本身的设计缺陷、安全漏洞、病毒或木马进行恶意的攻击或犯罪等。

（2）交易风险，指互联网保险在交易过程中，利用网络、系统漏洞私自变更保险合同内容的风险、电子支付与结算的风险。

（3）信息泄露风险，互联网保险业务基于开放的互联网平台运行，业务参与方涉及保险公司、保险中介、第三方平台、消费者等多方主体，网络节点众多，客户及企业的信息泄露风险大大增加。目前，我国对网络隐私权的保护还没有形成专门的法律规定，对互联网保险中隐私权的保护还处于法律"真空"阶段。大数据虽然提高了保险公司精准营销的能力，但由于网络的开放性和技术安全的有限性，很难保证客户信息在获取、传输、存储和处理过程中不被泄露，使得客户面临个人隐私泄露的风险，甚至引发客户信任危机。

（4）关联风险，因某个系统中的局部问题而影响与之关联的多个平台或多个主体各自信息系统的风险。如某知名保险公司曾发生的数据泄露事件，起因就是第三方外包公司的系统漏洞。

2. 产品风险

（1）理财产品风险

目前，在电商渠道热销的理财型保险产品多为高现价产品。其具有期限短、费用低、现金价值高的特点。此类产品虽在短时间内可以实现规模保费的突破，但存在着替代性强、销售误导风险大、现金流压力大等诸多风险。如部分产品对外宣布的预期年化收益率普遍较高，甚至高达 7% 以上。如此高的预期收益率将给资金运作带来较大压力，存在资金安全性风险。

此外，当短期理财产品到期或产品实际收益率严重偏离预期时将产生集中退保现象，届时保险公司将面临较大的资金流动性风险和投诉风险。同时，这类产品过多地掩盖了保险的本质，偏离了保险分摊风险、提供保障的基本原则，对增强保险业核心竞争力作用有限。

（2）产品定价风险

在产品定价方面，互联网保险领域的风险在表现形式、损害计量上与传统保险风险有较大的差异。再加上互联网保险兴起时间不长，缺乏保险精算数据的积累，因此在创新型产品开发的定价中存在不可避免的风险，可能造成较大的偏差。

（3）产品违规风险

大数据对挖掘数据之间的相关性、寻找碎片化的风险需求提供了技术支持，保险公司纷纷脑洞大开，不断推出创新型产品。但创新永远行走在既有界限的边缘，保险产品的创新存在着一定程度的难题：第一，寻求横向的数据关联与纵向的大数法则之间的平衡，避免沦为博彩产品。第二，寻求产品命名对社会公德的尊重与引人瞩目之间的平衡，避免沦为恶意炒作。部分产品创新就未能解决上述问题，出现了诸如"赏月险"、"脱光险"、"摇号险"等形形色色的"主题险"。此类产品在赚足眼球的同时，逐渐偏离了保险产品损失补偿的本质，有损于行业形象，已被保险监管部门叫停。

3. 金融风险

（1）信用风险

从保险公司的角度看，互联网保险广泛运用大数据技术，风险识别能力和水平均优于传统保险。但由于互联网保险业务主要是通过客户在线交易完成，缺乏面对面的信息交流。相比线下面对实体交易，互联网保险线上交易的虚拟性使得保险公司难以准确判断客户的身份信息、信用评级等。因而，有可能使保险公司面临道德风险和逆向选择。从消费者的角度看，互联网环境下投保人获得保险产品信息的准确性也可能大打折扣。

（2）流动性风险

一般来说，保障型保险的负债久期与资产久期相匹配。但目前在互联网上盛行的理财型保险，具有预期收益率高、产品期限短、保障功能弱的特点，使保险公司的负债久期远小于资产久期，从而进一步推高了资金成本。为了按期给付这些短期理财型产品，保险公司不得不将这些短期资金配置到收益率较高的中长期资产项目中。部分保险公司在互联网上大力宣传并销售的产品，收益率高于银行乃至同期"宝宝类"理财产品，以高收益率吸收保费。其在规模迅速扩张的同时，由于负债端期限短，很快将面临满期给付的压力，公司要时刻留存一定的准备金以供兑付，资金流动性风险由此产生。这种饮鸩止渴的行为，在资金流动性风险的压力下，必将难以继续。

（3）洗钱风险

在"互联网＋"的大背景下，互联网金融与互联网保险混业越来越明显。虽然传统的保险渠道通过保单洗钱不常见，但是由于互联网保险产品的特性，诸如投保易、退保自愿、缴费灵活、可保单贷款等，为洗钱机构提供了比较隐蔽的渠道。对于平均保费金额较高的保险，尤其是投资类保险产品，理赔或给付条件容易满足或者退保损失小的保险产品，在相同保险期间内保单现金价值比率高、保单质押能力高的产品，在保险期间内可任意超额追加保费，资金可在风险保障账户和投资账户间自由调配的产品，其洗钱风险较高。常见洗钱形式有：团险洗钱、犹豫期退保洗钱、地下保单洗钱等；手段分为：趸缴期领、长险短做、提前退保等。

4. 服务风险

（1）销售误导风险

部分保险公司打着"互联网创新"的旗号，借用各种互联网概念，给违法违规行为披上了新伪装。例如理财型保险产品大多与互联网理财看齐，弱化"保险产品"字样，强调高预期收益率及"保本保底"，对于收益的不确定性和费用扣除、退保损失等说明尽量采取模糊处理，未尽到如实告知义务，在实际兑付时引发投诉。又如，部分保险公司采取返还"集分宝"、赠送彩票等促销方式，变相提高产品收益水平，存在突破报备条款费率的风险。此外，部分保险产品采用"饥饿营销"策略，容易导致客户在购买保险过程中缺乏对产品属性的足够认识和对潜在风险的理性判断，存在销售误导风险。

（2）服务错位风险

为赶上互联网保险的快车，部分保险公司匆匆上马，只重视销售端的互联网化，忽视了服务能力的配套建设，线下服务与线上销售对接错位，导致消费者的服务体验与预期存在较大差距，引发投诉。比如，部分公司系统建设滞后，可以线上购买却无法线上退保，导致"买得快、退得慢"。又如，部分公司在互联网销售时突破了区域限制，但对于车险、健康险、家财险等需要专业理赔定损的业务，既在当地没有设立服务机构，又无法提供在线理赔，导致"买得快、赔得慢"，引发理赔服务纠纷。

5. 逆向选择与道德风险

互联网开放、平等的特征决定了其对消费者的进入没有限制。由于缺乏面对面的交流，保险公司无法掌握投保人及被保险人全面、真实的情况，导致保险公司和投保人之间信息不对称风险的增加，与保险"最大诚信原则"相违背。

保险产品的设计和保险费率的厘定以大数法则为依据，反映的是随机事件在大量重复中出现的规律。当按照市场上投保人的平均风险程度确定保费后，较高风险者更愿意参加保险，而较低风险者认为参保对自己不划算，往往不愿投保。投保人这种趋利避害的行为在互联网保险上表现得更明显，这就造成了互联网保险中的逆向选择。第 35 次《中国互联网络发展状况统计报告》数据显示，我国互联网用户中，20～29 岁年龄段、中等教育以上网民占比最高，这一部分人群恰是保险意识薄弱的人群，他们的偏好在一定程度上导致了短期意外险、理财险等产品泛滥，而保障型产品市场份额较小。

在道德方面，互联网保险公司在承保时，由于互联网保险载体的虚拟化，承保相关的条件不需要当面问询，导致客户不履行如实告知义务，那么承保的次健体标的风险就不可控；最后，在保险理赔过程中，电子材料造假难以查证，易给保险企业带来不必要的损失。可见，无论从保险消费者还是保险企业角度来看，互联网保险的逆选择和道德风险都更难防范。

10.5.2 互联网保险的风险防控

1. 制定互联网保险法律法规

保障客户合法权益，完善互联网保险的相关法律法规消除监管的漏洞。根据《保险法》、《合同法》、《电子签名法》等法律，结合我国网络技术和电子商务发展实际及网络保险发展进程，制定《互联网保险法》，完善互联网保险的相关规定，规避互联网保险发展过程中产生的风险，提升监管效率。保证互联网保险合同的法律效力，明确第三方保险网站的法律地位并依法监管，保护网络保险中的隐私权不受侵害，加强网络保险道德风险的防范和法律责任，明确互联网保险跨区经营的权限，监管大额保单贷款和其他洗钱行为，保证保险网络消费的合法性。

2. 提高保险公司信息技术水平

为确保用户隐私信息安全，公司应建立有效的互联网保险风险评估和监测体系，主要包括制定、实施网络系统安全规范，预测、防范系统安全隐患，进行严格的网络隔离与监控，及时对数据进行备份，定期检查系统安全情况，对系统破坏进行恢复与重建等。技术方面，对网络加密技术、访问控制、防火墙、电子支付、CA 认证和数字签名等技术进行深入研究，为互联网保险的发展提供强有力的技术支持。

互联网保险业务的开展需要既了解保险知识，又熟练掌握信息技术的复合型人才。公司的信息技术部或网销相关部门不再仅仅作为公司的后台支援部门，而是承担着网页制作、官网功能开发、渠道对接、手机客户端及微信端的设计开发等职责，对公司的网销业务意义重大。保险公司需要对网销人才及信息技术部重新定位，给予其更多的资源支持。

3. 优化互联网保险产品开发设计

重视产品创新，开发个性化产品。互联网保险具有小额、海量、高频、碎片化特征，可充分发挥"长尾效应"。以众安在线为例，2014 年"双十一"当天，保单超过 1.5 亿件，保费突破 1 亿元，每件保费平均只有几毛钱。可见，小众化的保险需求不可小觑，汇聚起来的保费规模可超过最受欢迎的理财险、意外险等互联网保险产品。因此，保险公司要加强对市场和客户群的分析，积极利用大数据和云计算技术，将风险损失和保险责任匹配，有效对海量客户进行细分并精准定位，开展定制化保险产品设计，推出符合不同市场特征和客户需求的个性化保险产品及服务。要以用户为中心，不断创新互联网保险产品设计，尽快推出互联网保险专属产品，与线下销售的产品实现差异化。对保险产品同质化困局的破解，无疑将使保险公司在市场上获得极大的竞争力。

优化产品结构，引导理性消费。保险公司应积极优化互联网保险产品结构，增加保障型产品的比重。杜绝对保险产品收益的夸张性描述，引导消费者认识到网销保险产品的核心功能——风险保障，促进互联网保险回归保障本质。与此同时，对互联网保险与传统渠道保险实施差异化的产品策略，多开发互联网保险专属产品，避免与其他业务渠道形成竞争关系而相互抢占市场。

4. 完善互联网保险服务体系

互联网金融需要培养一批年轻化、专业化的既懂保险又懂网络金融的复合型人才。优先招聘有专业化背景并有一定实践经验的全方位人才，加强现有保险人员的互联网技术培训，努力提高保险员工的业务素质，进行定期培训、考核，普及电子商务的知识，实行岗位责任制，强化内部管理。另外，积极引导，服务模式由"销售导向"向"需求导

向"转变。传统保险更多的是依靠人海战术，成本高、效率低。而基于
互联网技术，对客户行为分析可以准确预测消费者的购买和服务需求。
例如人保、平安、泰康等保险公司加强新技术应用，以及通过与一些互
联网公司合作，尝试分析客户需求，使得营销更精准，这种引导客户需
求触发销售和服务的行为，也能够有效避免销售扰民，切实改善了客户
体验。

10.6 互联网担保的风险特征及防控

10.6.1 互联网担保的风险特征

融资担保行业涉足 P2P 网贷是一种正常的市场行为，相应地也承担着
我国现有资信环境下的市场风险和政策风险。由于部分 P2P 平台责任人携
款而逃，大量的还款压力在"去杠杆化"后重重地压在相关融资担保企业
身上，严重损害了融资担保企业的利益，甚至出现部分融资担保企业一夜
倒闭，引发金融市场的大面积流动性风险，最终损害债权人的利益。为
此，为了更好地规范 P2P 网贷中的融资担保市场，有必要对其相关风险进
行深入探讨。

1. 常规业务风险

P2P 中融资担保的常规业务风险主要是指融资担保企业在 P2P 网贷中
充当担保人所承担的通常性市场风险。在 P2P 网贷中，担保人所承担的市
场风险远大于其他担保业务，主要原因首先在于 P2P 平台的客户群体多为
难以从银行获得贷款，信用状况难以核实的"边缘客户"。这些急需资金
的个人和成长中的中小企业，由于其特定信息结构所对应的边际信誉成本
低于大企业，且单次贷款额较小，对银行而言交易成本过高，故在市场机
制作用下容易因市场失灵使得融资性资源供给不足。当然这种客户群体的
"错位"，也是 P2P 平台得以生存的根本。其次，融资担保企业对 P2P 客户
群体事前风险调查和事后追偿权实现，成本往往也相对较高。网络的分散
性和匿名性，加大了事前客户信用调查的困难；担保企业承担担保责任后

实现追偿权时，又可能因为缺乏对借款人有效的反担保措施致使债权无法实现。因此，融资担保企业作为第三方参与到 P2P 网贷时要充分评估业务风险。作为投资人而言，考察与平台合作的融资担保企业资金实力是否雄厚，抗风险能力是否足够强大，在某种程度上比选择 P2P 平台本身更为重要。

2. P2P 平台身份异化风险

P2P 平台诞生之初，其主要功能就是为了撮合市场上信息不对称的借贷双方并为之提供中介服务，平台本身并不参与到借贷关系当中。然而，为了吸引更多的借款人投资，很多网贷平台纷纷打出"保本息"的口号，以"风险准备金"的名义承诺借款得以偿还。从本质上看，P2P 平台居间人的身份已经发生异化，同时充当起居间人和担保人的角色。这种"保本息"的经营模式其实在 P2P 行业中广泛存在，虽相关监管部门暂未对这种"保本息"P2P 平台做集中规范清理，但以自有资金为投资人提供保本息的承诺在一定程度上已触犯了"平台本身不得提供担保"的监管底线。因此 P2P 平台这种变相担保业务的合法性值得怀疑。

3. 第三方关联担保风险

2014 年 7 月，融资性担保业务监管部际联席会议办公室发布的《关于融资性担保机构违规关联担保有关风险的提示函》已明确指出 P2P 网贷中第三方关联融资担保公司的风险。这些风险主要表现为：融资性担保公司的关联方通过另设理财类公司或 P2P 平台等方式向社会集资，再由融资性担保公司提供担保，并将募集的资金用于关联交易或民间借贷等活动，因资金链断裂，巨额债务不能到期支付，引发众多债权人围攻担保公司及政府有关部门的群体性事件。正因为如此，一时间 P2P 市场上关于"去关联担保化"的呼声日益高涨。本书认为，P2P 关联担保之所以容易产生上述风险，一方面是关联关系的存在，使得相应的监管部门对融资担保企业利用关联关系控制 P2P 平台非法吸收存款和挪用资金的非法行为难以监管；另一方面，在 P2P 平台存在关联担保的情况下，即使资金没有发生违法违规问题，但担保本质是为了增加债务人责任财产的范围，故在债务人与担保人存在重大关联关系时，其担保的可靠性就会因其经济利益的牵连而减损。此外，在实践中，关联关系的存在可能会使得融资担保机构因过分信任 P2P 平台对借款人的信用评估，而放松自身对借款人的信用状况和财产状况的审查力度，盲目提供担保，进一步加大了担保行业的风险。

4. P2P 平台恶意风险

在 P2P 网贷中，平台作为居间人在撮合借贷双方交易，寻找第三方合作担保机构时，往往掌握了相对详细的信息。在缺乏监管的情况下，部分恶意的 P2P 平台往往利用自身的信息优势损害担保人的利益，如虚构借款项目和借款人、与借款人恶意串通、不对借款人进行尽职调查等。担保人虽然可以依据《担保法》的相关规定提出免除担保责任的抗辩，但由于网络贷款的特殊性致使担保人难以举证。为此，在学术界也存在这样的观点：基于特定的共同利益，由关联的第三方融资担保企业参与到 P2P 平台担保项目中，能更好地避免平台恶意风险的出现。只要担保人是稳健的，投资人的债权就是安全的。

10.6.2 互联网担保的风险防控

面对这些风险，走专业化、精细化发展之路对于大多数不具备雄厚资金优势的担保机构和 P2P 平台来说是可行之举。

1. 客观认识 P2P 中融资担保的风险

由于 P2P 网贷客户群体的特殊性，其蕴含的市场风险相对较大是毫无疑问的。对此，我们应该有正确的认识而非片面地夸大风险或刻意地与银行不良贷款率作出横向对比，进而否定 P2P 及其担保市场的价值。面对担保行业的常规业务风险和平台方的恶意风险，融资担保企业在承接 P2P 担保业务时，要强化企业自身风控措施，毕竟法律手段在通常情形下只能提供事后的救济，难以完全挽回融资担保企业的损失。此外，我们还需认识到，在 P2P 网贷中要防范系统性的、大面积的信用风险出现，关键在于稳住融资担保企业，因为平台的风险是通过融资担保企业向债权人传导的，降低融资担保企业的风险就意味着降低债权人的风险。

2. 构建分散风险的具体措施

（1）完善融资担保企业评级机制，提高市场准入门槛。融资性担保企业本身作为信用的经营者，以自身的财力和信誉为融资者增信的同时，其本身的信用情况也非常值得我们关注。当前关于融资担保企业信用评级呈现出各省市评级组织者不同、评级机构多样、评估标准不一的混乱状况。因而，应该推行由省级融资担保协会为统一组织，以统一评级标准委托两家以上有资质的评级机构对评估对象进行独立评级，并综合衡量各评级机构的评级报告再决定相应融资担保企业的信用等级。基于 P2P 网贷客户群体的特殊性，进入 P2P 担保市场的融资担保企业应当具备强大的风险对抗能力以保证网贷市场的稳健。因而提高进入 P2P 融资担保市场的准入门槛，限定只有符合特定信用评级的融资担保企业才能进入是非常有必要的。

（2）合理引导关联担保

目前监管部门虽对 P2P 平台设定了禁止平台自保的监管红线，但对关联担保并未作出明确的禁止性规定。就关联的第三方融资担保企业参与 P2P 担保项目是否应予禁止问题，金融界一直有很大的争议。本书认为既然相关的融资担保企业获得了国家认同，就没有理由禁止企业基于正常的市场行为进入 P2P 网贷市场，即使两者之间具有特定的关联关系。原因在于：第一，关联担保行为并没有违反我国的法律法规。从《融资性担保公司管理暂行办法》第十九条"融资性担保公司经监管部门批准，可以兼营下列部分或全部业务……（三）与担保业务有关的融资咨询、财务顾问等中介服务"的规定来看，融资担保企业进入具有融资咨询中介性质的 P2P 平台是有法律依据的，而是否为关联担保则没有规定。第二，法律并不禁止风险更为巨大的上市公司间的关联交易，监管部门通过完善的信息披露制度有效地降低市场风险。这样的方法在 P2P 关联担保中同样值得借鉴。第三，从本质上看，融资担保企业与 P2P 平台即使存在关联关系，并不必然会出现违规吸收存款和变相放贷行为。再者，现在市场上大多关联的融资担保企业依然合法合规经营。实际上，P2P 网贷行业能够得以蓬勃发展完全离不开融资担保企业，许多平台最初正是依靠担保公司的背景资源发展而来。正因为如此，监管部门并没有明令禁止关联融资担保企业参与网络金融。关联融资担保所引发的市场风险完全可以通过信息披露和提高准入门槛等制度加以防范和分散，对其更应注重合理引导而非一味禁止。

（3）引入集合再担保制度

对于"平台＋国有担保企业"强强联合发展模式虽可给 P2P 行业带来一些新的发展思路，但提倡 P2P 行业复制这种成功模式并不现实。其实，"平台＋国有担保企业"取得成功的重要原因之一在于其拥有一个庞大的上市公司群背景，也正是这强大的后盾力量才能吸引众多的国有担保企业参与其中。对于刚起步的 P2P 平台，应该在借鉴这种成功经验的基础上引入集合再担保制度。所谓集合再担保制度，即将几家实力雄厚的担保公司集合在一起组成统一担保人，对承接原担保业务的担保公司进行担保。当原担保人不能独立承担担保责任时，再担保人将按合同约定比例向债权人继续剩余的清偿，以保障债权的实现。多家担保企业的引入，增加了债权实现的责任财产，能够起到很好的风险抗击效果。在 P2P 网贷中，集合再担保是一种有效分散风险的方式，特别是在担保人为关联担保企业的情况下。考虑到 P2P 网贷市场当前的风险状况及未来的发展方向，引入集合再担保制度并将其法定化是一个合理有效的选择。

（4）完善个人征信体系

据统计，目前我国人民银行征信中心的数据覆盖人口达到 8 亿人，但其中真正有信贷记录的仅为 2.9 亿人，5 亿人没有任何信贷记录。同时，征信中心所收集的征信信息仅为个人基本信息与信用卡消费、还款记录。对于 P2P 平台中的融资担保机构而言，仅凭以上征信信息难以对投资者作出客观的信用评价。加之，P2P 平台的投资者众多且受互联网广泛性与虚拟性的影响，担保机构在线下对投资者做一一信用调查也不现实。为此，我们有必要加快完善个人征信体系的步伐。

对于完善个人征信体系的思路，除了继续对人民银行征信中心的数据库做进一步扩容建设外，我们还可适当放开民间征信机构对个人征信信息的收集范围。其实，早在 2015 年 1 月人民银行已允许芝麻信用、腾讯征信等 8 家民间征信机构开展个人征信业务。团贷网 P2P 平台也率先和芝麻信用、鹏元征信等第三方信用机构达成合作协议,以双方互通数据的方式增强对借款人信息真实度辨别,同时打造自己的数据模型,通过线上大数据和第三方大数据接入,强化风险控制和识别。在大数据的时代背景下,团贷网 P2P 平台的上述做法无疑对融资担保机构的风险管理工作具有重要的启发作用。

第十一章　互联网金融监管的探索

11.1　中国互联网金融的监管现状

从 2013 年开始，互联网金融在中国迅猛发展，大众也逐渐接受了其独特的模式。互联网金融的崛起，为中国投资者在投资选择方面提供了多种选择，大众不再仅仅选择银行存款，而是将投资分散于一些互联网金融平台中。然而互联网金融在高速发展的同时，也爆发出许多问题。在中国，互联网金融主要形式有六种：网络银行、第三方支付、众筹、P2P 网络借贷、互联网保险和互联网担保。四种形式的互联网金融争相发展，然而在发展的同时或多或少都存在一些问题。这些问题可能是技术层面上的，但大多数还是因为我国在互联网金融上缺乏监管机制，没有合适的金融法律与其匹配。所以借鉴其他国家经验，明确监管机制缺陷是当前迫在眉睫的问题。

11.1.1　我国网络银行的监管缺陷

我国现有的银行监管框架主要针对传统银行的经营模式或商业银行的电子银行业务，对脱离物理网点的网络银行这种新型业务模式尚无专门设计，甚至存在一些法律和政策障碍。

1. 以面对面为基础的管理制度是制约网络银行发展的关键

网络银行大多脱离物理网点，不具备面对面见证的条件，其经营模式不仅在开立银行结算账户上与监管要求冲突，而且在开展银行业务方面也受到诸多制约。如中国人民银行《关于进一步加强人民币银行结算账户开立、转账、现金支取业务管理的通知》就要求银行严格核对存款人身份证明文件的姓名、身份证号及照片，防止存款人以虚假的身份证件或者借

186

用、冒用他人身份证件开立个人银行结算账户。根据银监会《商业银行理财产品销售管理办法》规定，商业银行应当在客户首次购买理财产品前，在本网点进行风险承受能力评估；根据银监会《个人贷款管理暂行办法》规定，贷款人应建立并严格执行贷款面谈制度；根据银监会《商业银行信用卡业务监督管理办法》规定，发卡银行的申请材料必须由申请人本人亲自签名；根据中国人民银行《个人信用信息基础数据库管理暂行办法》规定，商业银行查询个人信用报告时应当取得被查询人的书面授权。尽管近期中国人民银行《关于规范银行业金融机构开立个人人民币电子账户通知》通过区分强实名和弱实名账户为远程开户提供了一个渠道，规定未在本行网点或者签约合作银行网名见面认证的为弱实名电子账户，但是弱实名电子账户的用途受到严格限制，不得用于转账结算、交易支付和现金支付，只能用于投资理财，购买本行发行、合作发行或者代销的理财产品，资金来源和资金转出均为开户时确定的绑定账户。可见，现有监管模式对纯网络银行的发展存在较大限制，商业银行在网上开户与实名认证上的政策可能导致网络银行无法开办业务。

2. 分业分属地的监管模式不符合网络银行的跨地域、跨市场特征

网络银行通过互联网跨地域、跨时间提供服务，具有交叉性。网络银行发起人一般会发挥网络平台的协同优势，将银行业务与其他业务打通，客户只要连接即可享受汇兑服务、存贷款、购买保险、买卖有价证券等金融服务。一些业务按传统的方法很难划分其所属的业务类型，这就使得现有的分业监管模式难以承担起交叉性金融风险的监测职责。此外，目前的金融监管基本按照属地管理原则，建立在有实体分支机构分布的基础上，以物理网点为载体进行监管，通过市场准入和检查等方式将风险隔离在相对独立的区域。而网络银行不受地域网点的限制，全国各地的客户都可以通过网络进行交易，传统物理隔离的有效性大大减弱，不仅注册所在地的监管部门对跨区域业务的监管存在很大难度，异地部门的监管范围也会因为实体网点的限制而难以界定，导致传统的属地管理模式面临较大挑战。

3. 存款准备金、贷存比要求随着交易效率的提高需要修改

从理论上讲，网上交易没有地域和时间限制，不仅加快了货币流通速

度，提高了信用创造力，货币乘数也已经发生了变化，其面临的挤兑风险高于传统银行，风险蔓延速度和传播速度也更快。在此情况下，现有的存款准备金率、备付金率等监管指标已难以匹配，需要做进一步修改。

4. 重业务风险、轻技术的风险和外部风险的监管目标亟须调整

现有的银行监管框架的根本目的是提高银行从事高风险业务的成本。从"风险成本"角度促使银行安全、稳健的经营。但技术风险和声誉风险等外部冲击风险已经取代了业务风险成为纯网络银行的最大隐患，现有监管目标需要改变。

11.1.2　我国第三方支付监管现状及存在问题

2010 年 6 月 14 日，我国在第三方支付监管上由人民银行制定并发布了《非金融机构支付服务管理办法》（以下简称《办法》），《办法》中明确了业务范围和外延，设立了准入程序与门槛，并提出了展业规范要求和监管措施。该《办法》的颁布，确立了由中国人民银行作为监管主体，并明确了行为规范与监管措施。在其他监管框架方面，我国相继修改与出台了《电子签名法》和《关于规范商业预付卡管理的意见》、《支付机构预付卡业务管理办法》、《支付机构客户备付金存管办法》、《银行卡收单业务管理办法》和《非银行支付机构网络支付业务管理办法》等法律法规。我国目前已经颁布了多部法规，如表 11 - 1 所示。

虽然第三方支付的监管框架已见雏形，但仍然存在一些监管问题：

一是监管主体单一。第三方支付作为电子支付的一种，对其监管的主体单一，或者说模糊没有明确的监管机构和法律法规对其负责。目前，我国主要的网络支付监管机构是中国人民银行与银监会，然而这两大监管机构主要监管的是网络银行。第三方支付作为电子支付的半壁江山没有明确的监管机构，也没有对应的法律法规。这使得第三方支付在先天信用上不如网络银行的情况下缺少后天的法律保护。

二是沉淀资金监管过于形式化。按照目前规定，第三方支付平台每天缴纳的沉淀资金由商业银行进行监管，任何人、任何机构不得以任何理由挪用。但是并未限制进行监管的托管银行与第三方支付平台的其他业务上

的合作。这将导致第三方支付平台与监管银行之间可能存在其他利益上的往来或者说成为利益共同体，这将使得监管银行对第三方支付平台的监管名存实亡。

三是备付金管理缺失。2013年《支付机构备付金存管办法》（以下简称《存管办法》）是我国第一部关于第三方支付行业客户备付金方面的规范性文件，明确了客户备付金的范围、性质和存放形式，对保护客户备付金安全，保证用户合法权益起到了重要作用。该《存管办法》兼顾了原则性和灵活性，有力地促进了备付金监管体系的发展，各家机构基本上按照《存管办法》的要求，建立了自己的备付金存管体系，但是，我们必须看到，随着第三方支付市场的高速发展，目前整个交易量已经达到了几十万亿元、上千万亿交易笔数的量级，各种创新业务层出不穷，特别是新兴互联网金融业务的兴起，对已有的备付金监管体系提出了挑战，依托现有的技术手段，已经很难完全覆盖备付金的风险，主要表现在以下几个方面：首先，第三方支付已经成为市场主要的支付服务，备付金规模日益庞大，一旦发生大规模的风险事件，将影响整个支付服务体系的稳定；其次，支付机构的备付金账户体系是一个相对封闭的账户体系，像一个黑匣子，监管部门难以掌握其资金流转情形、账户内资金结构和资金性质，这就给个别机构留下"钻空子"的空间，埋下风险隐患；最后，备付金银行和备付金账户数量庞大，面对近300家机构的上千个备付金账户，监管部门难免有所遗漏，加上部分机构和商业银行合规意识不强，特别是有的商业银行的分支机构出于利益考虑，也没有严格履行备付金银行的职责，违规行为突出，例如部分机构和商业银行并未签署《备付金协议》，或者签署了《备付金协议》，但条款并不完善，导致备付金银行对机构备付金的监管流于形式。

表 11-1　　目前我国第三方支付的主要监管措施

办法条例	颁布时间	颁布机构	办法内容
《非金融机构支付服务管理办法》	2010年6月	中国人民银行	明确非金融支付机构业务范围、设定准入门槛，提出法案与监管措施

办法条例	颁布时间	颁布机构	办法内容
《非金融机构支付服务管理办法实施细则》	2010 年 12 月	中国人民银行	对《非金融机构支付服务管理办法》中的一些问题进行阐释
《支付机构客户备付金存款办法》	2013 年 6 月	中国人民银行	针对备付金设立账户体系，规定其用途，提出一些监管措施
《关于加强商业银行与第三方支付机构合作业务管理通知》	2014 年 4 月	中国人民银行、中国银监会	提出对互联网支付用户的适应性要求，主要针对客户身份识别、保护客户利益
《非银行支付机构网络支付业务管理办法》	2015 年 12 月	中国人民银行	规定支付机构不得为金融机构和从事金融业务的其他机构开立支付账户且优化了个人支付账户分类方式

11.1.3　我国众筹融资平台监管存在的问题

我国众筹的发展相对于其他互联网金融模式而言较为缓慢，在制约众筹发展的因素中，既有中国现行法律法规的限制，也有整个社会环境的影响。在我国，股权类众筹还存在诸多的限制，譬如与现有的法律相冲突。目前我国尚未有关于众筹监管的法律条文，所以在监管上，众筹平台面临以下三种困境：

一是监管部门未对众筹形式进行分类。一方面，目前我国众筹的主要形式是回报式众筹以及产品的团购与预购。而目前发达国家的主要众筹融资方式是股权众筹。虽然证监会承认了股权众筹的合法性，但对于众筹融资的分类还未做更深入的探讨。众筹融资形式不明确，会抑制我国众筹行业的发展，从而导致其发展方向偏离。另一方面，众筹形式未分类会产生大众信任危机。目前我国出现多起因民间借贷而发生平台负责人卷款潜逃现象，使大众对网络集资的新形式充满抵触感。部分群众会把众筹与非法集资相关联起来。只有监管部门对众筹进行分类，使大众了解众筹平台，对其产生信任感，才能更好地帮助众筹平台的发展。

二是监管手段无法适应众筹发展。我国传统金融的监管组织形式和现场检查手段不适用于众筹平台的监管。众筹平台依托互联网，并与传统金融相结合，均在线上完成，同时在资金流动方面也与传统金融不同，无法进行准确预估。在进行众筹监管时，现场检查无法有效施行，也为其监管带来了弊端。

三是众筹平台征信体制缺失。由于众筹平台游离于人民银行征信系统之外，再加之目前众筹缺乏明确的金融监管主体，很难被纳入人民银行征信系统。无法调用人民银行的征信系统数据，众筹平台只能自行建立征信数据库，这无疑为众筹平台排查项目发起人的背景增加了难度。即使众筹平台使用高人力成本对项目发起人的资信进行筛查，在这过程中仍然存在较高的风险，一旦暴露风险，会造成众筹平台的诚信危机。

11.1.4　我国 P2P 借贷平台监管现状及存在的问题

2011 年 8 月，中国银监会办公厅发布了《关于人人贷有关风险提示的通知》，这是政府部门第一次对 P2P 网络平台发表观点，主要针对于提示防范民间融资行为向金融体系的风险传导和民间借贷向非法集资的异化，并对 P2P 持高度审慎的态度。2013 年 12 月，浙江省经济和信息化委员会作为融资担保公司的主管部门发布《关于加强融资担保公司参与 P2P 网贷平台相关业务监管的通知》，该通知对浙江省内 P2P 网络借贷平台提示风险，并要求其禁止从事担保业务。目前，人民银行、银监会、地方政府及行业协会陆续出台了一些文件以规范 P2P 网络借贷平台，促进其健康有序发展（见图 11 –1）。

这些通知主要为投资者进行风险提示，而我国 P2P 行业仍处在监管真空期，由于监管缺失所带来的问题也接踵而至。主要存在的监管问题有以下三个：

一是监管主体不明确导致行业发展受阻。虽然银监会已经发布《关于人人贷有关风险提示的通知》，但在 P2P 行业的监管主体上仍不明确。以宜信为代表的 P2P 网络贷款平台，其参与了部分资金融通业务，而现行的法律对网络贷款平台仅以互联网中介机构进行约束，对资金融通业务并没有相应的监管部门。另外，我国对金融机构采取的是"分业监管"模式，

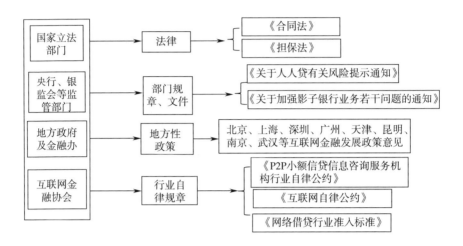

图 11 - 1   P2P 网络借贷平台的监管现状框架图

在《关于加强影子银行业务若干问题的通知》中规定，第三方理财和非金融机构资产证券化、网络金融活动等，应由人民银行会同有关部门共同研究制定。从此可以看出，我国还没有法律法规对网络贷款平台予以规制，且政策性文件中没有明确监管主体。由于监管主体缺失，P2P 行业发生跑路问题使投资者日趋谨慎，数据显示，我国互联网借贷成交量呈增速放缓趋势。投资者倾向选择信誉良好、口碑尚佳、担保可靠的国内大型 P2P 平台进行借贷交易，这使一些小的 P2P 平台发展陷入了瓶颈。

二是缺乏统一的行业监管准则。由于缺乏监管，投机者都意识到利用 P2P 平台可以聚集大量资金，所以 P2P 行业在中国急剧扩张。在扩张的背后，也发生了许多跑路事件。例如 2014 年 11 月 6 日，福建一家 P2P 平台"闽昌贷"负责人将平台内资金全部卷走。该公司注册资本仅 500 万元，给出的年化收益率超过 40%，但最后涉及偿还的金额竟然达到 1.38 亿元。这样的例子近几年屡见不鲜。缺乏监管准则使 P2P 行业在发展时存在法律漏洞，不能形成对 P2P 行业的违法制约，从而导致 P2P 行业负面影响堆积，并带来企业的诚信危机。

三是监管部门对风险控制的设计不全面。当前 P2P 公司最主要的任务就是打造自己企业的核心竞争力，也就是公司内部风险控制能力。而目前，监管部门只是零散地提出一些防范民间借贷与非法集资的风险提示，对 P2P 机构的内部风险控制并未作出明文要求。例如有些平台的内部风险控制达不到要求的小公司，为了吸引投资者投资，只能以高利率揽存。较高的利息收益确实会吸引投资者，但是投资者将资金进行借贷后，能否顺利赎回那就取决于 P2P 公司的风险控制能力是否过关。所以制定 P2P 行业准入门槛、行业标准、监管主体及完善征信系统才能淘汰一些不适合 P2P 经营的平台，净化市场环境，有效地规范行业管理。

11.1.5　我国互联网保险的监管缺陷

近年来，我国互联网保险发展迅猛，但随之而来的是保险销售触及监管边界、法律法规滞后、风险管理不足等问题。在这一背景下，2015 年 7 月 27 日，中国保险监督管理委员会（以下简称保监会）颁布了《互联网保险业务监管暂行办法》（以下简称《暂行办法》），自 2015 年 10 月 1 日起实施。这标志着我国互联网保险业务监管制度正式出台。但我国的保险监管仍不够完备，具有以下几方面的缺陷。

1. 未规定互联网保险机构的市场准入条件

在最新颁布的《暂行办法》中没有任何关于开展互联网保险业务的保险机构的市场准入条件的规定。《暂行办法》颁布实施后，经营互联网保险业务的保险机构仍然只能依据已有的传统法律规定推断互联网保险的市场准入条件。依据《保险经济机构监管规定》第八条的规定，保险经纪公司注册资本不得低于人民币 5000 万元，且为实缴货币资本。依据《保险专业代理机构监管规定》第七条，保险专业代理公司注册资本不得低于人民币 5000 万元，且为实缴货币资本。但是这些传统保险机构各项注册资本的准入条件明显已不适应日益高速发展的互联网保险业务的需求，其市场准入的注册资本过低，无法确保网络保险经营者具有足够的经济偿付能力。有必要提高互联网保险的准入门槛，维护投保人的利益。此外，随着互联网保险的发展，针对类似于我国第一家互联网保险公司——众安保险这样的无实体保险公司，虽然保监会颁布了《中国保监会关于专业网络保险公司开业验收有关问题的通知》，但其法律效力不强，很多需要解决的问题也并未提及。而此次新颁布的《暂行办法》也未将互联网保险公司的准入条件列入其中。因此，我国监管机构应该明确规定互联网保险机构的市场准入条件，以严格审慎的态度，在最大范围内预防互联网保险存在的风险。互联网保险准入条件与传统保险准入条件应有所区分，不能一概而论。

2. 互联网保险退出机制仍不完善

《暂行办法》第二十四条、第二十五条通过明确列举禁止性行为、建立行业禁止合作清单等方式，强化了保险机构和第三方网络平台的市场退出管理。《保险法》第八十九条至第九十三条对保险公司的退出作了详细规定，但在传统保险公司退出与互联网保险公司退出之间还存在"真空"地带，相关规定并未很好地衔接。同时，《暂行办法》也没有对互联网保险公司规定具体的退出机制。若互联网保险公司存在《暂行办法》第二十四条规定的情形，严重到需要清算解散，由互联网保险公司关闭其网络交易平台，那么，保险监督管理机构是否也有权及时主动关闭交易平台呢？目前我国的保险监管还没有明确规定。

3. 互联网保险合同要约撤销与撤回并不明确

《合同法》第十八条规定：要约可以撤销。撤销要约的通知应当在受要约人发出承诺通知之前到达受要约人。由于网络数据传输具有瞬时性特点，投保人把投保单传递给保险人是瞬间发生的事，这样的要约想要撤销和撤回，依照传统的保险合同签订规定执行，可能性微乎其微。那么，互联网保险合同的要约到底能不能撤销和撤回呢？目前法律法规尚无规定。将传统法律制度应用于电子商务之中明显具有不适性，需要监管者重新考虑。

11.2　美国互联网金融的监管经验

在美国，互联网作为一项技术，被广泛应用于金融行业并产生深远的影响，但在美国并没有"互联网金融"这一概念，而是有很多其他替代性概念，比如"电子金融""网络银行"等。美国的互联网金融风险监管是以立法为核心的自律监管。美国金融监管当局对以网络银行为主的互联网金融机构监管采取谨慎宽松的政策，通过与金融机构的积极合作，重视其自我管理与规范。

11.2.1　传统金融业务互联网化的监管：以网络银行为例

美国对于网络银行的监管，是将政府监管与自律监管相结合，纳入现有的监管范围，强化不同监管机构之间的协调合作，使新产生的业务和产品也处于监管的范围内，监管方式是宽松审慎的。美国对网络银行监管的主要机构是美联储、货币监理署（OCC）和联邦存款保险公司（FDIC）。监管模式是在传统银行监管的法律法规上加入适合于网络环境的网络银行的监管办法和规则。从技术层面上看，在监管政策、内容、机构分工和监管原则及体制上做出修改，更加突出对交易安全、信息保护与披露、业务的范围等的监管。一些具体的法律法规包括：货币监理署 1998 年 2 月发布的《技术风险管理：个人电脑银行业务》，对网络银行的技术风险监管提供指导；1999 年 10 月发布的《总监手册：互联网银行业务》，对互联网银行发展过程中的风险进行了全面的揭示，提出了风险控制的要点；《互联网与国民银行注册》、《电子活动最后规划》、《电子资金划拨法》等法规对网络银行发展的秩序、环境进行修正，对监管的原则和范围做出明确规定；美联储 1997 年 12 月发布的《网络信息安全稳健操作指南》，对网络银行的业务监管细则做出了明确详细的规定；1998 年 6 月联邦存款保险公司针对网络银行业务及其风险的管制规则发布了《电子银行业务：安全与稳健审查程序》，其他法律还包括《计算机安全法》、《数字隐私法》、《外包技术服务风险管理》等。

11.2.2　对基于互联网平台开展金融模式的监管：以第三方支付为例

美国对第三方支付的监管主要以联邦及州监管层面和联邦存款保险公司作为监管主体。这是因为在《金融服务现代化法案》中，第三方支付被规定为非银行机构，只是货币转移业务，对其监管同样也没有专门制定法律，只能在现有法律基础上补充完善。对第三方支付实行的监管属于功能性监管，重点监管交易的过程，对交易机构的监管不是很突出。监管主体的职责划分是：

联邦监管层面：按照现有银行保密和反洗钱方面的法律，包括 1970 年《银行保密法》和 1986 年《洗钱控制法》、1988 年《洗钱起诉改善法》、1992 年《阿农齐奥—怀利反洗钱法案》、1994 年《洗钱抑制法》、1998 年《洗钱和金融犯罪战略法》、2001 年《爱国者法案》等，对第三方支付机构进行法律监管，确保第三方支付机构数据的安全性。同时，遵照《反不公平、欺诈和滥用法案》（主要针对金融类机构）和《公平贸易法案》（主要针对非金融类机构），规范第三方支付的行为，使交易行为处于公平的环境中。在监管实践中，也借鉴《诚实借贷法案》和《监管指令 Z》对第三方支付中消费者的信用加以规范；同时，要求第三方支付机构将沉淀资金转移到 FDIC 的低息或无息账户中，通过存款保险对第三方支付的托管资金进行监管，确保资金安全。

州监管层面：主要对第三方支付机构的业务经营许可进行监管，按照《货币服务法案》对第三方支付机构进行监管，确保其业务是在取得牌照和经营许可后进行的；利用《电子转账法案》和《监管指令 E》对消费者的权利和义务、争议解决机制做出规定，确保第三方支付的业务、投资行为是按规定的程序和途径进行的，对于不符合规定的业务惩处以及补救规定做出了明确的界定。

11.2.3 对全新互联网金融模式的监管：以众筹和 P2P 为例

对于众筹的监管，美国主要监管主体仍然是美国证券交易委员会（SEC）。根据美国《证券法》，未取得豁免权、在无 SEC 牌照的条件下发行或销售证券属于非法行为，但 2012 年 4 月签署的《创业企业融资法案》，即《"JOBS"法案》，使众筹融资的合法性和规范化成为现实。在法案中，对众筹融资的条件、规模以及融资渠道、享有豁免权的条件和不允许涉及的业务都做了明确的规定和说明，比如一年内中小企业的融资规模不超过 100 万美元。对投资规模的规定包括：年收入在 10 万美元以下的，投资规模不超过年收入的 5%；年收入在 10 万美元以上的，投资规模不超过年收入的 10%，并要求融资平台必须进行充分的风险提示和信息披露，对于披露的信息承担法律责任。

对于 P2P 业务，美国通过对原有法律的补充将其纳入证券业进行监管，实行的同样是双重多头监管，即联邦与州层面共同监管。监管主体包括 SEC、州一级的证券监管部门、FDIC、美国消费者金融保护局（CF-PB）、联邦贸易管理委员会（FTC），其中 SEC 是 P2P 的主要监管主体。通过《证券法》将 P2P 平台发行、出售收益凭证的行为归为证券交易行为，依据《证券交易法》对 P2P 平台的登记注册、凭证发行方式、业务的准入以及平台的信息披露实施监管。州监管部门按各州地方法规对 P2P 平台的准入实施监管和监督，确保业务在州证券监管部门登记后进行，保证业务的合法性。FTC 借助于《联邦交易委员会法》和《正当债务催收实践法》，监管 P2P 平台的行为；同时，还要对债务催收机构的行为进行监督，将不公平、欺诈、虚假宣传的行为置于法律监管之下。FDIC 主要监管 P2P 平台及相关机构中的信息安全，保护消费者的个人隐私及交易信息，防止信息的篡改、假造以及信息泄露和买卖。CFPB 依据《多德—弗兰克法案》、《真实借贷法案》、《借贷机会平等法案》以及《公平信用报告法案》来监管 P2P 借贷市场和借贷行为，对 P2P 行业中的弱势消费者提供法律保护，维护消费者的权益。总体来说，SEC 及州级证券监管部门是从投资者的角度出发进行监管，而 FTC、FDIC 和 CFPB 是基于 P2P 平台中消费者的视角实施监管的。另外，在对 P2P 的监管中，《506 规则》、《蓝天法案》、《投资公司法》、《投资顾问法》、《资金电子转账法案》、《电子签名法案》等诸多法律都发挥着重要作用。

11.2.4　美国互联网金融监管的经验总结

一是完善法律环境和监管框架。如在市场准入上制定了《国民银行网络银行注册审批手册》，在风险管理方面的主要监管法规有《网络信息安全稳健做法指引》和《技术风险管理》，现场监管与检查的主要依据是《网络银行检查手册》和《FFIEC 信息系统检查手册》。二是对风险进行量化监管。FFIEC 通过及时修正 URSIT，使其与 CAMELS 评级体系相对应，以统一评估金融机构和服务提供者因使用信息技术而带来的风险。三是重点关注特有的技术风险管理。对以网络银行为主的互联网金融机构进行现场检查、非现场检查的基础上，紧扣互联网金融机构的特殊性进行监管，如通过货币监理署督促银行使用严格的分析过程来识别、度量、监测和控制风险；强调控制系统数据可获得性、完整性、MIS（管理信息系统）可靠性及数据机密性和客户隐私保护措施；设置重大事项（可疑行为）报告制度，内部人作案不分金额大小必须报告等。四是明确银行董事会和高级管理层在制定网络金融业务开发战略和该业务风险管理规程方面的职责，强化对网络金融业务外包相关风险的控制。

11.3　欧盟的互联网金融监管经验

欧盟的互联网金融风险监管是以审慎战略为核心的联合监管。欧盟对互联网金融的监管力求达到"提供一个清晰透明的法律环境"和"坚持适度审慎和保护消费者的原则"两大目的。总部设在德国法兰克福的欧洲中央银行（ECB）要求成员国在互联网金融监管上保持一致，承认电子交易合同的有效性，并将于2016年起对部分金融项目完全取消纸质合同凭据。对于互联网金融机构采用"发起国"规则，加强监管合作、实时监控互联网金融机构产生的新风险。对互联网金融机构的监管主要集中在区域问题、安全问题以及服务的技术能力和随业务数量和范围的扩大而增加的信誉和法律风险。

11.3.1　英国"技术中性"的监管态度

英国金融服务监管局（FSA）对互联网金融机构的监管主要专注于：机构是否对黑客威胁和DOS攻击有充分的评估；对加密、备份系统、防火墙、应急计划的评估；对数字签名的法律地位的确认和严谨的认证标准；为客户保守秘密情况等方面。FSA规定互联网金融业务开办前需提交独立第三方出具的评估报告，并注重对管理层管理能力、业务计划可信、配套技术系统和控制措施的审查。此外，FSA在互联网金融业务的风险评级上采用与其他业务一致的计量方法，通过"问题发生带来的影响"×"问题发生的概率"得出数据来判断风险大小，对互联网金融采取的监管措施必须建立在风险评级结果作为依据的基础上。

11.3.2 法国提高透明度加强消费者保护

法兰西共和国银行委员会（CB）在互联网金融机构的监管做法上重视对消费者的保护，强调以网络银行为主的互联网金融机构的透明性。如要求开办互联网金融业务的机构在其网站主页上明显的位置设置图标，与信贷机构和投资公司设立审批委员会（CECEI）等审批当局进行超文本链接，便于消费者了解其合法性。

11.3.3 德国重视信息技术风险及法律风险

德国联邦金融监理署（Ba Fin）的主要监管手段有：一是明确"从事网上金融业务活动的最低要求"，其中至关重要的是对信息技术安全设施的审查。二是将欧洲审慎监管法转化为生效的德国国内监管法，对其网上金融业务进行监管。通过调整电子签名等有关法律问题，为网络银行业务减少法律上的不确定性及风险。

11.4 亚太地区的互联网金融监管经验

亚太地区走在互联网金融风险监管研究前列的是日本、新加坡、中国香港等新兴经济体，它们的监管手段各有特色，代表了亚太地区先进的经验。

11.4.1 日本强调法律法规监管

日本是亚太地区互联网金融开发最早的国家，其监管的开展强调法律法规，4 部大法成为监管的主要依据。这 4 部法律较为完整地补充传统金融发展到互联网金融的法律需求，分别是：2001 年颁布实施的《金融商品销售法》、2006 年修订的《地下金融对策法》、2006 年颁布实施的《金融商品交易法》和 2010 年发布实施的《资金清算法》。此外，日本金融监管部门和行业性协会也经常性地发布或修订监管规则或指导文本，对互联网金融的经营管理起到全面的监管作用。

11.4.2 新加坡以风险为核心

新加坡金融监管局（MAS）在互联网金融的发展上重视与国际金融发展最先进技术同步，较为灵活地赋予以银行业为首的互联网金融企业试用新技术的自主权限，但同时紧盯单体互联网金融企业总体风险特征，要求各互联网金融企业采取额外的审慎措施和更为具体的方案来降低相关风险。一是通过发布一系列的指南、通告或政策声明，建立网络金融的监管体系；二是重点关注业务外包等重要技术风险；三是提高风险管理系统的利用率并增加信息披露量，要求互联网金融企业向公众公开网上交易和支付中的潜在风险。

11.4.3 中国香港把市场准入和持续监管相结合

香港金融管理局（HKMA）对互联网金融的监管力求在妥善处理风险和鼓励竞争、创新两者之间取得适当的平衡。一是成立电子银行业务研究小组，并发布《虚拟银行的认可》，从 2000 年 5 月其对香港的互联网银行业务进行跟踪监控，根据监控情况协助金融监管局制订有关互联网金融的政策和监管措施；二是实施互联网银行业务及科技风险全面管理及相关配套的监管制度，包括：为金融业制定政策与指引、向互联网金融客户推广保障和保安意识、落实对互联网金融机构持续监督及审计，加强国际层面互联网金融业务监管的合作等；三是制定了对互联网金融机构"两级检查制度"的现场审查程序，包括对互联网金融业务、组织架构及管理监控措施的"第一级检查"和对经营互联网金融的机构所采用的新信息技术、互联网基础设备、业务项目管理进行全面评估的"第二级检查"；四是严格市场准入管理，要求互联网金融业务开办前与监管当局进行"商讨"，并提供由独立第三方出具的安全评估报告；五是开发"持牌机构技术风险档案系统"，加强对以网络银行为主的互联网金融机构的非现场监管。

11.5 我国互联网金融监管的发展趋势

在互联网金融混业经营的大潮流、大趋势下，我国有必要加快建立并健全适应中国国情的互联网金融风险监管体系。针对我国互联网金融风险监管存在问题，根据我国互联网金融发展实情，借鉴国内外监管经验，下文对我国的互联网金融风险防控与监管趋势进行了展望。

11.5.1 互联网金融立法进程加快

从各国监管互联网金融的经验来看，无论是将互联网金融纳入原有的监管体系，还是补充和完善新的监管条例，各国都格外重视法律的规范作用。目前我国现行金融监管方面的法律，如《商业银行法》、《证券法》和《保险法》等，其立法基础是传统金融行业和传统金融业务，在互联网金融监管法规方面存在着漏洞，需要及时修订金融法律、补充相关条款。而且，我国对于互联网金融这种新兴的业态没有针对性的法律法规，已有的如银监会 2006 年颁布的《电子银行业务管理办法》，2011 年下发的《关于人人贷有关风险提示的通知》，2012 年中国保险监督管理委员会发出的《关于提示互联网保险业务风险的公告》等都不能起到根本性的规范作用。因此，我国需要尽快从消费者权益保护、互联网金融风险防控以及网络金融机构准入、管理以及退出机制等方面加快立法进程，维护网络金融秩序。政府部门在适度干预的同时，更应推动相关的互联网金融行业协会的建立，制定行业规则，规范和引导互联网金融平台的健康发展，由此强化自身建设，提高其抵御风险的能力和盈利能力。

11.5.2 建立完善的风险预警与防范机制

我国互联网金融有其自身特定的风险，如法律风险、信息风险、技术风险等。在此背景下，我国政府会尽快建立风险的预警及防范机制。具体来说，首先，推进电子签名、身份认证等的互联网金融实名制度的建设，加强对投资者的资信状况的核准，使个人资信状况透明化。其次，加强互

201

联网金融企业准入注册登记管理。对于互联网金融企业同样也应该进行风险评估，按照风险监管要求，设置流动性比率等管理比例和指标。以余额宝为例，余额宝90%的资产大多配置为银行协议存款，存在着严重的流动性资产匹配风险，如果不通过相关指标对其加以规范，一旦其协议存款收益率下滑，余额宝将会面临巨大赎回压力。再次，建立和完善信息披露制度，对参与互联网金融的企业和机构的资信状况、资金使用状况、企业运营状况等向公众进行披露，规范互联网金融操作的流程，使网络交易更加透明化。最后，严厉打击利用互联网金融平台从事违规吸收公众存款和非法集资等活动的企业，加强对消费者和投资者关于网络消费和投资的宣传和教育，让公众充分认识到互联网金融的风险。另外，监管当局还要注重防范其系统性风险。互联网金融业务是传统金融业务的延伸，一旦互联网金融出现监管漏洞，很可能会"牵一发而动全身"。

11.5.3　明确互联网金融监管主体

互联网金融的混合化和综合化经营模式已经不能适应我国目前的金融分业监管体制，监管混乱的现象以及监管漏洞的存在极大影响了我国互联网金融的健康发展。因此，严峻的监管形势会促进我国对互联网金融监管主体进行界定。首先，要明确中国人民银行在宏观监管中的主体地位，将互联网金融纳入其监管体系中。其次，要立足于现有的监管机构，按照分业监管的原则，由银监会、证监会和保监会根据自身的职责对互联网金融中的相关业务具体负责。再次，要专门针对互联网金融这种新兴业态组建网络金融监管的管理委员会进行统一管理，进一步加强对互联网金融监管的力度，提高监管的效率。最后，鉴于大多数发达国家的行业自律组织已成为监管体系中的一支不可或缺的力量，能有效维护行业规范，我国政府也应积极推动互联网金融民间自律组织的建设。在这种多层次的监管体系下，要重视监管部门间的沟通与协调，既要制定统一的监管标准，又要明确交叉性互联网金融业务的监管职责，避免出现部门间获取的监管信息不一致、部分网络金融服务被排除在监管体系之外的现象。

11.5.4　将保障消费者权益放在首要位置

由于互联网金融机构的合法性难以确定，再加上交易虚拟化，消费者往往难以掌握和了解互联网金融机构的资质、信用度等信息的真实性，消费者的合法权益得不到保障。从国际上来看，绝大多数的发达国家在监管的时候都将保护金融消费者权益作为监管目标，美国对第三方支付机构八大方面的监管要求中，其中有六大方面都是直接指向保护消费者权益的。因此，我国也应尽快将互联网金融消费者权益保护纳入金融消费者权益保障范围内。首先，要建立互联网金融咨询平台，为互联网金融消费者提供有关互联网金融机构、产品等的咨询服务，让消费者充分了解互联网金融产品与机构的相关信息。同时也要对消费者进行风险提示，确保投诉渠道畅通。其次，要加强对互联网金融消费者个人信息的保护，对于任何未经本人允许而将个人信息用作他途的机构严厉惩处。最后，要建立互联网金融机构破产程序和赔偿机制，最大限度地减少投资者和消费者的资产和权益损失。

2015 年接近尾声之时，两大影响互联网金融行业的重磅政策在一日之内接连发布。12 月 28 日下午，银监会发布《网络借贷信息中介机构业务活动管理暂行办法（征求意见稿）》。同日傍晚，人民银行则正式发布《非银行支付机构网络支付业务管理办法》。这两大政策均沿袭了此前十部委《关于促进互联网金融健康发展的指导意见》的精神，体现了适度监管、分类监管、鼓励创新但同时防范风险的原则，为下一步互联网金融这一新兴业态的规范发展奠定了基础。

第三部分

互联网金融创新研究专题

第十二章　"互联网+"与普惠金融创新研究

12.1 供给侧改革下我国普惠金融深化改革的路径突破

在我国经济结构转型调整的背景下，国内经济仍维持着下行走势。2015 年 GDP 同比增长率下滑至 6.9%，降为 25 年以来最低点，同时 2015 年第三季度末商业银行不良贷款余额为 11836 亿元、不良贷款率为 1.59%[①]。这不仅揭示出国内实体经济正处于转型升级的阵痛期，还进一步表明传统需求侧管理的经济政策已难以解决当前问题。当前经济下滑的核心原因是结构与体制问题，而非外部性和周期性导致，供需错配才是亟待解决的问题实质。因而必须从供给端探索经济的改革路径（贾康，苏京春，2014）。"供给侧改革"是基于新常态下的我国经济大环境，有效激发消费倾向，推动第三产业在经济中的比重逐步提升，而第二产业中的传统工业比重将进一步降低（邵宇，2015）。而作为第三产业中发展势头强劲的普惠金融，既是驱动供给侧改革的重要一环，也能够在供给侧改革进程中获得发展契机。

自 2006 年推行普惠金融以来，我国金融服务的覆盖率、满意度、可得性均得到极大提升，呈现出服务主体多元、服务覆盖面较广、移动互联网支付使用率较高的特点，普惠金融对于经济增长的实际效用已经实践证明（郭田勇和丁潇，2015）。截至 2015 年 9 月末，全国小微企业贷款余额达 22.5 万亿元，占各项贷款比重为 23.1%，较 2011 年末增长 82.7%，小微

---

① 数据来源：《2015 中国金融不良资产市场调查报告》。

企业申贷获得率为 90.6%①。但在经济增速降挡的新常态下，普惠金融的诸多障碍与挑战逐渐凸显出来，如服务不均衡、体系不健全、金融基础设施缺失等问题，导致其发展进入瓶颈期。

2015 年 11 月中央再次强调了发展普惠金融的必要性，要求进一步提高金融服务的覆盖率、可得性、满意度，满足人民群众日益增长的金融需求。而国务院《推进普惠金融发展规划（2016—2020 年)》的发布，更是标志着发展普惠金融已明确上升到国家战略层面。因此，基于对新常态经济转型的深入分析，准确把握我国供给侧改革的时代契机，积极探索普惠金融的深化改革路径，不仅具有推动"大众创业、万众创新"、服务"十三五"规划的战略意义，更有利于加快我国经济转型升级的实际价值。

12.1.1 供给侧改革下普惠金融的发展机遇

现阶段，我国经济困境并非是简单的需求减少所致，而是总供给与总需求的不合理匹配。供给侧改革的推行就是为打破供求错配的困局，将各类资源合理分配到需求更多、效益更好的部门，通过去产能、去库存、去杠杆、降成本、补短板等方式，为总供给与总需求的重新匹配提供条件。而供给侧结构性改革需依托于普惠金融发展，并加大对小微企业、涉农行业、社会弱势群体等领域的金融支持，从而为普惠金融的小额信贷、互联网金融、农村金融、共享金融等领域带来极好的发展机遇。

1. 互联网金融迎来成长契机

随着我国迈入中等偏上收入水平国家的行列，国内需求发生了新升级，只有通过扶持现代服务业与高端制造业来调整产业结构，并加速出清产能严重过剩的行业，才能逐步重建新的核心竞争力。而互联网金融能基于大数据、云计算等技术手段，解决信息不对称问题，推动市场信息透明化，并有利于进一步推进普惠金融，提升社会投资的积极性，进而有利于实现供给侧改革自下而上的稳步高效推进。另外，供给侧结构性改革的实施也极大拓展了互联网金融的发展空间。小微企业在融资过程中极易遭遇

---

① 数据来源：中国银行业监督管理委员会，www.cbrc.gov.cn/index.html。

不公平对待、金融环境不宽松等情况，极大程度上抑制了高科技、高尖端技术产业的进一步发展。而供给侧改革能够实现金融产品效率更高、服务更周到、成本更易控，大幅消除各行业垄断与壁垒，推动大众创业、万众创新，从而为互联网金融平台提供更优质的资产，带来极为难得的发展契机。而由于互联网金融与普惠金融内在的高度契合性与融合性，供给侧改革下前者的快速成长也必将推动普惠金融发展。

表 12 - 1　　　　　　互联网金融与传统金融功能对比

	传统金融	互联网金融
供求匹配	间接	直接
资金供求	依托银行匹配	去中介化
产品设计	复杂、不易操作	简单、易于操作
交易成本	较高	较低
支付渠道	银行	互联网/移动支付
信息处理	传统 IT 技术	大数据
风险评估	信息不对称	信息对称

2. 农村金融进入快速发展期

发展农村金融是我国农村供给侧改革最切实有效的途径，对于推动普惠金融发展、服务农村融资需求均有重要的现实意义。截至 2014 年末，我国累计建立 1296 家新型农村金融机构，其中农村资金互助社 49 家，村镇银行 1233 家，共吸收各类资金逾 893 亿元，存款余额达 5826 亿元，各类贷款余额为 4896 亿元，其中农户与小微企业贷款余额累计占到 92.91%，分别为 2137 亿元、2412 亿元。如图 12 - 1 所示，我国农村金融的不良贷款率均呈下降趋势，可见农村金融的整体发展前景还是比较乐观的。而作为农村金融中的重要部分，尽管农村商业性与政策性金融能有效拓展农业融资与推动现代农业发展，但该类金融服务的覆盖面极其有限，导致大批具有良好发展前景的农业农村项目因融资困难而难以成长。而且农村普惠金融发展过于滞后使得农村资金随着城镇化进程而流向城市，农业农村发展缺少金融支持，从而极大程度上抑制了农业农村供给的创新改革。农业层面的供给侧改革不仅包含农业经济的转型升级、涉农产业的结构调整，还涉及农产品加工业及其市场体制的健全、现代农业科技创新与质量安全体系的构建，尤其要加快农村三类产业结构的优化调整。在经济新常态下，我国传统农业金融必须加快商业模式的创新升级，积极与农业供给侧结构性改革相融合，促使农村普惠金融迎来创新发展的新时代。

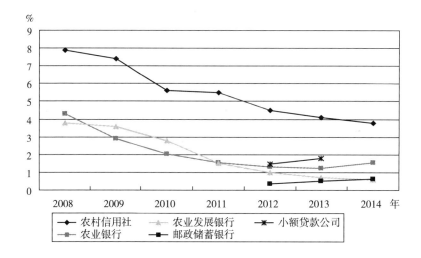

资料来源：《中国货币政策执行报告》（2008—2014 年）、《中国农业发展银行年报》（2008—2014 年）、《中国农业银行年报》（2008—2014 年）等。

图 12 - 1　我国农村金融机构不良贷款率变动趋势

3. 消费金融发展潜力继续释放

消费金融主要是面向居民消费需求而形成的信贷产品与服务，能大幅释放居民的消费需求，提升社会总体消费水平，同时也是普惠金融的重要组成部分。截至 2014 年末，我国消费占 GDP 的比重为 51.2%，而 2015 年 1~10 月，消费与 GDP 之比已上升至 58.2%，已远远超过"十二五"预期 45% 的目标，并且仍保持着增长趋势，这表明了我国经济结构的转型升级方向。尽管近几年我国消费金融实现了快速成长，但国内巨大的消费潜力还远未完全释放，部分消费需求难以获得有效供给。出境旅游、海外消费逐年增加，马桶盖、纸尿裤等物品仍需进口，显示出需求外溢、消费外流现象严重，提醒着我国经济的供给侧急需调整优化。因此，应基于消费需求增长促使产业结构优化，从而驱动供给侧结构性改革与产业升级，围绕着客户需求与体验，营造消费需求侧与供给侧的良性循环。同时在互联网金融蓬勃发展及大数据逐步普遍应用的背景下，消费金融服务的便利性得以大幅提升，金融生态圈的构建也在持续探索创新，从而我国金融服务的普惠性将进一步发展。

4. 共享金融成为经济增长新亮点

互联网的内涵是共享，普惠金融强调的本质也是共享，因此共享金融作为金融系统供给侧改革的关键推手，也是普惠金融的重要实现途径。而基于供给侧结构性改革的视角分析，共享金融将成为我国新的经济增长点。据瑞士信贷集团数据统计，截至 2014 年末，世界共享经济的总规模为150 亿美元左右，到 2025 年或将达到 3350 亿美元。当前我国共享金融尚处于发展初期，但成长速度较快。以众筹行业为例，截至 2015 年 6 月底，国内众筹平台数已有 211 家，其中 53 家为 2015 年上半年新成立的，行业募资总额达到 46.66 亿元。未来传统金融行业的发展，需从科技进步、制度完善转到管理创新，这实质上就是金融业的一种供给创新。而共享金融的实质是基于线下金融资源的再分配，改善信贷资源的匹配服务效率，推动借贷双方的直接交易，因此有利于进一步推进普惠金融。

12.1.2 我国普惠金融的发展障碍分析

1. 政策性与商业性难以兼容

普惠金融体系下如何维持商业的可持续性，始终是政府在制定政策时应该考虑的。传统金融机构以盈利为经营目标，且信贷资源具有逐利性，因此必须建立严格的信贷责任追究机制。由于服务理念与群体的独特性，普惠金融本身就带有较强的政策性、公平性。而政府的基础性投资与补偿机制缺失，导致普惠金融模式下权责失衡，因此无法获取商业金融的长期支持。金融业是存在高风险的行业，高进入门槛能够防控金融风险，而普惠金融的进入门槛低，风险防控能力较差。传统金融服务的高门槛使得信贷资源偏向于优质客户、大企业群体，从而导致了信贷资源分配上对于弱势群体的"挤出效应"。而普惠金融服务坚持低门槛、广范围的理念，在提升弱势群体的金融服务覆盖率的同时，也增大了推行普惠金融的风控压力。

2. 需求与供给匹配的有效性欠缺

普惠金融的理念是致力于建立服务于普通社会大众的金融体系，但在实际推进过程中，普惠金融还需着重权衡需求与供给的有效配置。一方面，普惠金融的服务供给应对企业发展前景、市场前景、产品前景及服务成本等方面进行全面考量，如金融机构在偏僻山村设立自助服务终端是不合理的。另一方面，在提供普惠金融服务时，应对需求的种类、金额、地域分布等方面进行综合评估，有效的金融服务需以一定的前置条件为前提。而基于资金融通的信用视角，由于资本市场体系不健全，非金融机构间资金融通渠道闭塞，市场信用仍处于发展初期，商业信用仍较为滞后，我国形成了以当前银行信用为核心的信用体系格局。该格局存在信息不对称等局限，因此会导致基本金融服务不完善、小微企业融资不畅等问题，最终使得普惠金融难以实现资金供求的有效配置。

3. 成本与收益的不对称

普惠金融的长久发展，需建立在可持续的成本收益的基础上。若普惠金融服务本身无法保障成本收益的对等，金融机构则难以获得利润，因此需要政策支持或财政补偿以解决普惠金融亏本问题。从国外普惠金融发展经验来看，部分普惠金融服务是存在盈利空间的，而我国金融机构缺乏积极性，主要是由于普惠金融的收益性还相对较差，行业整体上仍存在成本收益的不对称问题。普惠金融收益是社会化的，但服务成本却仅由金融机构负担。该成本与收益的不对称问题抑制了普惠金融的可持续推广。此外，高成本和低收益的冲突主要体现在金融基础设施构建上，由于金融设备、办公租赁、线路租赁、折旧消耗等成本极大，而农村地区因设备利用率低、财政扶持政策欠缺、习惯使用存折等问题很难得到解决，农村地区金融设备的完善及推广使用受到约束。

4. 金融资源配置的低效率

从推广普惠金融的目标与现实需要来看，金融要素资源应优先向农业农村、低收入群体、初创企业与小微企业倾斜，而当前我国金融要素配置却以逐利为主，反而是将农村资金聚集后投向城市，第二、第三产业及中高收入群体，形成了低效率的信贷资源配置格局。因此，改变当前信贷资源配置低效的局面，将资金资源逐步向普惠金融领域配置，是政府深化普惠金融改革的重要课题。一方面，由于弱势群体风险大，低收益难以弥补风险成本，在缺少风险分散体系的情况下，普惠金融的资金安全无法保障。另一方面，政府对于普惠金融服务群体的配套财政政策难以落实，并且对弱势群体的扶持政策和财政金融配套支持措施在地方很难落实，且相关扶持政策的要求较高，导致金融机构的参与积极性低。

12.1.3　我国普惠金融的深化改革路径研究

1. 发挥政府引导与支持作用

普惠金融推进过程中，仍需政府发挥作用，适当给予方向性指导与政策性支持。首先，应设立工作领导小组，负责相关政策的合理制定、高效落实。普惠金融领导小组的成立，能够加强推进过程中各部门的协作配合，同时，既能规避区域性或暂时性的政策真空，也能规避单个部门制定政策导致的"挤出效应"。其次，应依托财政部门构建金融担保与补偿机制。一方面，不断健全并落实财政贴息措施，针对普惠类小额信贷实施定向贴息，并逐步增大贴息额度和范围，解决农民融资成本问题。另一方面，应针对农村融资缺少抵押品、担保物等问题，设立服务农民贷款的担保基金与专项补偿基金，给实施普惠金融的金融机构一定的财政补偿。最后，应给推进普惠金融的金融机构一定的税收优惠。如减免小额信贷企业的营业税和增值税，对符合"支农支小"指标条件的村镇银行实行免税。此外，还应逐步放宽普惠金融机构的准入审批，进一步扩大普惠金融的服务覆盖面。

2. 依托互联网驱动金融供给创新

依据互联网思维与技术的特点去推动普惠金融发展是进行金融供给创新的关键所在。互联网的应用与渗透性能够给传统金融带来颠覆性改变，也为普惠金融的发展带来更多金融创新。以云计算与大数据为例，其应用能够有效提升客户体验满意度，并且利用交易数据构建征信体系可以更好地提供小额信贷服务等。普惠金融的深化改革尤其需要依托大数据的技术支撑，基于大数据的优势进行改革升级体现在以下三点：其一，应利用大数据及相关技术对客户进行综合评价，提高对客户评估的准确率与效率，从而实现用户价值的再挖掘、再创造。而且，大数据评估将覆盖传统金融难以服务到的群体，将范围扩大到包含学生、农民、个体户等群体，最终实现普惠金融覆盖率的大幅提升。其二，大数据能够拓展客户及其信息的利用。基于数据信息的分析技术，深度挖掘目标客户群，区分潜在客户群及其金融需求，结合普惠金融的场景化服务，为目标客户群设计更具针对性的金融产品，并对优质金融资源进行大数据筛选，实现普惠金融产品的精准营销与特色服务。其三，基于大数据技术提升风控水平，推动客户信息、行业信息与金融信息三者结合，解决金融供求双方的信息不对称，在保证风险收益对称的基础上尽力满足客户的信贷需求，提高普惠金融的风险定价、评估、识别与控制的能力。

3. 利用商业化运作以对称风险收益

对于政策性与商业性的矛盾问题，政府应通过商业化运作处理普惠金融的成本收益不对称问题，以缓和这一矛盾。首先，政府应确定扶持与引导重点。比如在货币政策层面，仍采用定向降准、降息政策，除重点支持涉农企业与小微企业外，也可将范围扩大至支持首套房贷款的信贷业务。此外，还应通过公开市场操作，利用定向央票、再贷款等方式，对支持普惠金融的金融机构给予一定的补偿及优惠。财政政策可以采取税收优惠、定向补贴等措施，其操作空间更大。其次，应着力削减普惠金融成本。积极推动互联网金融与手机银行等创新金融发展，这既是普惠金融的创新延伸，也是整体传统金融业的必然发展趋势。最后，还应大力降低风险、提高风险把控水平。可以借鉴学习国外社区银行与乡村银行的经验，建立类单位小组式的联保制度，通过联合各方以减少风险、提高风控水平，并逐步构建多层次风险防范机制。

4. 营造协作共生的金融生态圈

我国普惠金融的进一步推进，需各类金融机构及组织充分发挥自身优势，准确进行市场定位，从而构建各金融机构分工合作、竞争互补、相互促进的金融生态圈。一方面，应充分发挥各种金融组织的主体影响。积极鼓励大银行设立中小企业专营机构，鼓励商业银行加大对小微企业、涉农企业及科技创新企业的金融服务，并发挥农业发展银行的政策性效用，增大对农村基础设施建设、农业机械化等方面的金融扶持力度，着重将金融服务覆盖到中西部、农业及小微企业集中区。另一方面，应充分发挥创新金融机构的补充效应。创新金融机构兼具创新性与灵活性优势，能够为传统金融机制难以覆盖到的特殊群体提供金融服务，拓展出新型信贷渠道，因而具有推进普惠金融的补充作用。在确保风险可控的前提下，应鼓励各类金融机构与组织，尤其是传统金融机构，加快金融产品与服务创新，积极改进理念与商业模式，基于互联网应用扩大普惠金融服务范围，将存贷款、清结算、信用中介平台等服务覆盖到更多地区。

5. 构建多层次金融供给机制

应依据弱势群体、特殊领域的金融需求变动趋势，及时调整宏观经济的管理措施，引导信贷资源逐步转向普惠金融。其一，进一步健全信贷政策体系。充分利用差异化存款准备金等措施，引导金融机构将更多金融资源转移到中小企业及农业经济中，不断增强对支持农业与小微企业的再贷款、再贴现的扶持力度，扩大对该领域的信贷资源投放。其二，完善金融监管差别化激励体系。从业务与机构两个层面采用差别化激励机制，鼓励传统金融机构增加对中小企业、"三农"、特殊群体等领域的信贷投放，加快中小企业专营机构与网点的构建，协助进行专项金融债的发行工作，有效执行有关提高普惠金融不良容忍度的监管要求。其三，充分利用财税政策工具。基于公共财政的职能作用，合理运用推进普惠金融的专项资金，在保基本、突重点、可持续的原则基础上，对支持普惠金融的机构与组织提供适当鼓励，利用财政资金的杠杆效应，引导各地政府与各类金融机构主动推进普惠金融发展，更好地提升普惠金融服务的适用性与可得性。其四，完善地方配套扶持机制。加强各地政府与政策措施的有效配合，构建推进普惠金融的支撑合力；利用各地财政的贴息、补贴等政策工具，促进金融机构对科技创新企业、中小企业、"三农"等领域的信贷扶持，同时兼顾地方金融风险监管，严控系统性与区域性金融风险。

6. 持续深化跨业跨界协同

金融业与各类型行业的跨业跨界协同，不仅能提升普惠金融的效果，还能实现普惠金融的可持续发展。而跨业跨界协同仍在持续深入，与金融业跨界协同的形式、渠道、类型均将不断创新变化，因而可以说是一种真正意义上的金融创新，尤其以下三种方式对于普惠金融而言，具有更为显著的推动作用：一是"银行＋保险"，目前我国农业保险与银行信贷的结合度较低，这不仅存在对农业保险的认知问题，还在于农业保险本身的服务质量、覆盖面问题，而两者跨界协同是必然的发展趋势，能够推动银行信贷资源投向农业经济。二是"合作社/互助基金＋银行"，基于专业的合作社与互助基金，给予金融机构的信贷适当增信效用，更有利于推动金融资源转移到农民群体。三是"龙头企业＋银行"，现阶段供应链金融正处于快速成长期，银行机构与电商平台均开始涉足供应链金融。应基于价值链金融同供应链金融的重合与差异，将龙头企业作为价值链金融的核心，为其上下游客户提供增信与信贷的支持。

12.1.4 结论与建议

在"十三五"规划的开启之年，推进普惠金融发展是助力供给侧改革的重要渠道，而供给侧改革也为前者深化改革带来契机。基于对供给侧改革下发展机遇的分析，普惠金融深化改革需发挥政府引导与支持作用、依托互联网驱动金融创新、构建多层次金融供给机制、利用市场化运作以对称风险收益、营造协作共生的金融生态圈、持续深化跨业跨界协同。

此外，大力推进普惠金融是供给侧改革中补短板、降成本的重要渠道，而推进普惠金融深化改革的重点与难点就在于解决重点领域、薄弱环节以及特殊群体的金融服务问题，尤其是要进一步推动信贷资源向"三农"、小微企业、贫困地区、特殊人群等重点领域倾斜。并且在互联网时代下，应主动运用互联网技术推动金融创新并防控金融风险，不断提升金融的包容性和普惠性，让金融业供给侧改革的成果惠及到全国民众，更好地推动我国经济的健康、可持续发展。

12.2　互联网金融指导意见对普惠金融开展的意义探索

12.2.1　注入促进社会发展和"双创"动力的新能源

2013 年被称为互联网金融元年，2014 年被称为移动互联网金融元年。尽管互联网金融仍处于开启阶段，但丝毫掩盖不住其生命力及高成长性特征。这就决定了在一个没有目标方向、约束边界、风险控制的世界里，互联网金融企业发展与野蛮成长几乎可放在同等位置上。《关于促进互联网金融健康发展的指导意见》（以下简称《指导意见》）秉承"大众创业，万众创新"精神，为社会投资创业者拓展逐梦机会，推动社会经济快速发展。《指导意见》鼓励银行、证券、保险、基金、信托和消费金融等依托互联网，实现传统金融业务与服务转型升级；积极开发基于互联网技术的新产品和新服务，支持有条件的金融机构开展网络银行、网络证券、网络保险、网络基金销售和网络消费金融等业务；支持互联网企业依法合规设立互联网支付机构、网络借贷平台、股权众筹融资平台、网络金融产品销售平台，建立服务实体经济的多层次金融服务体系，满足中小微企业和个人投融资需求，进一步拓展普惠金融的广度和深度；鼓励电子商务企业建立线上金融服务体系；支持鼓励符合条件的优质从业机构在主板、创业板等境内资本市场上市融资，支持社会资本设立互联网金融产业投资基金；鼓励银行业金融机构开展业务创新，为第三方支付机构和网络贷款平台等提供资金存管、支付清算等配套服务。《指导意见》保留了对互联网创新发展的包容空间，初步勾勒出了行政服务、税收、法律等基础构架级别，支持与鼓励互联网支付、网络借贷、股权众筹融资、互联网基金销售和互联网信托、互联网消费金融等互联网金融创新业务在满足历史发展需要，在与科学技术的进步发展相匹配的基础上，改革推进传统金融；支持各类金融机构与互联网企业开展合作，建立良好的互联网金融生态环境和产业链。这些政策导向为互联网金融发展指明了前进的方向，有利于互联网金融的长期发展战略的制定与实现，有利于促进互联网金融健康发展，有利于构建多层次金融体系，提升金融服务质量和效率，深化金融改革，促进金融创新发展。

12.2.2　明确监管主体并划定了政策红线边界

互联网金融尽管渗透力强，涉及面广，但它的立足点和核心仍然是金融。对于互联网金融而言，监管的意义在于既要保护互联网企业创新的积极性，同时又要维护金融的安全稳定性，这就要监督红线有个较强的弹性。因此，《指导意见》遵循"依法监管、适度监管、分类监管、协同监管、创新监管"的原则，对互联网金融全行业监管做出框架式规定，科学合理地界定了各业态的业务边界、准入条件以及"一行三会"的监管划分，进一步落实监管责任，明确风险底线，将互联网金融纳入法治化和依法监管阶段。除了相对应的金融监管部门外，基于互联网金融的"互联网"属性，互联网金融机构还需要接受工信部和网信办的内容监管。因此存在虚假交易、诈骗行为、自融等的互联网金融平台将面临巨大压力，行业将可能被重新洗牌，不规范运作的平台将选择转型或者被迫关停、倒闭。《指导意见》明确要求在资金托管、信息披露及安全等角度明确操作底线和业务边界，并就支付、网络借贷、股权众筹、互联网基金销售等几类互联网金融创新给出实务指导，给行业界定了基本的路径、基础的规范以及发展方向，强调互联网金融创新应遵守的基本业务规则，互联网金融进入规范发展阶段。《指导意见》还制定了适度宽松的监管政策，为互联网金融创新留有余地和空间，其柔性监管职责划分符合大资管时代发展的实际，适应融资体制转型的基本轨迹，为复杂的互联网金融监管指明方向，有利于各监管部门各司其职制定监管实施细则、各尽其责、相互协作，将金融监管工具的作用发挥到极致，充分发挥金融监管的实质性影响。

12.2.3　平缓金融市场潜在风险并配置了风险控制器

在金融自由化可预期的时代，大数据和云计算技术的应用以燎原之势迅速渗透到金融领域，互联网跨界的特性升级与变革了金融资产流转的原有模式，催生了互联网金融新生力，不同金融业态下的投融资模式创新层出不穷。互联网金融发展时间较短，但超常的发展已经给社会埋下了较大的风险隐患。一方面，互联网金融创新源于市场驱动，自带市场固有的弱点与缺陷；另一方面，互联网金融本质仍属于金融，金融经营风险的隐蔽性、传染性、广泛性和突发性等本质属性并未被改变，不断高涨的扩张势态不可避免地积累了发展问题和风险隐患。由于之前行业发展"缺门槛、缺规则、缺监管、缺内控"等原因，互联网金融企业犹如无边草原生长的狼，在追逐利益的过程中忽视了风险的积聚，特别是 P2P 板块，一旦设立资金池就有可能代偿，就不排除平台挪用资金、改变资金用途、"跑路"现象的可能性，因此，"卷款跑路"事件屡见不鲜，如不及时监管，任意滋长，将直接危及社会金融稳定，其负面影响将超过担保公司、钢贸市场。故《指导意见》要求从业机构应当选择符合条件的银行业金融机构作为资金存管机构，对客户资金进行管理和监督，实现客户资金与从业机构自身资金分账管理。同时，应明确互联网金融的主要目的是提供便利性，服务小微企业，与传统金融形成互补、共进的协调机制，所谓的颠覆论没有政策支撑点。这种准确的市场定位避免了互联网金融企业的盲目发展。总之，在鼓励互联网金融创新发展、营造良好的金融生态的同时，必须规范互联网金融活动、维护市场秩序，从而有利于引导互联网金融长久健康发展，这是政府对市场、社会、公众最直接的回应。

12.2.4　从流程管理上增加了保护投资消费者权益的装置

由于互联网金融的虚拟性、平台化等特征，再加上平台技术等级因素，侵犯金融投资、消费者的行为经常发生，甚至影响社会金融的稳定。《指导意见》从强化投资、消费者权益保护出发，细化完善了互联网金融个人信息保护的原则、标准和操作流程，并在消费者教育、合同条款、纠纷解决机制等方面做出了规定。人民银行、银监会、证监会、保监会会同有关行政执法部门，根据职责分工依法开展互联网金融领域投资者和消费者权益保护工作，维护公平竞争的市场秩序。此外，《指导意见》要求相关部门制定技术安全标准，加强网络与信息安全，支持大数据存储、网络与信息安全维护等技术领域基础设施建设，要求从业机构切实提升技术安全水平，妥善保管客户资料和交易信息，化解隐性风险。

12.2.5　行业组织自律建设强化了现代金融文明内涵的升华

行业自律是现代文明、现代经济组织健康发展的重要手段，互联网金融行业也不例外。《指导意见》鼓励互联网金融充分发挥行业自律机制在规范从业机构市场行为和保护行业合法权益中的作用，建立以互联网金融协会为核心的组织、协调、管理互联网金融行业的行业组织，制订经营管理规则和行业标准，推动机构之间的业务交流和信息共享，完善自律惩戒机制，提高行业规则和标准的约束力。

互联网金融的发展想象空间是无限的，互联网金融企业的发展是有规律性的。而要引导互联网金融企业沿着科学、健康的发展道路稳步前进，更有待于《指导意见》下的各行业、各部门、各项政策能更加体现互联网金融本身固有的禀性特征，推动和促进互联网金融企业驶入有序发展的快车道。

12.3　大数据背景下解决小微企业融资难的路径分析

小微企业在改革开放 30 多年中迅速发展起来，现已发展成为国内的市场经济主体，对推动国民经济发展、繁荣市场经济、增强市场活力起到了重大作用。小微企业的经营方式和管理模式比较灵活，企业员工的成本比较低，使得大型国有企业一直保持的垄断格局被打破。小微企业纳税占国家税收的 50%，解决了 1.5 亿人的就业，其对 GDP 的贡献度和出口贡献度分别达到 65% 和 68%。但是相比小微企业的巨大贡献，小微企业遭受的待遇尤其是融资问题特别突出。小微企业得到的信贷资金只有 16.23 万亿元，占整个社会融资规模的 13%，而且银行对企业发放的贷款总额也只有 30%

发放给小微企业，其"贡献"与"待遇"严重不对等。①

政府部门最近几年颁布实施了很多条改善小微企业融资问题的政策，如采取税收等方面的优惠以全力支持小微企业的日常的生产经营；鼓励商业银行在信贷上加大对小微企业的支持，扩大小微企业的信贷渠道。不仅如此，政府部门还在融资系统方面支持小微企业扩大融资渠道和融资媒介，比如，政府部门建立了多种创业基金、小微企业互助担保平台等。不过上述种种措施并没有从根本上解决小微企业融资难的窘迫，目前仍然处于小微企业贷款难，商业银行难贷款的困境。

随着近几年互联网金融的突然兴起，大数据的产生有望打破小微企业贷款难，商业银行难贷款的格局。本文在互联网金融融资模式的背景下，积极探索小微企业贷款难，商业银行难贷款背后的原因，并且试图用大数据去破解这种格局，从而使小微企业融资难的问题得到解决。

12.3.1　文献综述

小微企业因其对国民经济的巨大作用而受到发达国家和发展中国家的广泛重视。国外对小微企业的研究颇多，对小微企业融资问题最早的研究要追溯到1931年，在一篇《麦克米伦报告》中首次提出小企业的融资问题，即在资本主义金融制度下，当遇到市场失灵时，金融机构无法将资金贷给小企业，这就是经济学上著名的"麦克米伦缺陷"。斯蒂格利茨和威斯（1981）认为金融市场上信息的不对称使得金融机构识别具有还款能力的小企业成本过大，从而导致其减少或放弃对小企业的贷款；艾伦·伯格（2004）等人通过仔细研究中小企业的融资渠道以及融资流程，提出可以通过供应链金融来解决中小企业的融资问题的观点；加拉提尼亚和沃克（2009）认为小银行可以很系统地了解本地区中小企业的状况，比如企业经营能力、负债状况等，因此可以将企业的各种信息放到一个平台，从而很容易地就减少了二者之间的信息不对称。

国内对小微企业的研究相对较晚。已有的研究主要是针对中小企业，

---

① 数据来源于中国人民银行，截至2015年6月。

不过二者具有一定的相似性。姜浩天（1998）深入研究了中小企业的融资问题，认为中小企业管理体系落后，各项制度不健全，财务不明晰，业务量多而杂，而且金融业务较少，导致银行不愿意发放贷款；刘维奇、高超（2006）采用进化博弈论的方法研究中小企业的融资问题，最后得出的结论是：正是信息的不对称使得中小企业融资存在很大问题；潘振媛（2012）认为当前应该首先建立一个完善的小微企业信用评级指标体系，在具体的评级指标上面增加一些与企业相关的上下游企业状况、企业自身的信誉情况等控制变量，从而可以对广大小微企业有更深入的了解，使评估更加准确；杨洋、张宇（2014）认为随着当前各种互联网金融产品的推出，银行业的发展受到严重冲击，倒逼着银行进行改革，同时他们认为只有做好征信和风控工作，互联网金融才能更进一步发展；陆岷峰等（2015）认为政策的制约是阻碍小微企业融资难的根本原因，解决小微企业融资难必须从政策制定的专门性、政策的执行力、政策的有效性以及政策的顶层设计四个维度出发，来解决小微企业资金的均衡关系，从而破解小微企业融资难的问题。

从这些学者的研究当中可以发现，对小微企业的融资难的原因研究主要集中在两个方面。第一个方面是企业自身，如自身制度不完善，管理混乱等原因；第二个方面是信息的不对称，信息的不对称使得金融机构不愿意贷款给中小企业或者小微企业。互联网金融是一个新生事物，学者们基本都肯定其发展的意义，其倒逼银行改革使小微企业获得一条新的融资渠道，有效地补充了现有的金融体系。但是互联网金融的发展仍然处于探索阶段，法律、监管等制度比较落后，而且对解决小微企业融资难的建议在实际过程当中并没有发挥太大作用。本文在上述学者的研究成果上，探讨利用互联网金融中的大数据来解决小微企业的融资问题。

12.3.2　信息的不对称是制约小微企业融资的瓶颈

小微企业为国家创造巨大的经济和社会价值的同时，融资难的问题一直是其发展的瓶颈。中小企业调查资料的数据显示，小微企业的平均寿命大概为 2.9 年，每年约有 30% 的小微企业倒闭，而这 30% 的小微企业当中约有32%的比例是因为缺乏资金而倒闭。小微企业每年获得正规金融机构的贷款额占正规金融机构总贷款额度的20%左右①（见表12-2），资金缺口很大。小微企业融资渠道极其狭窄，其主要依赖的银行信贷途径也很坎坷，银行不仅对其"惜贷"而且还会对其实行"信贷配给"行为。小微企业贷款难的原因很多且很复杂，不仅有内部原因还有外部原因，但是其主要原因是信息的不对称，导致商业银行对小微企业的征信十分困难。②

表12-2　　　　　2010—2014年小（微）企业贷款金额及占比

单位：万亿元、%

年份	中小企业贷款		全部企业贷款		中小企业贷款所占百分比
	金额	增速	金额	增速	
2010	7.5	28.3	50.9	19.9	14.73
2011	10.76	25.8	54.79	15.8	19.64
2012	11.58	16.6	49.78	14.5	23.26
2013	13.41	15.83	56.39	13.28	23.78
2014	15.46	15.5	64.06	13.6	24.13

数据来源：中国人民银行。

　　具体而言，相比大企业，小微企业在信息的规范和结构方面有很大不同。一般而言，大企业披露的信息比较可靠，经营活动也比较规范，因此对于大企业的信息审核因其质量较高，所以较为容易，商业银行只需要用传统的信贷审核办法就可以判断其信用等级；但是小微企业则不同，总体而言，小微企业的经营管理规范度不高，其披露的企业信息不仅少，而且真实性也有"水分"，商业银行想通过审核"硬信息"的办法来了解企业基本不可能，商业银行如果要贷款给小微企业则需要通过各种途径了解其资质信息，根据这些信息，商业银行再重新设计专门针对小微企业的信贷结构，但是在这个过程当中商业银行必须付出很大的成本，而一般的银行往往不愿意付出这样的成本。如果商业银行不愿意付出这样的成本，再加

---

　　①　2011年备受关注的温州中小企业老板跑路现象的原因在于这些小企业资金链断裂，而根源在于小微企业融资困难，难以从正规金融机构取得贷款，迫不得已选择成本较高的民间借贷，最终导致无法偿还。

　　②　数据来源：中小企业调查资料的数据。

上小微企业在信息规范和结构上面不改善，那么，商业银行贷款给小微企业时，要想降低风险，只能通过提高利率和对小微企业要求抵押物进行担保两种方法。然而，目前我国的利率并没有完全的市场化，小微企业一般都缺乏抵押物。商业银行使用传统贷款方法贷款给小微企业付出的成本和贷款给大企业付出的成本相差不大，在银行资金一定的情况下，商业银行往往会提高贷款门槛以迫使小微企业无法获得贷款而退出信贷市场，这其实就是小微企业贷款难、商业银行难贷款的真实原因——"二八定律"，即80%的低端客户给商业银行带来的利润很少，还不如放弃这80%的客户来专门服务20%的高端客户。

12.3.3 大数据是解决小微企业融资难的"钥匙"

大数据的出现使得这种成本与收益不对等的局面正在被打破，其所具有的五个特点：规模性（Volume）、多样性（Variety）、高速性（Velocity）、精确性（Veracity）和价值性（Value）使得信息不对称问题有了解决的可能性。下面从大数据对信息的采集和分析两个方面来阐述。

1. 大数据信息采集

在与商业银行信贷业务相结合的条件下，大数据的一个很重要的优势就是降低了对小微企业的征信成本。

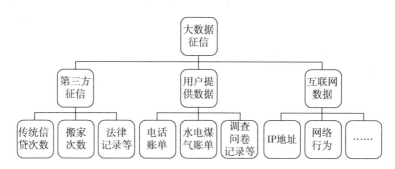

图 12 - 2　大数据采集的基本原理

通过大数据获取小微企业的信息主要有三种渠道：第一种是最基本的来源，即第三方所提供的数据，包括结构化数据和非结构化数据，主要是客户的银行卡和信用卡等以及用户的搬家次数、法律信息等；第二种是用户提供的数据，主要包括其使用的电话账单、水电煤气账单以及调查问卷等信息；第三种是在互联网上得到的信息，主要包括客户的 IP 地址、各种网络行为等数据。这些结构化和非结构化数据至少有 10000 多条。这10000 多条数据很好地挖掘出了借款人的各种特征，可以帮助商业银行在更深层次方面了解小微企业的信用等级，并判断小微企业的信用状况，方便评估风险。大数据征信公司将众多多元化数据加以利用，从不同层面判断借款者的资信状况，从而形成一个全面的借款者图像。

2. 大数据信息分析

利用大数据对小微企业进行信用评估其实就是先收集借款者各种结构化和非结构化数据，接着使用征信公司精准的预测模型以及先进的集成学习方法对众多数据进行一定的标准化整合，共分为五个步骤：（1）将在各种渠道收集到的海量的原始数据首先输入到数据处理系统当中；（2）数据系统开始对数据进行处理转换以找出数据之间的各种关联；（3）找出数据之间的关联性后再将数据重新整合，形成更完整的变量或者测量指标，每种变量或者指标都反映借款者一定的状况；（4）将这些变量或者测量指标输入到预测模型当中进行相应的预测；（5）将预测出的各种结果进行一定的加权，得到小微企业的信用评分。总的来说，这个阶段其实就是先将各种原始数据进行挖掘，然后再将处理过的变量进行建模或者放到预测模式当中。因为收集到的数据至少 10000 多种，预测的结果也会比较真实。在

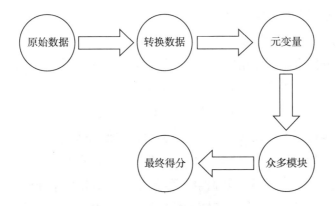

图 12-3 大数据分析的基本原理

这整个过程当中对数据收集、处理、加工、分析等环节都是通过预测模式，分析系统自动进行，而且还可以对风险进行跟踪处理，而不会受到人为的介入干扰，很好地避免了道德风险，商业银行与小微企业的信息不对称问题最终得到解决。

在大数据时代里，传统的"二八定律"将不再成立，商业银行可以不必再局限于20%的大客户，而是有机会从80%的低端客户身上获取丰厚的利润。最近几年来，用大数据对小微企业进行风险评估受到了国内外的广泛关注，很多数据征信公司都采用这种方法，传统的信用体系因此也遭受很大冲击。

12.3.4　对于促进大数据解决小微企业融资难问题的建议

大数据的迅速发展使得小微企业的融资难问题得到一定程度的缓解，2015年9月，国家又颁布了《促进大数据发展行动纲要》，规范了大数据的发展，将大数据提升到国家战略角度，制定出了大数据发展的顶层设计。但是大数据属于新兴事物，其在发展过程当中肯定会产生各种问题，为了更好地促进大数据解决小微企业融资难的问题，建议如下：

1. 构建相关法律法规体系，完善监管

大数据的发展前景十分广阔，发展空间十分巨大，不过这一金融创新势必会产生监管的空缺问题。国家当前积极地支持互联网金融大数据的发展，并且也经常研究如何将互联网金融纳入到监管当中，但是我国目前实行的是机构监管，大数据监管主体不明，标准不一，没有一个完整的监管模式，互联网金融大数据持续健康发展面临的首要问题就是监管问题，因此加快建立适应大数据发展的监管迫在眉睫，具体措施有：（1）仔细分析大数据种种界定，明确其监管主体；（2）制定关于大数据的各种制度，充分尊重市场机制，可以成立一些行业协会，规范大数据的发展；（3）加强对大数据监管的各个部门之间的协同合作，实现信息共享。

2. 建立完整真实的"数据生态系统"，实现数据信息开放

在大数据时代中，一个重要的特征就是数据的开放与共享。早在2009年美国政府就已经将其数据通过专门网站 Data. gov 进行公开，公众可以很

方便地获得其所需数据。我国的数据资源非常广泛，覆盖范围广，从教育、医疗、卫生、金融、信用、社保等到社交网络，电子商务平台，但是数据散而杂，很多数据区域割裂现象比较严重，真实性也不高。通过大数据解决小微企业的征信问题严重依赖数据的可得性以及真实性，这将是决定小微企业能够健康持续发展的关键。因此建议政府成立专门的机构来主导建设全国统一的数据系统并且早日对外开放。另外，很多小微企业因为税负比较高，经常会对财务账目造假，"一企两账"现在比较严重，因此存在公开的数据真实性不大的问题，虚假数据的流动对大数据的建设与数据的挖掘很不利，建议政府部门针对小微企业制定更加优惠的税收政策，同时市场的监管主体要切实加强对小微企业的监管，加大惩罚，使其披露虚假信息的成本提高。

3. 加强对互联网金融数据平台安全的保障基础设施建设

在当前的新形势下，面对新的技术和业务，中国的互联网金融系统受到很大的挑战。原有的金融信息安全防护体系已经很难适应当前的要求，急需建立一种新的、高效的、安全的信息防御体系。在大数据时代中，商业银行和小微企业之间的融资过程其实很多都是在网上进行的，因此存在很大安全问题。目前中国的征信系统还不包括互联网金融信息，信息共享机制也没有，违约风险比较高。为此我们建议中国的互联网金融系统可以在产业化的思路下，建立一种主动防御体系，加强对互联网金融数据平台安全的保障基础设施建设，包括成立数据安全服务平台、数据仿真系统安全分析、信息安全态势联防联控感知与监测预警、信息安全大数据分析、深度运维系统工程、国产化设备与系统替代、信息安全服务替代、基于可信计算的加固防护等。

4. 商业银行尽快树立大数据思维，抢占数据优势，创新线上产品，强化数据应用

商业银行最核心的资产其实就是数据，对大数据的规模投资和拓展前景十分广阔。现阶段商业银行对大数据的发展仍然处于初级阶段，商业银行本身的发展就很依赖信息技术，因此商业银行想要升级转型必须要通过大数据的应用。很多商业银行已经开始重视大数据技术，并将其作为增强

竞争力的重要战略选择。首先,商业银行应该树立大数据思维,尽早地抢占数据优势。在大数据时代里,必须尽快确立一种新的运营模式。商业银行要根据大数据的特点,确立更加强大的决策洞察能力,使得运营模式的转型升级更加顺利,同时要积极在市场当中进行布局,并且和比较优秀的电商、担保等平台以及其他银行、政府等进行深入合作,争取实现数据共享,从而夯实客户基础。其次,商业银行应该创新线上产品。积极利用新的技术工具,实现网上审批,网上放贷,降低放贷成本。最后,商业银行还要对大数据的应用进行强化,对于众多原始数据,除了对其进行存储、筛选等基本研究以外,还要对数据的安全、数据中涉及的客户隐私、数据的可视等重点领域进行技术研发。

5. 加强对大数据人才队伍的建设

大数据的建设涉及方方面面的知识,无论是底层芯片的设计,还是基础或者应用软件的开发都需要涉及很多专业知识,比如统计、电子商务、计算机等知识。而这方面的综合人才仍然比较缺乏,因此建议政府部门应该加强与高校合作,积极培养相关人才,引进国外既懂得行业层面又能够掌握大数据技术的人才。

12.3.5 结论

在大数据时代,通过大数据能够获得商业银行贷款的小微企业,属于经营得比较好的企业,确实应该获得贷款;但是如果不能获得商业银行贷款的小微企业,则属于经营比较差的企业,其根本不应该获得贷款。当然,在目前情况下,建立在大数据基础上的征信体系还不能完全解决小微企业融资难的问题,小微企业自身仍然存在很多的问题,比如小微企业的经营效率比较低下,素质不高,企业的创新能力、技术水平以及抵押担保机制还存在很大的问题,想要完全解决这些问题,大数据暂时还做不到。因此,在小微企业融资的外部环境当中,要完善相关法律法规建设,完善投融资建设。解决小微企业融资问题不能仅仅局限在解决问题本身,还要解决其他相关行业存在的问题,包括对企业的资产评估合理性的问题等。同时,对于小微企业内部层面,小微企业应该加强自身的建设,提高自身的素质，完善内部制度建设，诚信经营，保证披露的信息真实有效。

12.4　"互联网+校园金融"的融合创新之道

随着居民消费水平的不断提高，传统的消费观念逐渐向信用消费、超前消费转变，尤其是在新生代学生群体巨大的消费与资金需求的带动下，校园金融逐渐成为消费升级的新热点和经济增长的新动力。但是，严重的供需不匹配矛盾制约了校园金融的持续发展。在金融创新与技术进步的双重因素作用下，互联网金融逐渐成为服务中小微客户、提高金融资源配置效率的重要力量，同时也为校园金融模式创新创造了新机遇。在新形势下探索"互联网+校园金融"的发展路径对于弥补校园金融不足、促进消费经济转型具有重要的战略意义。校园金融产业的互联网化将成为行业发展的必然选择。

12.4.1　校园金融市场发展前景广阔但创新不足

1. 校园金融潜在市场规模巨大且诱人

师生消费金融市场发展潜力巨大。长期以来，师生消费金融市场作为校园金融的主体部分正在持续扩大，尤其是学生金融庞大的消费需求催生的巨大市场正逐渐成为各大金融供给商争夺的焦点。一方面，学生群体独特的消费特征与资金结构催生了巨大的消费需求。学生资金来源于父母生活费，单一而量少，急需额外资金来解决数码3C产品及娱乐交际的消费需求。据易观智库调查数据，大学生群体呈现出较高的分期消费使用意愿，超过67%的学生乐意使用校园分期等产品。另一方面，大学生巨大的客群基数为校园消费金融的增长创造了空间。国家统计局数据显示，2014年全国各级各类学历教育在校生为2.48亿人。其中，普通本专科在校生达2547.7万人，研究生达184.8万人。若按在校大学生每人每年需要5000元的标准来估算，学生消费金融市场规模可达数千亿元人民币量级。此外，教师金融作为校园金融的重要组成部分也在不断扩大。教育部发布的《2014年全国教育事业发展统计公报》显示，2014年全国各级各类学校专任教师 1515.3 万人，比 2013 年增长了 2.61%。教师作为高素质人才，不仅具备创新思维，乐于接受新型消费观念，同时也具有学生群体所缺乏的社会性特征，更能明辨收益与风险的关系，对于规范校园金融发展更具引导作用。

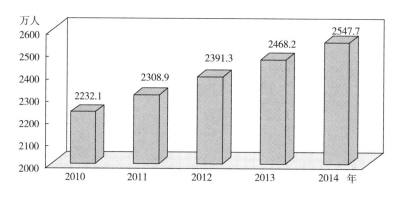

数据来源：国家统计局《国民经济和社会发展统计公报》（2010—2014 年）。

图 12 – 4 2010—2014 年中国高校在校大学生增长趋势

非财政性教育投资缺口巨大。中国始终坚持优先发展教育战略，高度重视财政教育投入，并先后出台了一系列加大财政教育投入的政策措施。然而，目前全国教育投入仍明显不足，国家财政性教育经费占 GDP 比重始终偏低，远不及英、美等发达国家。教育部、国家统计局、财政部联合发布的《2014 年全国教育经费执行情况统计公告》显示，2014 年国家财政性教育经费为 26420.58 亿元，占 GDP 比例为 4.15%。相较而言，目前这一比例的世界平均水平为 7% 左右，其中发达国家更是达到了 9%。我国财政性教育投资占 GDP 的比重相比世界平均水平尚存在 2.85% 的差距，与发达国家差距高达 4.85%。以我国当前的财政性教育投资总量计算，如果要达到世界平均水平，资金缺口大约为 2.45 万亿元，如果要达到世界发达国家水平，资金缺口高达 3.7 万亿元，如此巨大的教育投资缺口也成为传统金融与互联网金融未来投资的方向。

2. 校园金融市场发展缺乏创新驱动

一是传统金融市场布局不足，人民银行缺乏大学生信用信息数据。大学生是一类特殊的消费群体，思想开放、消费潜力巨大，但是资金匮乏在很大程度上限制了学生的购买力。中国千万级规模的在校学生蕴含着庞大的市场，商业银行等传统金融机构的布局不足，给互联网金融平台介入校园金融提供了机会。大学生信用卡自 2004 年兴起，银行市场份额曾一度攀升，在一定程度上解决了大学生资金短缺问题，但是由于学生理财能力差、信用观念淡薄，各种信用违约事件相继发生。因此，自 2009 年银监会下发《关于进一步规范信用卡业务的通知》之后，大学生信用卡业务被叫停，学生金融市场出现短暂空白。此后，部分银行虽仍然推出大学生信用卡，但信用额度极低、授信严格，难以满足处于消费需求旺盛期的大学生群体。传统商业银行忽视校园金融业务，人民银行征信系统缺乏大学生正常的信用信息数据，导致校园金融产业发展缓慢，而此时兴起的互联网金融模式为弥补校园金融服务空白提供了可能。

二是现有校园金融产品单一，缺乏用户延续性与创新性。当前校园金融服务主要包括两大类，一类是以政府、学校、银行为合作关系的大学生助学贷款；另一类是以校园分期为代表的校园消费金融平台。其中助学贷款市场相对成熟，政府、学校以及银行基本形成稳定合作关系，但贷款大多形式单一、要求较高且办理程序复杂，导致学生正常的贷款需求难以得到满足，相对于互联网金融等高效型贷款模式具有一定的局限性。而校园消费金融市场处于发展初期，产品服务单一，仍以校园信贷、电商分期为主，虽然在一定程度上满足了学生的消费需求，但是由于缺乏创新、产品层次较低，导致学生用户群出现毕业即流失、消费高额低频等问题，严重阻碍了行业发展的可持续性。此外，当前国家监管层面对于校园消费金融发展的态度不明，缺乏校园消费金融平台运行资质及类虚拟信用卡合规性内容的相关规定，导致了大学生消费金融市场的低门槛、信息披露不充分等问题。

12.4.2　互联网金融具有创新校园金融的属性基础

互联网金融的发展弥补了中国传统金融行业在校园金融服务中的空白，有利于形成高效的消费金融体系。运用互联网金融发展校园金融，不仅是创新校园金融发展的现实需求，更是互联网金融拓展新型发展空间的机遇。学生群体具有的创新性、流动性、扩散性、成长性等独特属性为校园金融与互联网金融的融合发展奠定了基础。

互联网金融具有创新校园金融的融性特征。客体特征决定了产品需求特征，需求特征决定了市场特征。校园金融的特征由学生客群的特征所决定，与互联网金融之间存在相互融合的属性基础。互联网金融实质上是对银行传统业务涉及较少或尚未涉及的领域进行补充，将"长尾理论"成功运用到业务中，从客观上为互联网金融介入校园金融市场奠定基础。学生客群具有创新性思维，消费观念趋于开放，对互联网金融等新兴事物具有浓厚的兴趣。学生客群对于新事物发展的推动作用形成了互联网与校园金融相互融合的基础。在投资、理财、借款需求难以得到满足的时候，学生更容易接受互联网金融这种便捷的金融服务和产品。因此，学生群体独具创造性的本质从主观上为互联网金融与校园金融的融合创造了条件。

互联网金融具有创新校园金融的粘性特征。学生群体具有成长性和延续性，主要表现为学生从基础教育到大学的学习过程以及从就学到毕业之后的社会过程。在这两个过程中，学生对服务和产品的认同感逐渐加深并产生永久性影响。如何把握学生客群需求的延续性和永久性是提高校园金融发展持续性的关键。互联网金融在提高用户粘性方面，具有传统金融难以比拟的优势。在大数据分析的基础上，互联网金融运用用户思维有效地挖掘出客户的需求特征，并有针对性地提供一对一的服务来实现精准营销，有效地弥补了传统校园金融在缺乏学生客群服务延续性上的不足。在学生的不同人生阶段为其设计不同的产品、针对不同的家庭情况提供不同的服务。以全方位、个性化服务突破学生大学 4 年的服务时限，从学生的基础教育阶段一直持续到其走入社会，减少学生毕业即流失的现象。因此，学生客群的成长性与互联网金融的用户粘性优势成为发展"互联网 + 校园金融"模式的重要保障。

互联网金融具有创新校园金融的散性特征。学生群体的流动性是"互联网 + 校园金融"模式扩大影响范围的核心。学生群体是最具流动性和扩散性特征的年轻消费群体，这种流动性由学生群体的地理、文化构成的复杂性决定的。基础教育阶段的学生大多受同一地区的文化、教育影响，群体传染性程度较高，有助于校园金融产品在某一特定地域的扩散和流动。相对而言，高等教育阶段的学生群体来自五湖四海，人员之间相互流动。由于学生思维活跃，接受新事物能力较强，在完成学业之后可能会分散到各个不同的地区，带来良好的金融产品扩散效应。而相对于上班族，学生客群资金需求少、理财流动性要求高，是典型的长尾客户。具有流动性和扩散性特征的校园金融与高效、便捷的互联网金融结合，能够有效地推动"互联网＋校园金融"模式突破只服务于学生的局限性，拓展更具广阔性的毕业生消费市场。

互联网金融具有创新校园金融的恒性特征。"互联网＋校园金融"的恒性特征主要表现为大学生信用能力的长期性和恒久性，增强了学生信贷的可行性。互联网时代的信用贷款应该从学生客群的终身角度开展服务。在国家建立社会征信体系的大环境下，考虑到未来的工资收入与消费水平，大学生并不会因为当前的少量坏账而影响未来的信用能力，学生信贷和消费金融产品完全可以突破时间和空间的限制。此外，学生家长及学校的社会声誉往往对学生贷款起到了隐性担保作用。当学生无法如期还款时，家长为了不影响孩子的学业及前途，通常都会代其偿还贷款，减少了坏账的发生率。同时学生可以通过寻找课外兼职和实习的机会获取一定收入用于还款。因此，从一生的角度来对学生客户进行信用评级和信用判断，是互联网金融时代探索校园金融发展模式的新特征。

12.4.3　"互联网＋校园金融"融合创新发展策略

一是以校园消费金融为服务主体，兼顾教育投资市场。从校园金融的两大部分来看，互联网金融重点涉入的应是师生消费金融市场，而非教育投资市场。政府作为传统助学贷款双方的隐性担保者，制定了一套较为完整的学生贷款体系，来保证金融资源在非政府性教育投资市场上的合理流动。银行用于弥补政府性教育投资缺口而开展的学生助学贷款等金融业务已较为成熟，因此，互联网金融企业应开发师生消费金融市场。一方面，以服务学生群体为主体，除提供传统的消费信贷与校园分期产品之外，拓展校园周边场景（旅游、课外培训和医疗美容）与毕业后消费场景（结婚、买房装修等）。同时，积极推动学生消费资金供给端的多元化，将学生消费债权转让给银行、企业、商家等资金端，以降低学生信用分期费率。另一方面，注重教师队伍的消费需求培养。通过为教师提供适度廉价、便捷的信贷服务，来提高互联网校园金融产品在社会高端人群中的认可程度。

二是以高等教育阶段为主要服务学历，兼顾基础教育。以互联网金融思维来定位的校园金融，应着眼于服务客户的终身角度。随着个人征信系统建设的不断完善，校园金融客户的终身需求总额不可预测，可能达十万、百万甚至千万的量级。从学生客户一生的角度来设计信用贷款等金融产品，就是要针对学生群体具有高成长性的特征，从娃娃抓起，布局基础教育阶段市场，重点发展高端人才的校园金融市场，从而拓展至更广阔的学生毕业消费市场。其中，基础教育阶段市场是一个培养小型用户的基础阶段，并不适宜开发助学贷款类产品。考虑到学生家长对孩子教育的重视程度，可以适时开展课外培训及生活消费类分期产品，帮助学生从小接触校园金融产品，为企业的持续性经营打下基础。而在关键的高端市场，互联网金融企业应以高校学生群体为主体客户，发展大学生分期信贷平台、助学贷、易学贷等多种互联网金融模式，以便捷、低廉而高效的金融服务增强大学生消费粘性，为拓展大学生毕业金融场景提供有利条件。

三是以普惠金融为主要营销策略，兼顾市场金融。发展校园金融的目的并不仅仅是拓展金融服务的新市场，更重要的是对学生消费及金融潜力的提升和挖掘，为学生提供普惠式服务。大学生群体是最具发展潜力和成长性的优质客群，互联网金融服务于小微客户的普惠性对校园金融企业的社会责任提出了更高的要求。因此，创新"互联网＋校园金融"模式须首先立足于服务全国高校学子的宗旨。一方面，注重校园金融产品的服务质量和优惠活动，向学生客户适度让利。积极推出针对贫困学子的勤工俭学计划，帮助贫困学生解决学费和生活费问题。另一方面，以提高学生对劳动创造价值的认同感，增强学生社会实践能力为目标，通过多种活动方式支持、引导大学生择业、创业。而在毕业的跟踪服务阶段，学生有了一定的经济基础和社会经验，服务营销模式应转变为以市场化金融服务为主，与学生毕业之后的消费金融服务方进行数据对接，实现校园金融服务模式的二次转型。

四是以产品创新为主要发展模式，兼顾市场营销。目前的校园金融服务提供方主要是针对大学生的分期及信贷平台，同质化现象较为严重。平台运行初期，学生接受程度较低，多数仍以线下推广为主，运营成本较高，加之风控及创新能力不足，行业发展面临巨大的挑战。因此，企业应注重产品与服务创新，以优质的产品来吸引更多的学生客户，摆脱单靠降低贷款利率及额度吸引用户的传统营销局限。例如，打造"互联网＋金融＋消费场景"模式，以分期服务为入口整合金融资源与消费场景，利用沉淀用户和征信数据建立在线购物与各大电商网站一体化的虚拟平台，并将业务场景拓展至毕业生以及刚毕业的白领，为大学毕业生提供房租分期、购房装修贷款等服务。同时，重点拓展精英人群的金融服务，设立大学生创业基金，对接大学生兼职平台，挖掘大学生的创业、创新商机。而在线下市场推广上要注重节约成本，多用培训、任务、比赛的管理方式引导大学生团队，培养一批初始用户成为"校园大使"来带动产品推广。

五是以财经类高校为主要目标市场，兼顾其他类高校。财经类高校为我国培养了大批优秀的财经人才，成为现代化金融与互联网金融发展的重要推动力量。财经类专业与电子商务类专业师生是最具现代金融管理理念的精英团队，从财经类学校入手发展"互联网＋校园金融"是当前互联网金融规范健康发展的现实需求，也是创新新型校园金融模式的基础条件。由于财经类师生为主要目标客户，所以应从校园金融理念培养与校园金融产品实践两个方面入手。一方面，重视对学生消费金融知识的教育，以专业化的课程学习培养学生正确的校园金融消费观；另一方面，从实践的角度培养师生的产品使用习惯，以优惠手段和高品质服务提高财经专业师生对互联网校园金融产品的使用率，并带动其他高校学生和教师进行校园金融实践。

第十三章　互联网金融与网络借贷

13.1　P2P平台本质特征的探索

由于我国长时间地实行金融抑制政策，绝大多数金融资源聚集在国有经济，而广大中小企业、个体工商户等微小群体面临融资难的问题，P2P借贷平台恰恰针对这一问题，为微小群体提供了一个低门槛、简便、快捷的融资渠道。以往我国广大居民投资渠道主要是银行存款，然而在利率非市场化和通货膨胀的大环境下银行存款利率常常处于负利率水平。而股市、楼市、购买银行理财产品等投资渠道由于存在着门槛高、风险大的特点也不适合微小群体。P2P借贷平台利率水平经常维持在12%～22%，而且门槛低，自然会吸引逐利的民间资本，正因为如此，P2P自产生后到目前出现了爆发性成长。但由于其出现不良资产较高，跑路现象较多，因而对其争论之声也不绝于耳，有肯定的，也有全盘否定的。由于对其认识上的不统一，因此对P2P的评价也不一致，其发展目标、社会容忍、成长手段及对未来的愿景也各不相同。统一对P2P的认识必须从对其本质特征分析入手，只有掌握了P2P的本质特征，才便于抓住事物的本质和主要矛盾，从而对P2P未来的发展愿景作出科学的判断，进而在制定政策上保持一个积极的态度。

"本质"指事物本身所固有的、决定事物的性质、面貌和发展的根本属性。"本质特征"是指一事物区别于其他事物的明显特点和特征，是对事物本质的高度概括，具有唯一性。辩证唯物主义告诉我们，认识了事物的基本特征，也就抓住了事物的主要矛盾，并且任何事物都不是静止不动的，而是表现为运动发展的过程，而矛盾则是事物发展的根本动力，通过从认识事物的本质特征入手来推断其发展愿景，既符合唯物辩证主义的思想，更是一种认知某种事物的科学方法。

13.1.1　文献综述

P2P（Peer – to – Peer Lending 或 Person – to – Person Lending），国内译为人人贷。英国是 P2P 借贷平台的发祥地，Zopa 是 2005 年成立于英国的世界上第一个 P2P 网络借贷平台，同年美国的 Prosper 成立。虽然 Zopa、Prosper 的成立有着时间和地域上的差异，但是它们的创业理念都是一样的，即它们都是从贷款人和借款人的角度出发，以有不同需求的客户为中心，力求通过自身商业模式和产品服务的创新为其提供差异化的金融产品。由于我国金融市场相对不完善，利率市场化起步较晚，商业银行对小企业和个人贷款不够完善，传统的金融机构已经不能满足市场多样化需求了；加之在"新常态"提倡的结构转型的大背景下，P2P 借贷平台是对现有金融体系的有效补充，因此在我国的异军突起也就有了充分的理由。针对 P2P 模式的两个"缺点"——存款人风险高、资金流动性差，P2P 在我国进行了具有"中国特色"的调整，产生了纯线上模式、债权转让模式、担保模式、平台模式这四种 P2P 模式，但是这也使得我国的 P2P 模式发展逐渐背离了其设计初衷，出现了 P2P 业务异化。根据这一情况，人们对 P2P 产生了不一致的评价，对发展目标、社会容忍、成长手段及对未来愿景的看法也不相同。

周鹏（2013）认为广泛意义上的 P2P 业务是一种银行业务，即 banking，但它不是银行，即 bank。现在社会上大部分资本都集中在银行，主要投向大企业，P2P 有助于对资金进一步疏导，使其流向最需要资金的微小群体。从这一角度说 P2P 业务是在做银行业务，也就是金融。人人贷研究总监王朋月（2013）将 P2P 借贷平台定性为一种中介服务活动，其核心是以网络为媒介，网站为平台，通过提供借贷机会和信用评价、投资咨询等，协助投资者和借款人实现直接借贷的中介服务活动。叶湘榕（2014）认为从本质来看，P2P 借贷平台是互联网与小额信贷跨领域结合创新而生成的一种创新金融组织形式，即互联网金融。中国人民银行南京分行黄小强（2013）认为 P2P 借贷平台性质上从属于民间借贷，并且建议在《贷款通则》或在《放贷人条例》中，将 P2P 平台定位于从事货币信用活动的非金融机构，赋予其"合法贷款人"的身份。

上述观点均从一个层面对 P2P 进行了定义和评价，对我们认识 P2P 网络借贷性质提供了启发。但是，这些观点对 P2P 借贷平台的认识大多受国外对 P2P 借贷平台定位的影响，忽略了 P2P 借贷平台在中国征信体系不健全的金融市场环境下，采取的四种模式使得 P2P 借贷平台的本质已从单纯的信息撮合平台变成了集存贷款功能于一身的类金融机构。显然，这些定义反映的是 P2P 的非本质特征，而如果以非本质特征来定义 P2P，难免会落入片面化、重形式、轻内容的陷阱中，这样得出的结论或描绘出的愿景往往会出现方向性错误。

从 P2P 本质特征入手来认识 P2P，可以准确地对 P2P 进行客观而全面的评价。P2P 本质特征是"互联网 + 民间借贷"，是互联网对民间借贷的一种升级与组合。民间借贷与商业银行借贷相比有灵活、便捷、简单等优势。从本质上来看，"互联网 + 民间借贷"是民间借贷的创新形式，是对传统民间借贷的升级。P2P 利用先进的网络技术使得借贷信息公开化、透明化，通过运用信用评级、引入担保公司等手段，使得借贷业务范围由原来的熟人之间扩大到陌生人之间。P2P 的非本质特征包括了"民间金融"、"多种发展模式"、"信用中介"、"收益水平高"、"金融互联网化"等。

从定性 P2P 借贷平台是"互联网 + 民间借贷"这一本质特征，不难得出 P2P 借贷平台是一种对接微小群体融资、投资，借助于互联网的优势，区别于传统民间借贷的借贷方式的结论。P2P 可以有效地缓解借贷双方信息不对称、提高交易效率、优化资源配置、丰富投资渠道等，P2P 借贷平台展现出旺盛的生命力和远大的前途，作为一个新事物应积极支持其发展，使得它的优越性得以充分发挥，来满足金融市场日益增长的多元化需求，积极创造 P2P 发展的外在环境。

13.1.2　P2P 的本质是"互联网 + 民间借贷"

P2P 属于民间借贷进化形式，其本质是"互联网 + 民间借贷"，之所以这样定性，其依据是：

1. 事物的本质实质上是对事物的一个准确的定义。因为定义是反映事物本质的一种思维方式，是对事物本质特征内涵和外延的确切而简洁的表述。揭示事物的本质最常用的方法是对比两类事物，从寻找它们之间的不同点中揭示事物的本质。其中，对比的两类事物共有的东西不能成为其中某事物的本质。从本质上来看，P2P借贷平台是民间借贷的信息化，是对传统银行业务的有益补充，为微小群体提供了一个有效的融资渠道。

2. P2P是在民间借贷的基础上与互联网虚拟借贷平台相融合而生成的一种新事物，并呈现出新的特点与优势。首先它很好地扩大了传统民间借贷的服务范围，拓宽了微小群体的融资渠道，同时弥补了传统银行业务嫌贫爱富、门槛高、流程繁琐的不足之处。P2P借贷平台针对传统民间借贷和传统银行业务的这一不足，恰当地弥补了这一业务空缺，是应用"长尾理论"的一个具体实例。民众传统的投资渠道非常有限，非常大一部分资金都集中在银行，然而传统的银行往往会"嫌贫爱富"，致使有限的资源大都集中于大企业、大客户和中高端零售客户。因此，众多微小群体的筹资业务就形成了长长的业务尾部。P2P借贷平台的出现，弥补了这一业务空缺，使得资金疏导到最需要资金的微小群体，实现了资金市场的有效配置。同时P2P借助于互联网技术，将借贷业务从传统的手工劳动中解脱出来，大大提高了工作效率，也降低了业务交易成本。

3. P2P不是互联网与民间借贷的简单相加，而是对资源的一种重新整合，是一种低成本的融资方式。P2P借贷平台作为一种小额信贷的新模式，与传统信贷模式相比，大部分无须担保抵押、审批速度快、交易手续简单这些特点有效降低了交易成本，交易的完成更加依赖于借款人的信用。中小企业贷款信息、管理成本高、违约风险高使得传统银行金融机构通常不愿意把贷款批给这些中小企业，或者只愿意以较高的利率提供贷款，而P2P借贷平台不需要借助中介，能获得更低利率的贷款。

4. P2P是一种新生事物。符合新生事物的定义有三个基本条件：一是符合事物发展的必然趋势；二是具有强大的生命力；三是具有远大的发展前途。对于第一个条件我们已经分析过了，P2P借贷平台是符合社会经济发展大趋势的。对于第二个条件我们可以从下面一组数据中得到答案。自

2007 年我国第一家 P2P 借贷平台拍拍贷在上海注册成立以来，在众多互联网金融业务中，P2P 异军突起。据网贷之家发布的《中国 P2P 网贷行业 2014 年度运营简报》显示，截至 2014 年年末，我国网贷运营平台达 1575 家，接近 2013 年的两倍；全年累计成交量达 2528 亿元，是 2013 年的 2.39 倍；行业总体贷款余额 1036 亿元，是 2013 年的 3.87 倍。无论是从平台增加数量还是交易额增长幅度，我们都不难发现 P2P 展现出前所未有的生命力。随着我国相关法律的出台、监管体系的完善、征信制度的建立，规范化的 P2P 在中国市场一定有远大的发展前途。

13.1.3　P2P 未来发展的愿景描述

1. P2P 愿景的描述

通过参考国外发展成熟的 P2P 借贷平台的样本并结合我国特殊的国情现状，我们可以推断未来的 P2P 借贷平台的发展方向应该是科技化、规范化、透明化。P2P 借贷平台发展愿景即发展目标和方向主要有：

（1）P2P 借贷平台准入门槛有所提高。适当提高准入门槛对 P2P 借贷平台的规范化发展有重要作用。P2P 借贷平台创始团队要对技术有一定了解，拥有一定数量的专门从事金融方面工作的专业人员，管理团队要有商业管理理念，最好还要有丰富的电商经验和风投理念。

（2）P2P 借贷平台配套机制进一步完善。拥有完善的财务披露制度以及配套的审计流程，统一的坏账率计算方法和规范的财务报表填写方法，投资者可以方便地获得各个 P2P 借贷平台的有效信息，减少由于信息不对称造成的损失。

（3）对 P2P 借贷平台的监管更加合理和全面。监管部门对 P2P 借贷平台采取审慎包容的态度，防止因为监管过于严苛影响其发展的活跃性。作为新兴的事物，不能否定其促进资金流动、平衡供需双方、简化冗长复杂的银行借贷手续的作用。同时，对 P2P 借贷平台的监管应做到政府监管与行业自律相结合，综合监管与地方监管相配合，线上监管与线下监管相组合，真正做到全方位、多角度、多层次的全面监管。

（4）P2P 借贷平台在发展中对消费者保护水平日益提高。配套机制的完善和监管机制的到位使得信息不对称给消费者带来的风险有所降低。法律机制的健全使得 P2P 借贷平台的定位得以明确，而且一旦平台、借款人、出资人出现问题和纠纷时，可以依照法律协调处理或通过法律诉讼来解决。

2. 实现 P2P 愿景的战略措施

2014 年底，P2P 借贷平台出现了多起提现困难、限制提现、跑路、诈骗等问题，也因此导致了一系列社会负面影响。[①] 据网贷之家统计，2015 年全国网贷行业出现了 896 家问题平台。

（1）不断完善 P2P 行业法律规范。目前我国还没有针对 P2P 贷款的法律规定，缺乏相应的法律法规和强势的监管主体，对 P2P 借贷平台的法律地位、经营范围一直没有作出明确规定。银监会宣布，P2P 将归属普惠金融部进行管理，但监管机构对 P2P 行业至今尚未出台具体的管理办法。整体管理规则不明确，导致国内 P2P 市场一片乱象，各种 P2P 平台处于野蛮生长的阶段。P2P 这种具有"草根化"、"多元化"的民间借贷，对金融监管体制确实有一定的挑战性。但是 P2P 行业在我国已经过了近 8 年时间的充分发展，监管实质性介入的时机已经成熟。因此，要尽快制定出台规范 P2P 借贷平台发展的法律法规，尽快推动《放贷人条例》早日出台，对 P2P 借贷平台的法律地位、经营范围等予以具体规定，明确界定 P2P 借贷平台和非法借贷中介；尽快明确 P2P 借贷平台的监管主体，同时制定《P2P 借贷民事诉讼法》，一旦平台、借款人、出资人出现问题和纠纷时，可以依照该法律协调处理或通过法律诉讼来解决。

（2）建立多层次监管框架。当前 P2P 借贷平台还存在中间账户监管缺位风险。2014 年 12 月至 2015 年 1 月底，在不到两个月的时间里，仅山东一省即爆出 55 家问题 P2P 借贷平台——有的失联，有的跑路，有的无法提现[②]，P2P 借贷平台出现的金融诈骗和卷款"跑路"成了投资人的一大担忧。出现这一问题主要在于交易使用的中间资金账户缺乏监管，资金支配权掌握在平台手里，中间存在不少虚假借贷业务，资金自融。若是对时

---

① http：//www. wangdaizhijia. com/.

② http：//sd. ifeng. com/news/fengguanqilu/detail_ 2015_ 01/28/3487358_ 0. shtml.

间差和合同条款没有严格控制，"卷款私逃，挪作他用"等中间账户资金沉淀引起的道德风险是存在的。同时，中间账户缺乏监管，也会使得 P2P 平台非法集资的可能性增强。机构可以先从出资人获取资金再用于出借。由于资金沉淀账户未受到监管，难以被及时发现并制止。资金池的形成虽然可以提高机构运作资金的便利性，但使出资人对资金用途、资金转移没有把握，从而增大出资人的风险，平台本身有可能陷入非法集资的怪圈。

莫顿和博迪（2000）认为：金融功能比金融机构更稳定，金融机构的功能比金融机构的组织方式更重要①。P2P 借贷平台是互联网金融的典型形式，互联网金融与传统金融的竞争会实现资源的优化配置，也会提高效率，升级功能。所以对 P2P 借贷平台这一金融创新形式的监管要本着容忍的原则。考虑到我国各个方面存在许多不成熟的因素，这给 P2P 借贷平台的监管工作带来了更大的难题。如果设立地方金融监管部门，将问题化整为零，应该会打破当前的尴尬局面。同时加强行业自律，它比政府监管更具有灵活性，更贴近市场规律。

（3）建立并完善征信体系。放开个人征信业务，换句话说，征信业务市场化对 P2P 行业是有积极作用的，专业的团队做信用数据采集、加工和整理，有助于 P2P 公司利用数据创新产品，或者和征信公司共同建立某个领域的信用模型，加速 P2P 行业深化发展，控制风险。然而，人民银行拟放开个人征信业务，P2P 平台企业无一入选。征信的缺失使得传统借贷效率低下、成本高昂，于是变相成就了当前方兴未艾的 P2P 网贷行业。但与此同时，征信机构与征信产品的缺失也使得突然爆发的 P2P 网贷迅速陷入了传统借贷机构同样的窘境，看上去很美的互联网大数据目前在小额借贷业务中也难担当风控大任。而且征信的缺失导致国内 P2P 公司难以通过纯线上模式做大，平台大多不得不组建线下团队，通过线上线下相结合的形式对借款人进行审核。因此，严格风控下的大部分 P2P 公司需要付出较高的线下征信成本。

---

① 莫顿和博迪（2000）认为，金融系统有六个核心功能：跨时间、跨地区、跨国的经济资源配置；风险管理；支付与清算；聚集资源与分配股份；为分权化过程提供价格信息；解决激励不一致问题。P2P 网络借贷实现了经济资源配置、风险管理和提供价格信息三个功能。

我国征信体系起步较晚，可以借鉴国外的征信体系建立的经验。一是依托政府做好信息采集工作，运用系统做好基础性工作，进一步完善以人民银行为主导的社会信用评价和管理体系。二是要积极推动 P2P 借贷平台与征信系统对接。修订《个人信用基础数据库管理暂行办法》中个人信用报告仅限于金融机构使用的规定，消除信息交换的壁垒。三是要推动 P2P 行业内部征信体系建设并形成统一的信用评价标准①。此外，可建立黑名单互换机制，加大违约惩罚力度，提高违约成本。

（4）加强对 P2P 行业技术平台的投资与开发力度。目前 P2P 行业平台技术水平不高，发展不成熟，存在着严重的安全隐患。金融和互联网的结合使人们寄希望于通过大数据来提高小额信贷的风险控制技术水平。然而，基于大数据的技术仍在探索之中且需要时间来进行数据的积累，所以，小额借贷技术还需要进一步开发。

（5）建立 P2P 行业财务信息披露制度。目前，我国在 P2P 行业并没有建立财务披露制度，大部分 P2P 借贷平台也不主动披露自身财务状况。即使有少数 P2P 平台会定期披露自己的财务报告，这些报告也因未经审计而缺乏公信力，而且也很难从中找到公众所关心的坏账率等指标。此外，坏账率计算的方法，不同模式又是不同的，目前还缺乏统一的标准。另外，不同的 P2P 借贷平台因性质不同，应按不同的会计准则来填报财务报表，但事实上却不是这样的②。因此，对 P2P 借贷平台的企业必须规定其实行行业财务信息披露制度，在指定时间、指定地方适时公布其财务信息，接受投资人和社会各方面的监督。

（6）不断提升 P2P 借贷平台的担保能力。目前，P2P 公司提供的担保往往通过三种模式：第一种，由公司注册资本担保。一旦坏账数额超过公司资本，造成资不抵债，这种担保也就名存实亡了。第二种，收取所有贷款额的1%作为保险金，用来赔偿遭遇坏账的存款人。但实际上，小额贷款的坏账率远高于1%，这种保险模式无法长久持续。但如果公司提高保险金比例，相应就会降低存款人的收益，失去 P2P 网贷所具有的高回报率

---

① 陈清艺. 我国 P2P 借贷平台的发展、风险及政策建议［J］. 福建金融，2014（9）：31.
② 叶湘榕. P2P 借贷的模式风险与监管研究［J］. 金融监管研究，2014（3）：75.

的市场竞争力。第三种，通过第三方担保公司进行担保。这种模式和用公司注册资金担保存在同样的问题，即如果坏账超过担保公司的担保能力，最后买单的依然是存款人①。为了提升 P2P 借贷平台的担保能力，一是要加强对企业的自我积累，增强企业自身抗风险、化解风险能力；二是要对担保的担保公司积极加入再担保体系；三是政府可设立 P2P 借贷平台的专业担保公司或担保基金，支持 P2P 借贷平台的行业发展；四是要通过财政、税收等政策扶持 P2P 借贷平台的企业发展。

（7）切实加强 P2P 借贷平台产品的管理。由于多数 P2P 借贷平台是从线下小贷公司或者其他民间放贷组织和个人转化而来，多数平台已经背离了信息中介的角色。部分平台为了追求融资过程中的利益，自身参与融资业务，表现为直接充当投资人、借款人、担保人等角色，使得平台具有了吸储、放贷、担保等金融职能。异化的 P2P 借贷业务已从多个方面突破了法律、法规的禁止性规定，部分已经构成了刑法分则的具体罪名②。因此，当前对 P2P 借贷平台的管理的重点在规范其产品和种类与业务界面的边界上，划清罪与非罪的界限，企业开发的产品必须符合已有的监管政策底线要求。

13.1.4　结束语与建议

P2P 借贷平台是一种运用互联网技术实现民间借贷融资行为的综合性平台，是典型的"互联网＋民间借贷"模式，其意义不仅仅是两者的相加，而且是对传统意义上民间借贷的创新与改造，具有十分强大的生命力与美好的发展愿景，是金融体系中的新生事物。虽然，P2P 在发展阶段有或多或少的问题，但并不否认其有存在与发展的价值，因为其本质特征决定了 P2P 借贷平台的未来发展愿景，将成为我国解决中小企业、个人融资的主要渠道。当前正确的政策取向是要分析 P2P 借贷平台的本质、主流、方向，目前存在的问题主要是受外部环境的制约（如监管政策、技术水平、信任机制等），对于这些存在的问题，要有针对性地采取措施，从而

---

① http：//www.itf‐mag.com.
② 万志尧. P2P 借贷的行政监管需求与刑法审视［J］. 东方法学，2015（2）：103.

发挥 P2P 借贷平台的最大功能。

13.2 网贷监管细则背景下网贷平台生存之路

13.2.1 对网贷平台发展应充满信心与希望

1. 互联网金融上升为国家战略

李克强总理先后四次喊话力挺互联网金融，表明政府层面肯定互联网金融的创新发展，对网络借贷行业未来政策的落地、监管、扶持均有正面导向作用。2015 年 9 月 23 日，李克强总理签批《国务院关于加快构建大众创业万众创新支撑平台的指导意见》，其中第十三条强调规范发展网络借贷；10 月 16 日，李克强总理再次强调，鼓励互联网金融依托实体经济规范有序发展。同时，十八届五中全会将"十三五"规划编制定为此次会议的主要议题。考虑到近期课题规划和当前政策形势，金融改革和"互联网＋"议题或将对内增加金融供给与竞争，从而进一步释放创新空间。另外，与"十二五"规划相比，"十三五"规划最大的变化或者说亮点，就是突出创新驱动发展。可见，互联网金融已逐步上升到国家战略层面，网络借贷行业持续发展已是不可逆的趋势。

2. 引导民间借贷地上化与阳光化

中国民间金融市场规模近几年持续扩大，2014 年已超过 5 万亿元，但随之而来的是非法集资案件的爆发式增长，案件数量、涉案金额、参与人数均持续放大化。其中集资人数超千人的案件共 145 起，同比增长 314.28％；涉案资金总量超亿元的有 364 起，同比增长 271.42％。而 P2P 网络借贷不仅是民间借贷的简单互联网化，还重塑了借贷关系与商业模式，在合理发挥民间资本作用的同时，又能引导民间金融地上化与阳光化，对解决非法集资问题具有积极意义。

3. 解决小微企业融资困境

截至 2014 年底，我国小微企业总数逾 5606 万户，户均资金缺口约

70.5 万元①，可估算出小微企业资金需求约为 39.52 万亿元。而 2014 年我国小微企业贷款余额仅有 17.76 万亿元，可见资金缺口高达 22 万亿元。截至 2015 年 8 月，小微企业已增加到 6600 多万家，资金缺口正在持续扩大、恶化，中小企业的融资困境可想而知。而具有普惠金融属性的 P2P 网络借贷，其 95% 以上的资金流向小微企业，真正意义上拓宽了小微企业融资渠道、降低了资金成本。以江苏为例：在开鑫贷贷款投向中，中小微企业占比高达 96%，年化综合融资成本小于 9%②，切实为小微企业解决了融资困难；旺财谷平台则积极开展应收账款融资理财服务，已经为多家中小微企业融资逾 5 亿元。

4. 传统金融体系的有益补充

作为传统金融的创新与延伸，网络借贷将互联网思维与信贷市场运作体系有机融合，并依托于大众创业、万众创新的宏观环境，既有效拓宽小微企业融资渠道，又深度契合投资理财的差异化需求，具备传统金融难以实现的功能与优势。对于融资方，网络借贷模式能大幅降低融资成本、提升资金配置效率；对于投资者，能提高投资收益、满足客户差异化需求。并且得益于普惠金融性，P2P 平台服务范围延伸到传统金融行业未能涉及的群体，包括小微企业、学生、工薪阶层等。在推进小额信用借款与投资理财大众化的同时，P2P 网贷充分调动社会闲散资金，有效拓宽投资理财渠道，是传统金融体系的有益补充。

13.2.2 超常规发展与频繁跑路并存现状

1. 超常规发展：根据网贷之家的数据统计发现，P2P 网贷平台数量在 2010 年仅有 10 家，2014 年末达到 1942 家，而截至 2015 年 9 月底，平台总数已达到 3448 家。2015 年 1 ~ 9 月网贷交易总量达到 5957.83 亿元，且仅 9 月成交额就突破千亿元大关。而 2014 年社会融资规模为 16.46 万亿元，比 2013 年少 8598 亿元。截至 2015 年 10 月 15 日，社会融资规模增量在前三季度达到 11.94 万亿元，较 2014 年同期减少 5786 亿元。可见，网

---

① 数据来源：广发银行发布的《中国小微企业白皮书》。
② 资料来源：《中国人民银行南京分行关于对开鑫贷运营模式综合评估情况的报告》。

贷行业增长速度之快是其他行业难以比拟的，网络借贷融资在社会融资中地位也日益凸显。

2. 高跑路率现象：尽管 P2P 行业仍在蓬勃发展，但高比例跑路现象才是当下关注的焦点。2014 年全年问题平台数多达 367 家，是 2013 年的 4.96 倍，占平台总数的 18.9%。而到 2015 年 9 月底，问题平台数已有 1031 家，是 2014 年的 2.8 倍，占比上升到了 29.9%。而"跑路"平台问题类型主要为平台恶意欺骗、经营不善、违反政策法律和担保风险集中爆发等。

13.2.3　平台加快发展与资产风险上升已成为主要矛盾

1. 当前盈利模式下平台须扩大融资规模

P2P 网贷行业发展问题与困境由多方面原因导致，其中的重要根源之一是网贷平台的盈利模式。在收入项目方面，我国网贷平台主要是向投融资双方收取服务费，以收益管理费、借款管理费和会员管理费为主。在成本支出方面，主要包括第三方结算费、人力资源、平台推广和房租水电费用。基于对全国网贷平台企业的抽样调查分析，得出网贷行业盈亏平衡点约为 4800 万元的月成交额，5.76 亿元的年成交总量。根据网贷之家 2015 年 9 月平台成交量统计，共有 146 家平台位于盈亏平衡点之上，仅占到 6.04%，网贷行业整体正处于亏损状态。这是因为，在该盈利模式下，前期平台利润不支持财务连续性，进而难以保证平台成长的持续性。因此，P2P 平台必须加快发展、扩大交易规模，才能实现盈亏平衡，从根本上保障平台的生存发展。

2. 经济下行形势下资产风险加大

2015 年前三季度中国 GDP 同比增长 6.9%，可见经济下行压力较大，在经过一年多来的六次降息后，我国的一年期存款基准利率已降至 1.5%，利率下调空间已大幅缩小。并且在 2015 年 9～10 月，CPI 和 PPI 之间的差异达到 7.2 个百分点以上，这显示了 2015 年下半年以来中国经济的不景气状况持续加深。根据中国银行国际金融研究所发布的《全球银行业展望报告》，2015 年第三季度末上市银行不良贷款为 9075.8 亿元，同比增长

50.1%；不良贷款率为1.52%，同比上升0.4个百分点。这些数据均表明了国内实体经济下行压力仍在增加，一些重点行业的亏损面有所扩大，企业经营状况的变化对资产质量产生了直接的影响。而2016年我国经济下行压力仍在，平台将继续遭受资产荒问题的困扰，平台快速发展的愿景与资产风险上升成为了主要矛盾。

13.2.4　网贷平台健康发展需内修外补

1. P2P平台应加快自身发展与升级

（1）做强资本实力：由于网贷平台盈利模式的条件性，前期利润无法弥补成本支出，迫使平台需做大资本实力才能有生存发展机会。而且，做大资本实力、引进外部资金也能为平台竞争力带来多方面提升：①国有背景、上市公司或风投的战略注资，表明对平台的认可与背书，实现平台本身增信；②资金的注入能够减轻推广成本压力，同时依托合作公司增加平台知名度，提升推广效率；③合理整合资源，通过分享金融项目运作经验与大量优质客户，可为稳健发展提供强有力的资源支持。以江苏省为例，多家平台企业正在积极做大资本，加快引进外部资金。2015年7月，国家开发银行全资子公司国开金融领衔相关股东，向开鑫贷注资2亿元；目前付融宝平台和中技控股、软银中国、浙商证券（北京）联合签署了战略合作协议，获得3.5亿元的融资；金票通平台现阶段正在与一家省内国有性质的投资机构接洽，主要涉及该机构对平台的资本注入；种子金服也已开展第二轮天使投资，正在与风投公司商谈具体细节。

（2）做大交易规模：平台收入来源主要为向借贷双方收取的服务费用，因此收益状况与平台成交规模具有高度相关性，平台融资规模增大就会产生更多利润，进而减小平台资金断裂而跑路的可能性。据上文估算，平台企业的盈亏平衡点约在5.76亿元的年成交额，而行业整体的平均水平与之差距较大，因此做大交易规模是平台企业前期运营的核心目标之一。然而，成交量的增加也会带来风险损失和坏账成本的上升，因此平台要保证持续性发展必须做大成交量，同时还要兼顾风险防范和坏账管控。

（3）做大组织：随着互联网金融指导意见与非银支付网络支付管理办

法的相继出台，P2P 平台将受到一定的监管政策冲击，平台的高合规、高资质要求已是必然趋势，更是行业长期发展的必然结果。因此，占到平台总数 90% 以上的小规模网贷平台生存空间将被严重挤压，只有选择做大组织或行业联合重组，才能整合资产、科技与人才优势资源，提升平台企业发展竞争力。企业联合重组本身就能产生直接的经济效益，可以改善单一企业的种种弊端，以适应政策变化与社会经济的发展趋势。而平台的整合重组，能够减轻高注册资金的压力，整合资源优势提升风控水平，提高平台技术研发能力。此外，从企业战略层面考虑，组建区域性龙头企业能够形成品牌效应与区域垄断优势，进而大幅增强网贷平台的市场竞争力，逐步改善平台盈利情况。

（4）做响品牌：正是由于网络借贷行业高跑路率的现象，投资者安全意识逐渐提升，更为关注平台企业的背景与品牌形象。一方面，平台企业需加大宣传推广投入与效率，才能在竞争日趋白热化的网络借贷行业脱颖而出，吸引优质的投融资客户。另一方面，P2P 行业的长远发展需以行业形象重塑为基点，既要完善风险防范体系以重塑企业信用形象，又要积极履行社会责任以提升社会形象。当前 P2P 平台更倾向于用高端楼宇来显示企业实力，同时也产生了高额的房租成本，从企业品牌创造的角度来讲，更关键的还是加强平台风险控制能力，提升我们的决策水平，开发优质和特色产品，完善平台高质量、差异化服务体系。

（5）做小平台成本：由于平台企业的收入来源较为单一，多样化的成本支出才是解决盈利困境的关键所在，其中人力成本、平台构建等均不同程度是为风控体系服务的，垫付成本更是与风控水平有着直接关系。受限于国内征信环境的缺失，P2P 平台在风控体系建设方面投入了大量成本。因此，平台企业盈利模式的优化升级需以更为高效便捷的风控审核机制为前提，而依托大数据全流程审批将是平台未来削减成本的重要途径。大数据不仅仅是海量信息的集合，并且拥有极强的连贯属性，从而挖掘出各种客户特点、习性并以此得到融资者的信用情况，为贷前审核提供依据；大数据的存在将提高融资方的违约成本，进而监督融资方资金使用与及时还款。更加重要的是，大数据是将各类零散信息进行汇聚并分析处理，因而具备高度的真实性与可靠性，能极大地提高小微企业融资过程的信息透明度，从而作出合理有据的决策。因此，大数据全流程审批在确保信用审核真实可靠的基础上，还能有效提高贷前审核的便利性、高效性，从而实现平台风控成本的大幅削减。

（6）做细行业领域：源于现阶段网贷平台企业的高同质性，营运前期的推广成本、获客成本不断上涨，P2P 平台盈利的难度极大。基于互联网技术与思维的充分应用，有机融合电子商务与网贷平台，明确自身定位、发展精准营销，才能实现推广成本的合理运用。另外，我国 P2P 网贷行业还属于朝阳行业，只有打造差异化优势，才能在日趋激烈的竞争中保有实力，提升平台自身特色水平与核心竞争力。具体而言，垂直细分化发展能多方面提升平台竞争力：首先，提高产品创新能力。产品创新是 P2P 平台不断发展的动力，满足了不同目标客户群的个性化需求，可实现精准营销避免盲目高额的推广成本，提高了平台的竞争力。其次，大幅提高风险把控水平。坚持对特定行业的长期关注与服务，势必会加深对该领域的认知理解，提升市场信息收集与分析能力，从而有利于实施精准营销，探索出行之有效的风控体系。最后，便于寻找优质项目。在特定领域的持续发展，能加快 P2P 平台品牌与影响力的形成，从而有利于发现并获取优质项目。因此，做细行业领域、坚持垂直细分化发展是 P2P 网贷行业的必由之路。

2. 政府需给予适当扶持与引导

（1）对特定平台实施财政补贴：当前小微企业关联行业均享有一定的财政补贴政策，如各地对于担保企业采取各种形式的财政补贴，如给予中小企业信用担保机构专项补助资金和服务专项资金，鼓励和支持金融机构向小微企业提供金融支持，设立小微企业信用贷款风险补偿金。而 P2P 网络借贷主要服务于中小微企业，在小微企业的融资与发展方面能够起到积极作用，发挥着一定的政府职能作用；同时，网络借贷模式又能极大地推动个人消费、刺激社会需求。政府应肯定其在促进大众创业、万众创新与激发经济新增长点方面的重要地位。从政策公平与促进社会经济发展角度，均应有类小微企业关联行业的扶持政策。一方面，对补贴对象实行数量限制，重点对以中小微企业为主要服务对象、特定交易规模以下的 P2P 网贷平台给予政策扶持，并根据平台机构的注册资本、当年交易增长率、信用等级等达到要求的网贷平台予以补贴或奖励。另一方面，设置专项服务资金与风险补偿金，鼓励 P2P 网贷平台在不逾越法律红线下，创新投融资业务、加大对小微企业融资比例。

（2）税收优惠政策：对于小微企业关联行业，政府给予了较大的税收优惠政策，如在特定时间段内对金融机构同小微企业签订的借款合同免征印花税；担保机构从事中小企业信用担保或再担保业务取得的收入三年内免征营业税。而同样支持小微企业发展的 P2P 网络借贷，其行业整体正处于亏损状态，税负的存在无疑会愈发加重行业发展困境。因此，应对网贷行业施以类似税收优惠政策，细化对小微企业金融服务的差异化政策，适当提高对网贷平台贷款不良率的容忍度，从而促进 P2P 网贷更好地服务实体经济与小微企业。此外，由于平台企业两极分化逐渐加剧，采取结构性减税更符合行业当前情况与需求。该税收政策注重实施对象的有条件性与选择性，强调税制结构的科学合理，通过限定实施范围、区分对待各层次平台来提高税负的减免效果。可依据平台的注册金、融资规模、盈利状况等指标来实施结构性减税，科学制定营业税和增值税的起征点，势必能有效减轻中小规模平台税收负担，直接有利于 P2P 平台加快前期发展速度、缓解平台资金压力。

（3）提高网贷平台准入前置：随着 2015 年 7 月《指导意见》的出台，网络借贷行业正进入规范发展期，行业进入前置条件应大幅提高，以提升平台抗风险水平。提高网贷行业准入前置需以如下三个维度为抓手：其一，设立牌照制。对于牌照发放的标准，应首先参考网络借贷平台的信用评级等级，如英国平台 Zopa，持有公平贸易局的信用许可证作为资质证明，具有行业的牌照的相同效力。牌照制的建立既有效提高平台统计管理的便捷度，又能提升进入平台的资质水平。其二，注册资本金。现阶段，我国 P2P 行业的进入成本过低，注册资金普遍偏少，而欧美 P2P 平台注册资金基本都在千万级别。因此，政府应对 P2P 平台设置最低注册资本金制度，从而提高平台的抗风险水平，实现对投资者的有效保护。其三，风控

251

体系。风控体系水平将是 P2P 平台未来发展的核心竞争力，应从平台风控团队与风险准备金制度两方面进行构建。在平台试运营前，就应设有成熟的风控团队来进行贷前审核，并计提部分注册资本金充当风险准备金，从而提高其抗风险能力。

（4）制定平台产品价格指引：由于平台收益高度依赖于交易规模，使得平台企业在推广方面疯狂竞赛，不惜以高息低费吸引投资者、扩大成交规模，致使网贷平台的获客成本持续增加。因此，P2P 平台应科学、透明地制定收费标准，前期应适当增加费率以减轻运营压力，保留后期发展的盈利空间。目前，江苏省互联网金融协会出台了《江苏省互联网平台企业收费价格指引》，作为全国首份的网贷平台产品价格指引，创新性地根据互联网金融行业与网络借贷行业业务特点，从收入和支出两个角度明确给出了平台收费项目与标准的指导意见，对于网络借贷行业的科学计算与合理定价具有积极作用。

（5）建立平台企业间危机互助联盟：互助联盟应在监管部门或自律组织的牵头下开展工作，主要由各平台企业高层组成，通过共享风险处置经验，提供智力及人才等多方支持，来确保应急处置工作的有序、高效。互助联盟主要能给予五点支持：①逾期项目支持。当平台出现逾期项目时，联盟应提供相关的处理方案与经验分享，而经营范围包含债权收购的联盟单位或其母公司可对回收期短、流动性强的突发性逾期项目提供债权转让支持；②专业人员支持。联盟单位应通过临时借调金融与科技人才，尤其是具有处理应急事件经验的核心人才，分别提供事件处理方案、平台技术支持；③舆论导向支持，即协调地方宣传部门，积极与新闻媒体协调沟通，第一时间发布问题事件真实情况与处理进程，向客户公布事件处理方案，争取事件报道的主动权；④设立 P2P 行业风险备付金。在龙头企业的带动下，探索设立行业风险备付金，制定完备的备付金规章制度，严格规范备付金资金的来源、管理及使用。通过备付金帮助出现突发性风险或有短期资金需求的平台，增强 P2P 平台抗风险能力与行业互助能力；⑤设立平台资产项目统一抵（质）押机制。监管部门或自律组织应指导互助联盟设立专门机构，对平台资产项目实行集中统一的抵押、质押，从而更好地管理和处置平台资产端风险。

（6）征信体系资源的分享：网络借贷模式是传统金融的有益补充，而征信体系是现代金融的发展基石。P2P 网贷是金融借贷服务不断创新的产物，迫切需要征信体系在互联网上进行信息共享，依托于欧美完善的社会征信环境，P2P 网贷模式得以生存并平稳成长，而我国尚未建立健全社会征信体系。因此，应借鉴学习国外征信体系建立健全方案，进一步推动互联网金融全面进入人民银行征信体系，实现信息的共享。一方面，依托征信体系加大对失信的惩罚力度，包括市场的退出机制、平台及融资方失信和违约成本等。另一方面，通过建立征信档案系统，建立配套的大数据分析体系，实现对大数据的收集、分析及利用。

（7）改善舆论环境与法律环境：作为新兴行业与事物，在 P2P 网络借贷发展过程中应给予支持、理解和包容，在规范行业健康发展的同时，应兼顾到行业的创新与发展速度。在发展初期，舆论环境在一定程度上能够影响投资者与政府监管，而法律环境则直接决定行业的发展活力与创新空间。网络借贷行业发展具有其内在合理性与积极意义，应避免对其过于苛刻、以偏概全，甚至否定整个网贷行业。由于当下网贷平台"跑路"问题的高敏感性，若出现问题就采取批评、夸大报道等方式，极易造成挤兑风险，进而导致平台资金断链而跑路。因此，对于 P2P 网络借贷，应采用柔性监管原则，给予适当宽松的舆论环境、法律环境，确保在规范网贷行业健康发展的同时，又能兼顾到行业的创新与发展速度。

13.3　网贷企业发展中的矛盾与解决对策研究

作为互联网金融的重要业态之一，P2P 网贷模式不仅获得政府的政策认可与支持，于实践中也超常规发展。自 2013 年以来，我国 P2P 平台开始出现膨胀式发展，2015 年 10 月全国网贷平台成交量共计 1319.59 亿元，较 2014 年 10 月的 384.07 亿元，同比增长率高达 244%。平台总数也增至 3435 家，P2P 网贷平台历史累计融资总额达到 10983.49 亿元，成功实现万亿元规模的阶段性目标①。伴随着成交额与平台总数的几何式增长，P2P 网贷影响力正急剧扩大，在个人及中小型企业的融资地位中日益提升。

然而伴随着自 2013 年以来该创新金融模式的跳跃式发展，诸多金融风险也逐渐暴露出来，大量问题平台因资金断链而跑路，债权人权益正遭受巨大威胁。到 2015 年 10 月底，全国问题平台总数共计 1078 家，占比高达 31.38%。平台企业的高比例"跑路"现象，引起了社会各界对网贷行业能否持续发展的怀疑，甚至得出 P2P 体量难以做大的结论。因此，亟需对国内 P2P 行业进行规范化引导和监督，推动网贷行业健康有序发展。

网贷行业规模始终高速增长，表明其具有极强的生命力与成长性，然而当前行业高"跑路"、低盈利等现状却与之相背离。而 P2P 平台当前出现的问题由多方面原因造成的，其引发的风险可能危及整个金融体系的稳定与发展，进而关系到行业自身的生存与发展，因此亟需对 P2P 平台企业进行全方位管理的思考。

13.3.1 P2P 网络借贷发展问题及其原因分析

1. P2P 网贷行业发展问题及其危害

（1）P2P 平台高跑路率

国内问题平台总数从 2014 年的 147 家，到 2015 年 10 月底的 1078 家，同比增长了 6.33 倍。而从涉案资金角度看，2013 年"跑路"平台涉案金额达 23 亿元，而 2015 年上半年该金额就已超过 60 亿元，这都表明了网络借贷行业的金融风险正在加速释放。如此惊人的高"跑路"率现象，一方面，将给广大社会投资者带来巨额损失，影响金融系统与社会经济稳定；另一方面，极大地破坏了 P2P 网贷平台的整体形象，将受到监管政策方面更多的监督与约束。

（2）网络黑客攻击频繁

基于网络资料整理，仅 2014 年至 2015 年 8 月底，国内就有超过 150 家 P2P 平台企业曾遭受黑客攻击，致使平台的客户信息泄露、关键数据被

---

① 数据来源：2015 年 10 月 P2P 网贷行业月度报告。

修改、系统短时间崩溃等，进而导致相关损失过亿元。对于网贷平台的黑客攻击事件频发现状，平台投资者逐渐丧失对网贷行业的安全感与信任度，部分投资者甚至不再利用 P2P 网络借贷进行投资，而且 P2P 平台企业自身也陷入两难困境。受制于网络安全技术能力不足、潜在安全漏洞较多、应急反应机制欠缺等问题，平台企业尤为担忧遭遇到黑客攻击，进而引发巨额经济损失和平台客户流失。在交易中，无论贷款是否审核通过，借款人提供的上述资料都不被退还。如果黑客成功攻击 P2P 平台网站，必然会导致投融资双方信息泄露，既对个人隐私带来威胁，还造成 P2P 平台的品牌形象受损，对该 P2P 平台自身及整个行业均产生负面影响。

（3）信息不对称问题严重

信用风险具有两面性、突发性、收益结构不对称性等特点，这些特征在我国 P2P 行业中表现得更加突出，其根本原因还是我国信用相关信息的透明度低问题异常严重。一方面，金融消费者难以了解网贷平台的资质与风控水平，更无从辨别 P2P 平台的优劣；另一方面，P2P 平台用于融资者的贷前审核成本较高，且无法监督资金用途和流向。伴随着 P2P 平台的激烈竞争与创新，投资者承担全部风险的模式基本消失，网贷平台普遍提供本息担保或与第三方担保公司合作。因此融资方风险将转移到 P2P 平台，从而加剧了平台的坏账率与营运问题。而大部分平台并不具备追讨违约资金的专业能力，如果发生资金链断裂，平台和投资方只能通过网络平台来追讨资金，追讨违约资金能力的不足与追讨流程的非专业化扩大了信用风险的不良影响，缺少担保与质押措施极易产生金融消费者损失本息的风险。

（4）互联网金融人才稀缺

从 P2P 平台角度来看，优质的互联网金融人才是不可或缺的核心竞争力，能有效减少经营风险，并且是其他平台竞争者难以效仿的。然而，人才的不足与流失则会致使平台竞争优势欠缺，而且会导致互联网金融产品设计不科学、风控水平不达标，进而导致 P2P 平台的被动"跑路"。据江苏省互联网金融协会的测算，仅国内网络借贷行业 3 年内将有 142 万的人才缺口，再考虑到另外几种主要业态模式，我国互联网金融未来 3 年或将出现 300 万的人才缺口。以江苏省为例，互联网金融行业的高管需求占比约为 4.2%，而风控、技术、营销人员需求比例分别是 21.1%、16.4% 和58.3%。因此，基于岗位结构分析，互联网金融人才需求程度最大是营销人员，其次分别为风控与技术人员，即项目经理、风险控制、信贷审核、平台研发等项目端人员，用于构建平台企业的风控与研发团队，这是平台的核心竞争力所在。而占比最少的是高管人才，由于主要承担规划企业发展战略、日常营运管理等宏观方面的内容，对高管自身的能力与素质要求极高。

2. P2P 网贷行业困境的原因分析

（1）网贷行业准入前置缺失

现阶段，我国 P2P 网络借贷行业准入前置标准尚处于缺失状态，平台企业良莠不齐。正因为网贷行业准入门槛低、无平台标准，导致行业的资质水平与风险防范水平参差不齐，又缺少对网贷平台信用等级评级机制，极易导致行业出现逆向选择问题，增加平台企业"跑路"或倒闭风险。尽管 2015 年 7 月《指导意见》的出台，标志着网络借贷行业正进入规范发展期，但提高行业的进入前置条件应为首要任务。P2P 行业准入前置缺失主要表现在以下三个维度：其一，未设立牌照制。互联网金融本质属性仍为金融，因此对其监督管理，应参照对传统金融体系的要求，设置牌照制度是加强金融风险把控的基本前提。其二，无注册资本金强制标准。现阶段，我国 P2P 行业的进入成本过低，注册资金普遍偏少，而欧美 P2P 平台注册资金基本都在千万元级别。过低的注册资金一方面反映企业的资质水平与资本实力欠缺，另一方面也间接表明平台风险承受能力不足。其三，无风控体系基本要求。风控体系水平将是 P2P 平台未来发展的核心竞争力，关系到平台企业的生存与发展，是投资者权益的关键保障。然而，我国平台企业急于上线运行，并未深刻认识到互联网金融的风险，忽视对技术与风控团队的建设。

（2）现有盈利模式缺乏科学性

得益于国家宏观环境、小微企业融资需求、互联网思维与技术等多方利好，网络借贷行业呈现蓬勃发展态势，但与传统银行业相比，P2P 行业成熟度还有待提高，平台企业内部还未建立健全运作与风控机制，于金融产品定价、项目收费标准等方面还需积极探索。根据江苏省互联网金融协会对全国300家网络借贷平台盈利模式的抽样调查，实现盈利需首先做到约5.76亿元的融资总额，而2015年10月处于该保本点之上的平台只有151家，可见网贷行业尚处于大面积亏损阶段。网络借贷企业的盈利是有条件的，即当成交规模超过特定保本点之后，才能收回前期巨额投资、实现平台企业盈利。更为深入地看，我国平台企业多但规模小，经营管理能力弱，缺少政策引导与规范，项目收费标准不科学。因此，目前我国平台企业的盈利模式无法保证其持续健康发展，进而引发了频繁"跑路"现象。

（3）国内社会征信环境缺失

P2P网贷模式在我国起步较早，进入门槛较低，市场主体较多，涉及的资金规模和市场影响力较大。由于国内缺乏外部评级制度、信用消费历史较短等原因，这种信息不对称在短时间内难以改善，从人民银行与融资担保公司的信用数据共享的试点历时数年仍然没有进展也可以看出我国信用制度体系推行的艰难。在监管机构和社会信用体系缺失的情况下，国内网贷平台既未接轨人民银行的征信体系，又缺乏完备的风险识别机制，对融资方资质与风险水平的评估审查并不能完全依赖于P2P平台的自有审核机制，我国P2P平台还基本上依靠行业自律对融资方进行审核。此外，国内专业的网络借贷平台评级机制十分缺乏，尚未形成包含运营模式、安全性、交叉认证等多维度的评级体系。

（4）P2P网络安全技术不够

现阶段，我国网贷平台主要通过两种方式搭建平台，其一是企业自建，其二是对外购买系统。然而，P2P平台技术商的系统属于流水化搭建，风险应急处理能力较差，存在安全隐患的话就会立即影响到相同系统的网贷平台，造成大范围的投资者权益损失。风控体系应当作为平台企业的发展重点与核心，除了保障平台业务运营的风险把控外，平台的网络安全系统也是重中之重。P2P网贷本质是互联网与民间借贷的有机融合，根本上是具有金融属性的，相应地存在一定程度的金融风险。从技术安全角度来看，当前国内市面上及在用的 P2P 平台系统均存在不同程度的安全隐患，系统与技术供应商尤其需提高准入前置。而从网络安全成本投入角度来看，我国大部分平台的盈利状况不佳，用于提高网络系统安全的成本投入过低且部分网贷平台更注重企业知名度与收益竞争力上，转而忽视平台系统安全的重要性，从而致使自主研发团队建设及科技设备升级问题难以解决。

（5）内外部环境导致人才缺口大

我国互联网金融行业人才需求量如此庞大，主要有两个方面的原因。其一，互联网金融行业保持了三年多的超常规发展，在行业规模膨胀式成长下，导致了行业整体庞大的人才缺口。以 P2P 网贷行业为例，截至 2015 年 10 月，新增平台总数为 1656 家，较 2014 年底增长了 85.27%。而从 P2P 网贷成交量来看，2013 年行业全年规模仅为 1058 亿元，而 2015 年 9 ~ 10 月连续两月成交量超过千亿元，行业累计交易规模已超万亿元。可见互联网金融正呈现蓬勃发展，导致该行业的人才供给无法覆盖其规模扩张产生的巨大缺口。其二，优质的互联网金融人才，尤其是中高层人才更加稀缺。尽管互联网金融是新兴商业业态与模式，但其本质属性仍为金融，对金融风险的认识与把控尤为重要。因而该行业的核心竞争力集中反映在两方面：一方面是风险管控水平。这又与互联网金融产品、对接资产端与负债端、控制项目风险等业务高度相关；另一方面是基于互联网思维的服务模式。互联网思维是互联网金融服务的关键创新，能够改善金融服务水平、提升客户满意度，并利用垂直差异化经营，形成有别于传统金融的独特优势。上述两方面致使该行业需要复合型人才，既需具有金融机构工作经验，又需拥有互联网技术与思维，然而兼具技术与金融背景的互联网金融人才十分稀缺。

13.3.2　P2P 平台企业全方位管理的策略研究

1. 建立平台网络系统安全标准

由于当前 P2P 平台准入门槛低，平台的资质水平与网络安全系统问题严重，部分平台甚至没有技术研发团队。因此，亟需建立相应的互联网金融平台安全标准，推动平台网络安全系统升级、保障客户资料信息安全。网络系统安全标准的制定，可依据传统金融与互联网金融的共性与特点进行完善，主要从技术标准与管理机制两个维度进行制定。如平台必须拥有最高权限的管理账户，能够自主控制并完善系统，保障平台具备一定的自我保护能力；提升身份识别机制，实现对共享文件及数据表的自主访问控制，基于过滤措施来实行区域边界保护；通过系统安全防范、数据联合校验、用户多重密码加密等方式，提高平台客户自主保护意识与能力，提升用户与平台系统的联合风险防范水平。

2. 加强并规范平台信息披露

只有加强并规范 P2P 平台的信息披露义务，才能真正重塑网贷行业的整体形象，保障金融消费者合法权益。P2P 企业应严格依据真实性、准确性、完整性与及时性的原则，依照相关指引的要求，对以下几方面关键信息进行披露。其一，主体信息，包括基本情况、股东情况、定期运营报告、网站服务等；其二，产品信息，即各种产品的基本情况与资金结算方式；其三，业务信息，包括经营数据、借款信息、项目集中度、项目逾期情况、平台客户情况；其四，科技相关信息，包括科技团队建设、安全等级评定；其中，尤其应提高网络系统安全防范措施的披露，包括资料传送、存储、保密、备份等方面。此外，P2P 企业还应构建数据披露管理机制，如安排专人专岗设置负责平台定期的信息披露，按信息披露指引规定，提高信息披露的质量与完成度；在平台官网设置披露专栏，确保投资者及时有效地了解相关信息。与此同时，监管机构开展对平台企业的披露状况的随机检查，对于违反相关披露规定的平台企业，按不同情节采取相应的惩罚措施，包括通报批评、限期整改、降低信用评级等。

3. 引导网贷平台产品科学定价

各平台在推广宣传上疯狂竞赛，纷纷开启"烧钱模式"，甚至企图以高息低费吸引投资者、扩大规模，致使平台前期的获客成本过高。而只有科学合理的产品定价，才能重塑 P2P 行业品牌形象，提升平台用户的信任度，形成良性循环发展的行业环境。因此，政府应引导 P2P 平台企业科学合理制定产品价格，既要充分考虑实际运营成本，也要兼顾平台风控体系水平。针对平台企业的运营特点，前期应适度提高费率以减轻成本压力，为后期成长留有盈利空间。监管部门应积极引导平台企业科学定价，坚持有收费依据、有定价标准的原则，明确 P2P 企业的收费性质，确保不逾越法律红线。网贷平台可参照费率标准，结合自身业务开展和成本支出情况，合理制定各项收费。在定价标准方面，P2P 平台应遵循保障客户权益及自身利益的原则，对收费各项、收费结构、收费依据等进行适度公布，以增加金融消费者对平台企业的认识，提高 P2P 网贷行业的透明度。此外，P2P 企业还应在定价指导意见之上，科学合理地计算费率，透明高效地进行监督管理，建立投资者资金和平台收费的隔离制度，严禁征收平台违规费用，严禁逾越监管底线进行非法集资。

4. 构建针对网贷平台的巡查制度

由于 P2P 平台企业尚无规范标准，监管机构又难以实行及时有效的监督管理，因此应构建巡查制度。巡查制度的制定应充分考虑 P2P 网贷行业特点，通过网络监管、信息审核、实地调查等多种措施，来推动平台企业认真落实相关法律与监管政策，加强自律管理制度与实施情况，核心业务与关键岗位的防控水平。尤需注意的是，该巡查制度应以随机抽查为主，不固定形式、不定期地对平台进行检查。通过建立舆情管理机制，对产生负面消息的平台企业启动应急调查；基于监管主体、行业协会、舆情管理的三者联动，整合利用各方优势资源，构建针对 P2P 网贷的多方联合巡查机制。而在巡查完成之后，应及时公布对平台企业的巡查报告，对平台企业的经营状况及风险防范体系进行客观评价。巡查制度的建立与实施，一方面，将有效规范平台企业运营，提高风险控制水平；另一方面，通过检查潜在的安全漏洞与隐患，做到事前预防、及时解决，提高平台企业的安全程度与风控水平。

5. 建立网贷平台信用评级制度

平台频繁"跑路"、经营能力低、恶意诈骗等问题仍然严重影响着行业形象，可见信用问题是 P2P 网贷行业面临的最大风险。秉着平台自愿参与的原则而推出的信用评级制度，是一种通过协会招标，并由第三方机构为各平台进行信用评级，进而给投资者提供参考的评级制度。但是，投资者能不能接受某一平台的评级，能不能完全信任第三方的评级结果，这是不能确定的。换位思考，作为投资者，在没有亲身体验过或没有详细了解过平台之前，可能都不会觉得这个平台信用是否值得信赖。因此，即将由江苏省互联网金融协会出台的网贷行业评级系统只作为投资者的一个参考。在评级方面将会权衡考虑平台风控体系、注册成本、有无设立资金池等多个指标。如今在商品同质化的基础上一些平台的同质化竞争极为激烈，一些实力平台也将在激烈竞争中从多方面胜出，比如有上市背景的东方金钰和有国资背景的开鑫贷等。或许将来投资人在挑选安全的投资平台时，确实能够完全依据评级系统和市场的自动选择。

6. 加快互联网金融人才培养

尽管现阶段互联网金融正处于井喷式发展状态，但核心人才的稀缺已经制约到行业的进一步发展，必须继续加快行业人才培养，提高从业人员的整体专业素质。虽然符合互联网金融复合型人才需求的数量极少，但2015 年我国约有 750 万应届毕业生，其中计算机类、经济管理类与金融类人数共计约 266 万人，占比高达 35.5%。因此，可通过校企合作、联合培养方式来构建互联网金融人才培育机制，加快该类准行业人才的成长速度。首先，应建立互联网金融人才合作培养体系，提升行业基础金融知识与基本计算机技术，大力促进核心团队建设。其次，鼓励互联网金融企业与高校对接，在共同培养人才的同时，积极聘请高校教授，共建互联网金融研究中心。最后，还应通过相应的激励机制留住互联网金融人才，如建立股权期权池、给予年终业绩分红、改善工作福利与环境，同核心人才达成企业文化和目标的一致性，防止平台重要人才的流失。

13.3.3　结论与建议

我国 P2P 网贷行业存在盈利模式、网络安全技术、信息不对称、互联网金融人才稀缺等多方面问题，因此应加快建立网络安全标准、设立信息披露指引、出台定期巡查制度、引导平台科学定价、构建平台信用评级机制、互联网金融人才培养体系等，规范 P2P 网贷行业有序健康发展，进一步驱动互联网金融服务实体经济。

此外，P2P平台自身还应加快自身升级发展，提升平台竞争力。一方面，提高平台风险控制体系。长尾市场的贷前审核是平台运营的关键所在，风控能力将是网贷行业未来的核心竞争力。另一方面，引入外部资本、提升平台资金实力。网贷行业具有其前期投入大的独特性，只有雄厚资金实力的平台才能弥补其盈利模式的局限，而且外部资本还能带来先进经验、优质客户、平台增信等多方面优势。

13.4　P2P平台运营与金融消费者权益保护

随着新一轮信息技术革命的兴起，以互联网思维为核心的新时代精神重塑了人类社会经济关系，人与人、人与企业之间的非接触式交流逐渐成为现代金融交易的主流模式。而基于互联网技术与思维方式的创新，传统金融实现了资金融通和服务模式的升级，并逐渐形成一种"区别于商业银行间接融资与资本市场直接融资的第三类融资模式——互联网金融模式"（谢平、邹传伟，2012）。互联网金融的运行逻辑在于传统金融与互联网思维的相互博弈与相互融合。它是一种具有高成长性、强生命力的新型金融模式，并逐渐成为现代金融业发展新的"蓝海"。互联网金融具有"普惠金融"的特质，其以更高效、直接的方式开展服务，有效地降低交易成本，给长尾客户带来了更加便捷的用户体验。作为一种新生事物，互联网金融在其发展初期需要一个宽松的环境来鼓励创新。随着互联网创新思维的不断深入，互联网金融行业获得了长足的发展，各类新型互联网金融产品如雨后春笋般涌现，极大地满足了广大中小投资者的投融资需求。然而，金融创新原本就是一把双刃剑。互联网金融创新在推动行业高速发展的同时，也会滋生风险。根据网贷之家数据显示，截至2015年6月底，全国在线运营的P2P平台数有2028家，月均复合增长率达8%，贷款余额高达2087.26亿元，相比2014年年末增长了101.47%。① 然而，由于多种因素的制约，互联网金融安全问题也日益凸显，P2P平台跑路、大数据信息

---

① 数据来源：网贷之家网贷数据 http：//shuju.wangdaizhijia.com/industry.html。

泄露现象时有发生。我国互联网金融市场以中小投资者为主要参与者，中小投资者的专业性、风险控制能力和信息获取能力较弱，在相关制度缺失的现实情况下，极容易遭受损失。而投资者作为互联网金融市场重要的参与主体，构成了市场赖以生存和发展的核心基础，投资者权益的有效保障关系到互联网金融生态环境的稳定。因此，在经济金融转型压力日重的今天，如何协调好互联网金融创新与投资者权益保障两者之间的关系，以维护投资者权益为核心，构建和谐健康的互联网金融新生态，成为当前互联网金融发展工作中的重点。然而，与传统金融相比，由于网络的特殊性，投资者维权问题在互联网金融背景下面临更大的挑战。在当前互联网金融基础设施不健全的环境下，法律保护与制度约束等传统手段难以从根本上解决投资者维权难、维权成本高的问题。而从人类社会经济发展的长期规律来看，以思想道德文化为核心的内涵建设所形成的内在约束机制可以有效地规范市场行为。各市场参与主体自我约束、自由管理，在交易中自觉遵循市场规律，从根本上形成对投资者权益的保护。因此，从道德规范的角度探讨互联网金融市场投资权益保护路径，将道德文明嵌入现代互联网金融文明，构建绿色健康的互联网金融新生态，才能最有效地保障互联网金融投资者权益。

13.4.1　互联网金融道德建设是保障投资者权益的最优落点

以 P2P 网贷为代表的互联网金融企业由于存在虚拟化、信息技术依赖、安全系统欠缺以及法律监管与缺失等问题，其风险相比传统金融具有更大的复杂性与特殊性（洪娟、曹彬、李鑫，2014）。就目前情况而言，我国互联网金融投资者保护体系依然不完善，立法保护尤为欠缺、跨部门统筹监管机制以及网络征信体系尚不健全。P2P 平台虚假项目、拆分标的等经营手段层出不穷，恶意欺诈、非法集资等严重违法现象也屡禁不止，投资者的权利保障和风险防范面临很大的挑战。因此，探索如何协调好收益与安全的关系，维护好互联网金融投资者的合法权益成为互联网金融理论界与实务界关注的话题。

部分学者致力于从不同的角度探讨互联网金融投资者权益受损的原

因，郭纹廷和王文峰（2015）从互联网金融风险的角度分析了互联网金融相关利益主体的权益保护问题。他们认为互联网金融投资权益受损的根源在于违背了"高收益高风险"的风险投资定价规则，投资者对互联网金融风险认识不足。同时指出互联网金融投资面临的风险主要在于社会道德、信息泄露风险与兑付风险三大类。贾聪聪（2015）以"百发"理财为例分析了互联网金融的理财机制，通过与传统金融的比较分析，指出互联网金融环境下投资者保护问题主要面临来自技术、立法、监管三个层面的挑战。而周昌发和李京霖（2014）从消费者视角、互联网金融服务提供者视角以及监管机构视角三个方面，系统性地分析了互联网金融消费者权利受到侵害的根本原因。他们指出网络信息泄露以及虚假信息披露是导致互联网金融消费者权益受损最主要的因素。还有一些研究主要集中于投资者维权途径的探讨，潘斯华（2014）全面分析了互联网对金融消费者权利保护的利弊，认为从健全法律框架、完善监管体系、畅通投诉受理途径、加强对消费者的教育等方面入手可以有效地保障互联网金融消费投资者的权益。而贾聪聪（2015）从立法的角度探索互联网金融投资者的权益保护，借鉴国外金融消费者保护立法的优秀经验，尝试进行互联网金融环境下中国金融投资者保护的立法建构，建立专门的互联网金融法，从而减少传统金融法律在适用于互联网金融领域中时出现的矛盾与冲突。

当前关于互联网金融投资者权益保护的相关研究，大多数是基于传统金融投资者保护理论，从不同层面分析投资者保护问题产生的根源，并借鉴不同交易市场投资者权益保护的经验，提出相关政策建议。然而，这些研究忽略了互联网的特殊性，难以从根本上解决互联网金融投资者的权益保护问题。随着互联网技术与金融的不断融合，先进的金融平台对行业内涵文化和道德规范提出了更高的要求。正如人类社会发展受到伦理道德约束一样，伴随人类社会发展产生的金融系统与金融活动也具有道德性（刘锡良、曾欣，2003）。孙梅（2007）对我国金融发展中的道德冲突进行研究，指出加快道德水准的演进，提升金融发展理论水平，能够有效地减少金融道德风险发生的可能性，维护金融投资者的合法权益。而互联网金融本质仍然属于金融，互联网金融活动同样受人类社会整体价值观的影响。

以道德规范为基础的内涵建设是互联网金融市场长期稳定存在的内在要求和根本保障。因此，通过加强互联网金融道德文明建设，构建互联网金融文明与互联网道德文明相统一的生态环境，充分发挥道德规范在互联网金融投资者权益保护中的作用，不仅能完善当前互联网金融投资者保护理论研究，同时也能为互联网金融投资者维权提供新的路径。

13.4.2　道德缺失是互联网金融投资者保护问题产生的根源

1. 互联网金融投资者权益保护问题的特殊性分析

与传统金融相比，互联网金融是金融服务在互联网技术变革中的产物，其结合了信息网络"开放、便捷、经济化"等优势，将金融产品的销售终端内置于互联网形成开放式交易平台。然而，由于互联网的特殊性，投资者维权问题在互联网金融背景下也有其特殊性。

（1）网络技术广泛运用，投资者信息安全容易受到侵害

互联网金融的发展基于计算机网络技术的不断革新，计算机网络技术在给互联网金融的发展提供了强大的技术支持的同时，也带来了互联网系统所特有的网络安全风险。而在互联网交易中，交易双方无法通过面对面交易识别对方身份。因此，投资者被要求提供更详尽的个人信息，包括投资者的身份信息、交易信息、资金状况及投资偏好等。这些隐私信息在互联网传输过程容易受到系统漏洞、黑客攻击、计算机病毒等影响而存在被盗用和篡改的风险，从而导致投资者资金遭受损失。

（2）误导性宣传收益现象普遍，投资者知情权难以得到保障

很多互联网金融企业为了吸引投资者的注意，违规渲染产品的高收益率，在平台网站上打出具有诱惑性、承诺性收益的字样，却没有履行向投资者披露真实信息、进行风险提示的义务，这给大多数缺乏交易经验、风险识别能力较低的中小投资者的交易行为造成了极大的困难。在互联网金融交易中，由于平台披露信息的真实性难以保障，投资者难以对产品的收益与质量安全作出全面客观的判断而忽略了投资风险，最终导致利益受损。

（3）制度建设与互联网金融发展不适应，行业风险管理能力较弱

随着互联网与金融服务的不断融合，互联网金融创新程度日益深入，

而与互联网金融市场相关的制度建设并不健全，监管制度与法律制度存在一定的滞后性。传统金融领域原有的监管制度与金融法律难以适应互联网金融这一新的金融业态的发展。在业务实践中，很多互联网金融行为由于"无法可依"导致过度创新，风险暴露严重。同时，由于缺乏具体的监管政策，市场准入门槛比较低，一些不法分子借互联网金融名义从事非法集资和诈骗犯罪活动，这不仅损害了投资者权益，同时也严重威胁着互联网金融市场秩序的安全。

（4）网络交易虚拟化导致侵权责任难以认定，投资者司法维权成本高

在互联网金融实践中，由于网络交易的虚拟化、无纸化特点，交易信息以电子化形式保存在计算机数据库中，无法获得传统金融交易中的纸质投资凭证等关键证据，这导致投资者调查取证相对于传统金融纠纷更加困难。此外，由于互联网金融交易纠纷涉及的责任主体除了融资方、交易平台之外，还包括网络运营商、软件提供商等，责任主体之间复杂的法律关系导致侵权责任认定更加困难，投资者走司法程序进行维权所花费的时间成本和人力成本过高。

2. 互联网金融投资者权益保护问题的原因分析

从人类金融发展史看，道德始终是调节经济活动与社会关系的重要力量，可以从内部对经济活动与社会关系形成有效地约束。经济学家厉以宁认为道德是超越市场与超越政府的第三种力量，在市场调节和政府调节失灵的地方仍然起着不可替代的作用。而在互联网金融领域，一个以诚信、守法为核心原则的道德环境是投资者合法权益得以保障的基础。互联网金融道德规范的形成可以对互联网金融行为产生内在软约束，互联网金融参与者在这种文明的环境中自觉遵守规则。而一旦道德规范缺失，资产运行风险逐渐暴露，严重影响互联网金融业的持续与稳定，投资者权益保护问题加重。因此，互联网金融投资者权益保护问题产生的根源在于道德的缺失。尤其是诚信缺失、违法乱纪以及网络道德失范等不道德的行为严重影响了投资者权益的有效保护。

（1）诚信缺失加剧了互联网金融资产运行风险

诚信是人与人之间交往关系中最基本的道德要求，是文明社会经济、

266

道德和法律的根基。在长期的社会道德实践中，我国逐渐形成了重承诺、守信用的道德传统，而在经济生活中，信用构成了市场经济的前提与基础，诚信的缺失必然导致经济秩序的紊乱。在互联网金融领域，互联网金融交易活动的顺利进行建立在交易双方相互信任的基础之上，以诚信为核心的道德规范是互联网金融领域不可或缺的基础性因素。而在当前的互联网金融交易活动中，互联网金融企业的诚信缺失加剧了金融资产运行的风险，虚假宣传、恶意营销等行为给投资者造成极大的经济损失。P2P平台为了追求利益的最大化，向投资者披露虚假信息，夸大收益、回避风险进行炒作，这些不诚信的行为导致大多数中小投资者权益受到侵害。

（2）非法集资等违法乱纪行为扰乱了互联网金融行业秩序

遵纪守法是人类社会一切道德规范的根本保障，不仅是社会道德的标准，更是社会法律的要求。法律在给社会、经济形成约束的同时，也为对人们的正常交往提供有力的保障。因此，每一个金融交易主体都必须严格遵守法律，合法合规进行交易。然而，在互联网金融实践中，有一些不法分子利用互联网平台，大搞资金池、进行非法集资等违法犯罪活动，骗取广大金融投资者的财产，一旦出现流动性问题便携款潜逃，严重扰乱互联

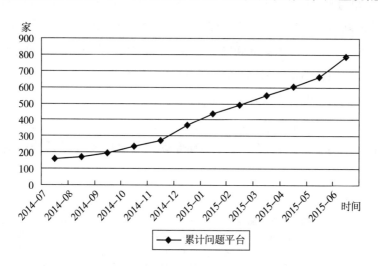

数据来源：网贷之家。

图 13－1　P2P 行业各月问题平台数量（2014 年 7 月至 2015 年 6 月）

网金融行业秩序。根据网贷之家数据显示，截至 2015 年 6 月末，全国 P2P 行业累计风险暴露的平台数已有 786 家，其中，2015 年上半年新出现问题的平台数高达 419 家，月均增长率达 19.03%。[①] P2P 平台问题日益突出，对广大投资者造成极大的损害。

(3) 不遵守网络道德规范侵害了互联网金融投资者隐私权

人们在网络世界中，以现实社会中所遵循的道德规范为基础，结合网络环境的特点，建立起一套调整人与人、人与网络之间关系的原则和规范。人们在享受信息时代网络科技成果的同时，更要遵循网络道德规范，履行维护网络安全的责任。[②] 而在当前的互联网金融活动中，不遵守网络道德规范的现象屡见不鲜。尤其是互联网金融服务提供者对投资者信息的过度收集和滥用，会导致投资者隐私权遭受侵害。与传统金融活动相比，互联网金融所需要的投资者信息更加全面。一旦信息安全出现问题，必然会导致投资者的经济安全受损。

13.4.3　互联网金融投资者权益保护路径选择

在互联网金融活动中，道德规范能够使从业者获得强大的精神力量，将正式的规则内化为自身思维习惯与伦理道德，自觉维护互联网金融市场的稳定。因此，面对当前互联网金融过度创新、发展不规范造成的投资者权益保护问题，必须协调好监管、企业和投资者三方关系，以加强互联网金融道德文明建设，完善互联网金融投资环境，保障投资者合法权益为总体目标，构建以诚信为核心，以遵纪守法为基础，以遵循网络道德为主要内容的互联网金融道德观，最终实现互联网金融资本与道德资本的有效统一。

---

① 数据来源：网贷之家网贷数据 http://shuju.wangdaizhijia.com/industry.html。
② 网络道德规范内容：不应该用计算机去伤害他人；不应干扰别人的计算机工作；不应窥探别人的文件；你不应用计算机进行偷窃；不应用计算机作伪证；不应使用或拷贝没有付钱的软件；不应未经许可而使用别人的计算机资源；不应盗用别人的智力成果；应该考虑你所编的程序的社会后果；应该以深思熟虑和慎重的方式来使用计算机；为社会和人类作出贡献；避免伤害他人；要诚实可靠；要公正并且不采取歧视性行为；尊重包括版权和专利在内的财产权；尊重知识产权；尊重他人的隐私；保守秘密。

1. 加强互联网金融信用文化建设，构建网络诚信体系

在国外，互联网金融行业尤其是 P2P 行业发展相对健康，其关键在于拥有完善的社会信用评价体系以及安全的网络外部环境。而在中国，由于网络诚信理念的相对缺失，信用管理机制不健全，投资者权益保护问题突出，P2P 行业面临极大的发展障碍。因此，加强互联网金融企业的信用文化建设，构建完善的社会诚信体系可以大大地提高互联网金融风险防范的有效性。第一，加强社会主义现代化网络文化建设。现代互联网金融活动的展开超越了传统物理社会中的以熟人信任关系为基础的交易模式，而建立在陌生人普遍参与的基础上，从理性人的角度拟定诚信契约来处理各种金融关系。因此，必须在传统社会道德规范的基础上，充分考虑互联网交易"虚拟化、信息化"的特点，逐步建立以诚信、高效为核心的现代网络文化环境，在互联网企业内部形成一种积极向上的文化氛围，为线上交易活动创造良好的诚信文化环境。第二，强化诚信制度建设，建立完善的社会诚信体系。构建完善的诚信体系是推动互联网金融业务健康规范发展的基石。互联网金融的诚信体系建设相对于传统金融要求更高，需要传统信用评级体系建设经验与互联网技术创新力的有效融合。综合运用法律、宣传和舆论监督等手段建立网络社会信用激励和惩戒制度，健全互联网信用管理保障体系。同时，充分利用互联网大数据分析与挖掘技术，建立一个包括个人信用、企业征信、登记注册、信息披露、道德评价等覆盖各个领域的网络诚信体系，以供各互联网金融参与主体参考。

2. 加强法制建设，健全互联网金融投资者权益保护的法律框架

互联网金融作为一种新兴金融模式，其发展速度远超过相关法律体系建设的速度，因此，目前我国在互联网金融投资者权益保护的法律体系建设方面存在明显的不足。互联网金融法律法规的缺失以及传统消费者权益保护法律的不适用性，难以对互联网金融投资者形成有效的保护。因此，必须结合互联网金融发展的特殊性，不断加强互联网金融投资者权益保护法律建设工作。首先，应加快完善互联网金融投资者权益保护相关法律的步伐，夯实互联网金融生态的制度基础。借鉴国外经验，及时出台《互联网金融基本法》，建立互联网金融良好的法治环境。并通过细化投资者权

益保护细则，赋予互联网金融投资者对互联网企业的追偿权及相关机构投资者投诉仲裁权，从法律层面规范互联网金融市场主体的行为。同时，完善互联网金融个人信息安全法律规范，通过法律形式进一步明确个人信息的获取和使用规则，防止投资者信息的过度采集和泄露。其次，强化互联网金融的执法力度。以改善我国互联网金融投资环境，促进互联网金融发展为重点，进一步强调司法公正。严格遵守互联网金融相关法律规范，从保护投资者合法权益的角度出发，加大对网络诈骗、网络犯罪等行为的打击力度，提高法律威慑力。营造互联网金融行业"有法可依、有法必依、执法必严、违法必究"的现代化法制环境，充分发挥法律在互联网金融活动中的调节和引导功能。

3. 建立互联网金融行业道德标准，提高参与者道德自觉性

互联网金融行业道德标准的构建，能够有效地提高互联网金融参与主体的自律性，相当于法律制度在消极的含义上对互联网金融行为的合法性进行界定，道德规范从主动的含义上对交易活动形成约束。在当前互联网金融法律法规不健全的现实情况下，建立互联网金融行业道德标准，可以实现参与主体自发的行为调控，有效地降低市场交易成本，营造良好的投资氛围。因此，以社会道德规范为基础，结合互联网金融的基本特点，从互联网金融从业个人、企业及社会三个层面构建行业基本道德规范，加强互联网金融主体的道德自觉建设。第一，充分发挥个人主观能动作用，加强从业人员职业操守培养。通过道德规范教育使其形成对互联网金融道德标准的高度认同，并内化为自身的价值观念和行为原则，以实现个人利益诉求与社会整体要求的协调统一。第二，构建互联网金融企业道德文化标准。注重企业内涵建设，积极构建以诚信、创新、安全为核心的互联网金融企业文化。通过诚信经营引导企业价值，并以企业价值观引导企业员工行为。第三，完善互联网金融企业的社会责任体系建设。各互联网金融参与主体严格遵守行业行为规范，自觉承担起构建和谐文明的互联网道德体系的责任。通过制定和执行相关道德标准，协调员工与企业、企业与网络社区、网络社区与整个社会经济生活的可持续关系，形成各市场参与主体的道德自律意识。

4. 搭建多层次投诉平台，完善投资者维权纠纷处理

由于互联网金融服务"长尾用户"的特质，互联网金融投资者权益保护纠纷涉及的金额一般较小，但是人数及数量往往很大，这必然导致纠纷处理的高成本、长期限。另外，由于传统监管模式不适应开放式互联网金融的发展，其在互联网金融投资者权益保护方面的有效性有所欠缺。因此，探索互联网金融投资者权益保护的多元化纠纷处理机制，搭建多层次投诉平台，对保障投资者合法权益至关重要。第一，畅通互联网金融企业内部投诉渠道。企业肩负起维护投资者权益的责任，凭借平台与投资者直接接触的优势，完善投资者维权投诉机制，规范内部投诉的操作流程。如发生争议，积极与投资者协商处理，内部消化大部分纠纷事件。第二，监管部门建立权威的在线投诉平台，统筹管理全国互联网金融投资者维权纠纷问题。投诉平台通过调解、谈判等多种第三方纠纷解决机制代表投资者与互联网金融企业协商。在重点保护投资者权益的同时，也兼顾企业合法利益，并有权披露违规企业的侵权行为，报监管部门备案审查。第三，提高互联网金融投资者维权案件司法审判的专业性。司法部门充分认识中小投资者的弱势地位，建立专门的互联网金融投资者诉讼程序与诉讼救济制度，条件成熟可设立专门的审判法庭。

5. 完善网络道德规范，优化互联网金融外部环境

当前互联网金融领域的诚信缺失导致的风险暴露令人担忧，其实质是网络道德环境恶化的表现。网络道德环境的完善是防范互联网金融风险的外部保障。因此，可以通过加强现代化互联网道德建设，优化互联网金融运行的外部环境，为互联网金融投资者维权提供良好的环境基础。第一，确立以社会主义核心价值观为指导、以传统道德为基础的网络道德原则。以社会主义道德体系为依托，继承"礼法、诚信"等传统道德文化理念，合理借鉴国外网络道德建设经验，并结合中国互联网发展特点建立现代化网络道德规范。第二，强化网络道德教育。建立家庭教育、学校教育及社会教育三位一体的网络道德教育体系，树立互联网金融参与者的网络道德主体意识，培养其网络规范自律性。同时，通过线上与线下相结合的方式进行网络道德规范宣传，普及网络基础知识和道德伦理知识，并结合实际

案例对网络道德失范行为进行剖析评判,为网民提供道德判断的依据。第三,加强网络制度建设。网络制度是网络道德规范发挥价值的基础,而网络环境的不断变化对网络道德制度建设提出了新的要求。为适应网络道德规范的发展,应加强网络道德制度的创新与变革,以新的制度确保互联网金融主体作出正确的选择,保障互联网金融良好的外部环境。

13.4.4 结论

互联网金融市场的发展程度并不取决于简单的互联网金融机构数量的多寡,也非互联网金融产品创新力度的大小,而以投资者权益有效保障为重点的规范化市场才是互联网金融发展的根本价值导向。在当前的互联网金融活动中,从道德规范的角度探索投资者权益保护的有效路径是营造健康稳定的互联网金融环境的内在要求和根本方法。通过互联网金融道德文明建设,逐步将道德规范内化为从业人员的内在需求和价值取向,可以整体提升互联网金融行业参与主体的精神层次,为投资者营造一个良好的投资环境,从源头上杜绝侵害投资者权益的行为。然而,加强互联网金融道德文明建设是一项长期性的系统工程,只有通过监管、制度、行业、企业和个人各个层面的共同努力,注重金融资本与道德资本的协调统一,才能创造出高速发展与稳定发展并存的互联网金融秩序。

第十四章　互联网金融与传统金融变革的思考

14.1　互联网金融与金融互联网的关系探究

随着金融行业与互联网技术的迅猛发展，金融业已无法脱离互联网而独立存在，同时互联网也必将涉及金融领域。一般将互联网企业开展金融业务称为互联网金融，而金融企业通过互联网技术开展金融服务则被称为金融互联网。2013 年被称为互联网金融元年，互联网金融在这一年得到了蓬勃发展。阿里巴巴通过发行余额宝拉开了互联网金融的序幕，随后各种"宝宝们"的出现将互联网金融推向高潮。与此同时，拍拍贷、人人贷、宜信等 P2P 融资平台也开始大展拳脚。苏宁电器、京东商城等电商也纷纷加入互联网金融的大军之中。相比之下，金融互联网的发展就显得比较缓慢。其实，早在 1997 年招商银行便率先推出了网上银行业务，被认为是我国最早推出网上银行业务的商业银行。根据《2015 年中国电子银行调查报告》显示，2015 年全国个人手机银行用户比例为 32%，与 2014 年相比增长了 14.5 个百分点，同比增长 81%[①]。由此可见，在互联网金融迅猛发展的背景下，金融互联网也在蓬勃发展之中。对待任何新事物的出现，如果不进行准确定位与思考，很容易在方向上发生战略性的错误，造成对新事物的浪费，需要解决这种潜在问题就需要对互联网金融进行理性的思考。本文从互联网金融与金融互联网各种观点比较分析出发，提出带有规律性的基本观点，揭示其未来走势及对传统银行业的影响，以期为传统银行发展金融互联网提供参考。

---

① 　数据来源：中国金融认证中心《2015 年中国电子银行调查报告》。

14.1.1　关于互联网金融与金融互联网若干争论的评析

互联网金融与金融互联网到底有着怎样的关系，明确二者关系有助于看清事物本质，更好地把握事物的发展方向。本节通过对现有互联网金融与金融互联网的若干争论的总结，列示出有关其概念、功能、互联网角色、相互关系、未来发展等观点，并进行评析。试图通过理性的评析，揭示事物本质。

1. 关于互联网金融与金融互联网的概念评析

马云（2013）将互联网企业从事金融业务的行为称为互联网金融，而金融行业借助互联网技术的行为则称为金融互联网。国内很多学者持有与此相一致的观点（陆岷峰和刘凤，2014；贾甫和冯科，2014；戴东红，2014）。然而，陈一稀（2013）认为互联网金融泛指一切通过互联网技术来实现资金融通的行为。互联网金融是传统金融行业与以互联网为代表的现代信息科技，特别是云计算、搜索引擎、移动支付、数据挖掘和社会化网络等相结合的新兴领域。王杰（2014）也认为所有资金融通依托互联网来实现的方式方法都可以称为互联网金融。

陈一稀和王杰的观点中，模糊了参与金融服务的行为主体，笼统地将互联网企业和传统金融行业运用互联网技术进行金融服务的行为都称为互联网金融。为了认识事物本质与未来发展趋势，区别两个行为主体是非常有必要的。本书将互联网金融定义为互联网企业等非金融机构依托于云计算、支付技术大数据和社交网络等互联网工具和手段，介入金融领域，从事金融服务。主要形式包括第三方支付、P2P融资平台、众筹平台、网络理财保险服务和虚拟货币等。金融互联网则指传统金融机构利用互联网技术进行业务革新，主要参与形式有网上银行、手机银行和线上理财等。因此，互联网金融是基于互联网技术的金融创新，而金融互联网则是对传统金融服务的升级。两者的关系如图 14-1 所示。

2. 关于互联网金融与金融互联网的功能评析

莫易娴（2014）认为，互联网金融只是使金融服务的提供方式和获取方式发生改变，从金融功能观的理论来看，互联网金融仍然围绕着跨时空

图 14-1　互联网金融与金融互联网

资源配置、风险管理、信息发现、产品定价等金融基本功能，并没有增加新的金融的基本功能。然而，中国社科院金融研究所金融市场研究室主任杨涛认为，在互联网金融模式下，金融体系的四大功能（资源配置、支付清算、风险管理、信息管理）产生了变化[①]。

分析评价两种观点应该从明确金融的定义和功能入手。金融可以定义为资金融通，金融的存在使资金能够在各个经济主体之间实现高效的转移。货币发行、保管、兑换、结算等一切与资金流动相关的业务都可称为金融。金融具有支付结算、资源配置、风险管理和信息提供四大基本功能。在支付结算功能上，互联网金融能够通过第三方支付完成金融的基础清算功能。在资源配置功能上，互联网金融中借助互联网技术实现的 P2P 贷款、众筹、大数据金融等都可以实现这一功能，这些手段在资源配置中具有配置成本更低和效率更好的特点。在风险管理功能上，互联网金融中的大数据金融很好地减少了信息不对称，更好地对风险进行了分散与管理。在信息提供功能上，互联网金融依托云计算技术，将社交网络、搜索引擎带来的海量信息进行重组和标准化，极大地丰富了客户信息集。因此，无论互联网金融还是对传统金融升级的金融互联网都没有改变金融的基本功能，只是对传统金融功能的升级与完善。

对于互联网金融的本质问题的探讨，大部分学者与市场人士都认为互联网金融的本质是金融，互联网只是工具。邱东阳和肖瑶（2014）认为互联网金融本质是金融，互联网只是一种媒介、一种工具。宜信公司总裁助理刘大伟在第二届中国银行业协会行业发展研究委员会会议上表示，互联网金融的本质是金融，核心内容是风险控制。然而，中投公司副总经理谢平认为互联网金融是可以跟银行和资本市场融资并列的第三种金融模式。

[①]　杨涛 2013 年 10 月 12 日在首届中国科技金融促进高峰论坛上的发言。

人类未来通过互联网走直接金融的模式，既不需要资本市场，也不需要银行，因此互联网不是简单的工具。

明确互联网在互联网金融和金融互联网中的角色定位，对于判断互联网金融和金融互联网的未来走势至关重要。对于互联网在其中的角色分歧主要是由于目前我国的互联网金融发展并不成熟，许多互联网公司实际上只是通过互联网发放贷款、募集资金等，并非真正意义上的互联网金融，而国外公司则是利用期权交易模型来做二级市场对冲性的互联网金融产品，其本质是金融，互联网只是金融的工具或产品组成。鉴于我国目前互联网金融发展还仍处于起步发展期，对于互联网角色的分歧是难免的。但从长远角度看，互联网无论在互联网金融还是金融互联网中都会是重要的工具。

3. 关于互联网金融与金融互联网的相互关系评析

戴东红（2014）认为，互联网金融和金融互联网是"竞争＋合作"的关系。互联网金融和金融互联网联系紧密。一方面，互联网金融在理念上对传统金融机构带来冲击，促使金融互联网的崛起和发展。另一方面，金融互联网也打通了第三方支付账户与银行卡账户资金的双向互转，为互联网金融支付平台提供技术保障。然而，人民银行支付结算司副司长樊爽文表示，无论是互联网金融还是金融互联网，在互联网时代这一大背景下，归根到底它的核心还是金融。从本质上来讲，互联网金融或是金融互联网完全是一回事[①]。

从互联网金融和金融互联网的定义可知，二者并不是完全相同的事物。对于探究事物之间的相互关系，应该采用辩证的眼光，既要考虑二者之间的联系，又要考虑二者之间存在的差异和可能的冲突。就目前我国互联网金融和金融互联网发展现状来看，互联网金融在第三方支付、小微贷款、余额宝等方面已经推出了较为成型的产品，给传统银行施加了巨大压力。因此许多大型银行也纷纷在开展金融互联网业务上进行了积极地尝试，例如建设银行"善融商务"电子商务平台、交通银行"交博汇"网上

---

① 樊爽文在 2013 年 12 月 12 日第九届中国电子银行年会上的发言。

商城、招商银行"非常 e 购"信用卡商城等。因此，短期来看，二者之间确实是一种"竞争与合作"的关系，但长期来看，这种竞合关系很可能会发生改变。

4. 关于互联网金融与金融互联网的未来发展趋势评析

对于互联网金融与金融互联网未来的发展趋势目前还没有确切的说法，主要有两种比较普遍的观点。宫晓林（2013）认为互联网金融模式短期内不会动摇商业银行传统的经营模式和盈利方式，但从长远来看商业银行应大力利用互联网金融模式，以获得新的发展。张萌（2014）也认为在短期内互联网金融并不会给传统金融机构带来颠覆式冲击，但是会给传统金融机构在业务模式、创新思路以及高效率上带来巨大的理念冲击，带动传统金融机构加速与互联网的融合。与上述观点不同，刘勤福和孟志芳（2014）认为互联网金融将保持快速发展的趋势并将不断对商业银行形成冲击。互联网金融很好地解决了市场准入门槛与市场监管成本这两个限制传统银行业发展的重要因素，且互联网金融与传统渠道的金融服务相比更具经济性，这些因素从根本上决定了互联网金融的发展方向。

探究互联网金融与金融互联网未来发展趋势可以以二者的功能、本质及相互关系作为切入点。不可否认，互联网金融的发展促进了传统金融机构的业务升级与转型。但同时也应看到，互联网金融没有改变金融的基本功能，也就是说仅仅是对传统金融业务的升级，并不具有取代传统金融机构的显著优势。同时，传统金融机构也逐渐意识到互联网在金融领域的应用价值，不断将互联网技术引入金融服务之中，致力于为客户提供优质高效且全面的金融服务体验，金融互联网发展日益蓬勃。因此，互联网金融只是在金融互联网形成与发展过程中的中间产物，不能否定其存在价值，但在未来，金融互联网才是真正的大势所趋。

14.1.2　关于互联网金融与金融互联网的几点结论性思考

通过对不同观点的评析，对于互联网金融与金融互联网的概念、功能、互联网角色、相互关系、未来发展等方面已经了有较为深刻的理解，有利于更好地掌握预测事物未来发展方向。互联网金融对传统银行业的冲击是有目共睹的，通过对一些现有的结论进行分析思考，有助于银行在互联网浪潮中积极作出反应，减少负面冲击，寻找新的机遇。

1. 无论是互联网金融还是金融互联网都推动了传统金融业务转型

无论互联网金融还是金融互联网之间存在着何种差异和优劣势，在目前来看，正是互联网金融的快速发展逼迫传统银行业进行业务转型，加速了金融互联网的发展。从大型商业银行纷纷推出新业务以应对互联网金融的冲击中可以看到，原本最"传统"的银行也开始变得不传统。金融互联网业务虽然很早就在我国出现，但经过近二十年发展也不及互联网金融在2013年一年中的爆发式发展程度。互联网金融的冲击使银行业重新认识到了互联网在金融服务中的角色与作用，开始大幅度对传统业务进行转型，大力发展金融互联网相关业务。从长期来看，金融互联网是传统银行业的最终发展趋势，银行业务转型还有很长的路要走。

2. 互联网金融对传统金融的冲击程度受多个因素影响

尽管互联网金融对传统银行业造成的冲击有目共睹，但冲击程度的大小还受多个因素的制约，可总结为以下五个方面因素的影响：第一，银行业风险控制水平，即银行自身风险应对机制的完善程度。第二，互联网技术开发水平，即互联网作为互联网金融中的重要工具，其发展水平将影响整个互联网金融对传统银行的冲击程度。第三，监管开放程度，即监管当局对互联网金融的监管程度。第四，国民对信息技术的接受能力，即国民对于互联网技术的接受能力与使用能力，一般年轻人接受与使用互联网的能力要大大优于年长者，也就是说代际差异将会影响互联网对传统银行的冲击程度。第五，国际银行业整体发展水平，中国互联网金融的发展离不开国际银行业整体发展水平与方向，不存在逆势而行的情况。

3. 金融互联网是大势所趋

互联网金融是互联网技术发展下的中间产物，正是它的出现促使金融互联网开始跨越式发展。从现阶段看，互联网金融较传统金融具有许多独特优势，现阶段是发展的重点，李克强也指出要促进互联网金融健康发展，完善金融监管协调机制，密切监测跨境资本流通，守住不发生系统性和区域性金融风险的底线①。这体现出国家在现阶段对互联网金融的认可与支持，但也应该看到只有健康的互联网金融发展才是国家金融发展真正所需。中间产物终究会在事物发展过程中逐渐消亡，互联网金融在不断促进金融互联网发展的过程中，会逐渐完成它的使命，只有它的最终产物金融互联网才是未来金融行业发展的大势所趋。

14.2　网络银行是否会彻底颠覆传统银行

互联网金融的兴起，给中国的银行业带来了极大的活力。然而，在网络银行与传统银行的关系上，是网络银行代替传统银行，还是传统银行霸主地位神圣不可动摇，争论很大。准确掌握这一结论，对于确定商业银行发展战略十分关键。判断一个行业是否能取代另一个行业是有特定标准和条件的。在当前创新力度不断加大的背景下，网络银行作为新生事物对推动传统银行的改革起到了极大的推动作用，但网络银行仅仅是互联网技术在传统银行基础上的一种创新，推动了传统银行的创新步伐，但网络银行仍然没有脱离传统银行的基本属性，只是互联网技术在商业银行经营中的进一步运用，互联网作为一种技术手段，网络银行能用，传统银行也能用，而且结合使用的效果远远大于网络银行。可以预见，传统银行将在网络银行的刺激下，大胆、快步引用互联网技术，开发新的产品，形成创新意义的传统银行，而单一的网络银行只能作为传统银行的一种补充，不可能完全替代传统银行。

14.2.1　文献综述

互联网思维的兴起引发了理论界与实务界对网络银行与传统银行关系的研究热潮，从不同的视角出发自然会得出不同的结论，争论颇多，但问题的集中点主要在网络银行与传统银行的替代关系上，主要有以下三种观点。

----

① 《2014 年国务院政府工作报告》。

1. 替代论

替代论坚持传统银行所有的功能都将被网络银行所实现与替代。此观点主要建立在比较优势理论之上，网络银行在批量化、工具化、技术化方面更具有比较优势，其可视化、兼容性的简单操作可以使得客户不受时间和空间的限制，自主地接受中介服务，[①] 而传统银行长期固守的经营模式难以适应网络时代的客户多元需求，尤其是基于互联网数据发起的实时金融服务需求，因此，从长远发展趋势看，网络银行替代传统银行是一种可预测的历史必然。同时支撑这一观点的还有不可忽视的现实市场，拥有庞大电商生态圈的电商企业或者互联网企业不断侵入金融市场，以阿里巴巴、京东为代表的互联网企业以及 P2P 平台所形成的规模化商业模式较为典型。截至 2014 年上半年，阿里小贷累计发放贷款突破 2000 亿元，服务小微企业达到 80 万家，规模达到 150 亿元。[②] 在第三方支付方面，2014 年第三季度中国第三方支付市场移动支付（不包含短信支付）交易额规模达到 20533 亿元，环比增长率为 25.6%。支付宝、拉卡拉和财付通蝉联前三强，交易份额超过 94%。[③]

2. 不可替代论

与替代论截然相反的是不可替代论，这一观点主要是从银行的本质属性出发，指出互联网金融仅仅是科技革命进入深化阶段的一个创新型工具，网络时代创造的过渡性工具并不能改变传统银行的性质，从深层次讲网络银行的实质是银行，网络银行商业模式具备银行的最基本的属性。从技术层面看，互联网金融模式存在固有的弱点与缺陷，虽然互联网金融能够以成本优势迅速扩大资产规模并获取规模经济效益，但大量研究已表明纯粹的互联网金融模式强于交易型银行业务而弱于信息处理、资金监管水平较高的关系型银行业务，随着存款规模的扩大，互联网金融资产业务将

---

① 资料来源：Burstein, F. et al. Support for real - time decision making in mobile financial applications. Handbook on Decision Support Systems, 2, Springer, Berlin Heidelberg, 2008：81 - 106.

② 资料来源：闫沁波. 阿里小贷不良微升破 1% 累计贷款规模超 2000 亿元 ［EB/OL］. 2014 - 10 - 28. http：//news. 163. com/14/1028/00/A9JSBLIP00014AED. html.

③ 资料来源：申请第三方支付牌照太保互联网圈地加速 ［EB/OL］. 中金在线，2015 - 01 - 15. http：//insurance. cnfol. com/baoxiandongtai/20150115/19923156. shtml.

面临更多的困境以及市场风险。从发展层面看，互联网金融作为一种"倒逼式"金融创新并不会彻底颠覆传统商业银行，但其创新优势将激励银行业汲取创新基因、深度嫁接现代信息技术以提升金融服务品质，最终两者将逐步实现融合以完善整个金融体系效率。此外，利率市场化的实质性推进，在历经金融脱媒的反复冲击与考验之后，存贷利差下降与资产质量恶化的双重压力驱动传统银行不断加快转型与创新以应对市场竞争的变化，传统商业银行的一系列表现无疑将加强客户粘稠度与忠诚度，而这些是互联网金融所不可比拟的。因此，传统银行只要及时适应大数据时代的变化，其主体地位不会变，网络银行只能作为一种补充，不可能替代传统银行。

3. 条件替代论

相比较以上两种观点，条件替代论更多的是坚持两点论，认为互联网金融是新生事物，具有强大的生命力，网络银行是互联网金融集中的表现形式，互联网与金融具有基因契合的特点，互联网与金融系统的资源配置、支付结算、风险配置和竞价机制四种基本功能相耦合，因而能大大优化这些功能。随着时间的推移，制度、规则以及准入的调整将使得互联网金融发展态势不可逆转，在此颠覆性的侵蚀背后是一种客观存在的此消彼长的替代态势。从内部条件看，网络银行也有致命性的发展缺陷，因为缺乏面对面的交流，信任和安全度极易受客户的金融消费习惯、风险偏好度、配套设备等方面的影响；而网络银行实质是基于互联网技术的运用，作为一种人类共同的技术成果，传统银行同样可以积极应用互联网先进的技术，不仅使原有优势得到发挥，而且使网络银行所有功能也全能实现。虽然网络银行在一些方面有些突破，但要完全替代传统银行可能性不大，因为传统商业银行以创新驱动发展的基调始终不变。从外部条件看，互联网金融能否替代传统商业银行不光取决于自身条件，更多的取决于外部监管体制。当监管环境严格时，互联网金融发展范围比较窄时，互联网企业更多的还会采取与商业银行合作的模式，充当第三方服务平台或者外化信息供应商角色介入金融领域；当外部金融监管环境宽松时，互联网企业则会与商业银行展开博弈，独立发展演变为类似商业银行的运行机制的电子银行或者网络银行，充当金融媒介角色，使得资金供需双方摒弃传统的商业银行媒介。从长远来看，网络银行的产生，互联网技术的广泛应用，传统银行的组织管理体制、经营模式、结算手段等会发生根本的变化。但并不排除个别传统银行由于各种原因退出市场，给予网络银行进入市场参与竞争的机会。

14.2.2　网络银行的历史地位只能是传统银行的补充

网络银行对于传统银行业务的替代并不能够笼统概述，需要在厘清传统商业银行产生的根源、概念界定、业务范畴、功能分区的基础上，寻找网络银行对传统银行的替代边界，划分替代区域，并在此基础上深入探究网络银行与传统银行新型关系的构建。

1. 美国网络银行发展趋势表明其历史地位只是传统银行的补充

网络银行与传统银行的发展关系并不是无例可循，纵观全球网络银行的发展历程，美国等西方国家互联网金融起步更早，在不同程度上给予可借鉴经验。早在 20 世纪 90 年代，网络银行、网络保险、网络证券、网络理财以及新兴的网络融资等互联网金融模式在美国率先出现并不断扩展传统银行的金融服务边界与企业融资渠道，降低传统银行特许权经营权价值，对传统商业银行发起冲击与挑战。在此背景下，传统商业银行加快信息升级的步伐，展开基于互联网的创新型金融产品，广泛布局互联网金融。一方面，在格局上，1999 年底，全美一万余家商业银行和储蓄机构中已有三分之一开设了带有交易功能的网站，增量由 1500 家增至 3500 家。随着 2000 年高科技股票泡沫的破灭，互联网金融模式渐入理性发展轨道，传统银行在此博弈与竞合的关系中逐步占据主导地位。回顾美国互联网金融与传统商业银行的发展历程是一个在不断竞争与融合的过程，多数互联网金融模式最终并未形成独立的金融产业链条或新的金融业态，而是最终形成传统金融模式与纯粹的网络金融模式并存，并以前者为主导的基本格局。另一方面，在监管上，在传统商业银行与新兴互联网金融大范围开展混业经营的时代，跨行业、跨机构一级跨产品的金融活动使得美国不断调整金融监管框架，从整合监管资源、重构机构型监管框架着手掀起新一轮改革，成立金融稳定监管委员会，建立金融市场法人识别码系统都清晰地体现出互联网金融对监管的客观要求。

2. 网络银行是基于互联网技术属性的一种运用

首先，互联网技术仅仅是一种工具，金融与互联网融合是一种技术创新。互联网金融是互联网技术与金融结合的一种产物，是一种新的金融参与形式，是基于互联网思维的金融表现形式。其次，互联网金融的界定是多方面的，从商业角度看，互联网金融是互联网企业借助于互联网技术、移动通信技术实现资金融通、支付和信息中介等业务的一种新兴产业和全新商业模式。从融资角度看，互联网金融是区别于商业银行间接融资与资本市场直接融资的第三种金融融资模式。再者，网络银行是互联网技术在传统银行基础上的极致发展，其实质仍是银行的属性，传统银行将产品嫁接到互联网之上是金融技术的升级，通过网络渠道实现相关业务和增值化，是对互联网技术的应用，是银行的电子化，并没有引起商业银行模式的实质性转变。最后，传统商业银行的电子化与网络化使得银行相关职能部门设立或消失，引起人力、物力、财力在银行内部的再配置，但并没有从根本上改变商业银行的金融媒介职能。传统银行存在的外部条件并没有消失，仍然有存在的必要，客户多元化的需求必然要求有多样化的金融服务。所以本书认为，传统银行并不会被网络银行完全替代，互联网金融与传统商业银行具有明显的替代边境，或者说互联网金融替代传统商业银行只能是有条件的替代，在彼此竞争却无法完全替代的环境下，传统商业银行与互联网金融只会分工更明确、个性更突出、结构更多元、效率更提升。

3. 网络银行不能完全替代传统银行属性与基本功能

（1）传统银行的基本属性与基本职能。从法律性质看，依据《商业银行法》第二条规定，商业银行是指依照《商业银行法》和《中华人民共和国公司法》设立的吸收公众存款、发放贷款、办理结算等业务的企业法人。由于对商业银行设立存在特别许可制度，才导致国内法律对商业银行的界定采用兼具形式主义与实质主义的界定方法，形式上需经国务院银行业监督管理机构批准，实质条件则是以吸收存款为基本特征。从金融属性看，商业银行是一个以营利为目的，以多种金融负债筹集资金，以多种金融资产为经营对象，具有信用创造功能的金融机构。法律与商业的双重界定是商业银行区别于其他机构的关键所在。

按照现代金融功能分工理论，金融系统的基本功能主要是跨期、跨区域、跨行业的资源配置，提供支付、清算和结算，提供风险管理的方法与机制，提供价格信息，储备资源和所有权分割，创造激励机制。按照我国传统商业银行吸收存款、发放贷款、转账结算的基本职能定义，传统商业银行主要在金融系统中承担着"资源配置"、"支付结算"两大基本功能。此外，市场的多元化需求同时又为商业银行业务发展不断提供沃土，以市场的需求为指向开拓新业务的空间的道路上尚未停止过探索的步伐。

（2）传统银行的生存条件仍然存在

从起源上看，货币兑换与资本转化促成商业银行的最初产生，造就商业银行特殊的资产负债结构，资产负债结构成为决定商业银行存亡的核心因子。一方面，商业银行资产负债结构之间严重不匹配，资产是固定期限的债权，流动性差，负债是流动性强并随时可能被要求支付的债务；另一方面，资产负债的杠杆率高，在大数法则的作用下，商业银行将吸收的活期存款资金沉淀作为资金来源，以较少的资本撬动大额货币资金。特殊的资产负债结构导致商业银行存在的脆弱性，稳定的存款来源是商业银行生存发展的根本，一旦出现大量挤兑事件，资产将严重贬值，商业银行面临的是破产结局。

所以，从金融中介的本质出发，支付便捷、交易成本低、资金配置高效等信息和渠道优势将推动网络银行受众的不断扩大，在线支付优势突出，小额贷款业务规模扩大，非个性化理财的市场认同度提升。但商业银行同样可以依靠互联网和移动互联的科技进步，降低交易成本、增加中介与客户之间的交流与协调，将人力可变成本替换为设备不变成本，降低商业银行作为金融中介的成本支出。同时，雄厚的资本实力、高度的专业水平、强烈的社会感知力以及坚实的风险防控力使得传统商业银行在大额贷款、个性化的财富管理、同业投资、资源储备等方面难以被替代。如果区别于网络银行的核心竞争力一旦消失，即便是拥有更多外部自然垄断优势也将被市场淘汰。

（3）网络银行与传统银行替代边界的划分

从目前互联网金融与传统银行的发展态势看，网络银行和传统商业银行并不是完全替代的关系，两者替代边界的划分更是一种功能分区，充分发挥各自的比较优势，在功能分区内通过创新驱动力，利用互联网、移动化和大数据等先进技术，不断更新金融产品、升级业务流程，提升市场竞争力。在竞争中融合，网络银行与传统银行形成优势互补，共享信贷资源的新型竞合关系。

（4）网络银行与传统银行的不可替代点分析

交易对象并不可被替代。第三方支付、余额宝、P2P 和众筹等互联网金融的各种线上产品均为权益性产品，交易目的在于获取资产权益的未来收益，因此，互联网金融只是在借助新的载体、新的渠道和新的技术，在遵循原有的内在原理、规则和机制的基础上进行着传统银行的交易行为。从逻辑关系分析，网络银行或者互联网金融仍是围绕着金融活动展开，实际上并未真正改变金融交易活动的根本性质。

系统金融功能并不可替代。互联网金融建立在互联网基础上，以互联网为载体，开通电子交易通道，利用网络技术提升活动效率，但细究互联网金融活动过程发现传统银行的基本核心功能并未能被替代，只是将传统柜面交易所实现的不同时间、地区和行业之间经济资源转移的途径转变为网络渠道，清算和结算支付的路径由网络电子交易完成。所以，网络银行的出现只是直接引起相关金融交易活动实现方式的改变，并不直接引起"功能"的改变。

信息识别功能并不可被替代。虽然大数据具有极强的数据收集、整理、运算能力，能为决策者提供有力的数据支撑，但互联网本身不具有识别信息真伪能力，各种格式、口径和制式数据信息经过收集整理后并未进入信息筛选和配置环节而是直接进入数据分析阶段，部分数据因为显示性差异并不能有效解决信息不对称问题。而传统银行所提供的风险管理与问题资产清收过程中所涉及的真实性甄别或者尽职调查环节都是操作者利用大数据、云计算在互联网之外，按照最初旨意编制相关软件、模型和挖掘技术且通过不断试错和修正充分反映风险程度的过程，仅靠互联网这一信息集中传递的通道是无法完成的。

4. 网络银行具有很强的生命力，但服务还局限于特定客户需求

一方面，网络银行得到了长尾客户和部分小企业的拥护，将会在特定的客户群体中享受特有的金融红利。网络银行具有管理成本低、可以突破时间与空间的限制，特别是在金融服务上，不再拘泥于大客户，而重点关注草根金融，理财不设门槛，与移动金融密切关联，特别是解决了传统银行服务中小企业过程中无法逾越的成本高、风险大、管理链条长等先天性缺陷，具有成长与发展的基础。注册资本 30 亿元的微众银行发起股东共 10 家，主发起人腾讯的股份占比为 30%，另外两家主发起人深圳传统行业巨头百业源和立业各占 20%，其余七位股东合计占 30%，并成功通过人脸识别技术和大数据信用评级进行第一笔无抵押、无担保贷款业务发放；监测数据显示，近一年网贷平台总成交量为 1163.98 亿元，其中 53% 的成交额集中在 15%~20% 的中低收益率平台，20% 以上的高收益率平台成交量占 16%。①

另一方面，由于客户需求多元化，金融服务也就要求多样化，没有一家银行可以满足所有客户所有金融服务的需求。当前，网络银行的金融服务只能是满足部分客户的部分需求，不是所有客户的所有需求。因为金融服务不仅仅取决于自身的技术水平或管理能力，还取决于消费者的金融消费水平、金融消费观念和消费习惯。因此，尽管网络银行可以为客户提供足不出户等多种便利，但也不可能让所有的客户都选择网络银行。

5. 传统银行业正加快创新步伐

传统银行业互联网技术的运用不亚于一些互联网企业，且与传统业务的有机结合形成强大的发展优势。当然，在这场竞赛中，不排除一些传统业务没有优势，互联网技术引进没有突破的传统银行被踢出市场的可能性。互联网作为一种工具、作为一种技术手段，网络银行能用，传统银行也能用。从现实情况来分析，各家传统银行既保持传统银行业务的优势，

---

① 资料来源：互联网理财收益持续下滑［EB/OL］. 网易新闻，2014－12－04. http：// news. 163. com/14/1204/09/ACK2H7A400014AED. html.

更注重互联网技术在传统银行业务中的运用及在新拓展业务中的创新运用。它们先后建立了电子银行渠道，利用庞大的系统资源和客户资源大力发展 P2P、O2O，纷纷开通了直销银行，既巩固传统的存量客户，又拓展新的客户，从重视大优客户，到开始利用互联网技术同时重视"长尾客户"。在这场互联网技术运用的赛跑中，传统银行与网络银行、传统银行之间就看谁投入得多、策划得好、创新得快、定位得准，谁就是这场竞争中的胜者。对于网络银行而言，传统银行依托原有的渠道、存量客户、品牌优势等开发的互联网金融产品是无法比拟或超越的。

6. 制度创新将决定传统银行与网络银行竞争中市场占比变化的进度与替代力度

传统经济理论认为，生产力决定生产关系，经济基础决定上层建筑，但同时，生产关系对生产力、上层建筑对经济基础有极大的反作用。由于商业银行的经营行为在现代经济中的特殊作用，因此必须要进行监督管理，也就是说一切经营行为必须置于可控的笼子中，至于这个笼子能放多大，取决于网络银行的风险控制水平和管理层及社会对网络银行的认知度。

14.2.3　结论与建议

互联网技术仅仅是一种工具，网络银行仅仅是互联网技术与金融结合的一种产物，是金融的一种形式。网络银行是互联网技术在传统银行基础上的极致发展，其实质仍是银行的属性。传统银行存在的外部条件没有消失，仍然有存在的必要，客户多元化的需求必然要求有多样化的金融服务。传统银行的一些业务目前互联网并不能完全替代。在相当长的时间内，传统银行仍然是中国金融的主体力量，当然，随着时间的推移，互联网技术水平的提高，人们金融消费习惯的改变，特别是监管制度的创新，传统银行的市场份额可能会下降，网络银行的服务面会进一步扩大，网络银行的一些功能也会为传统银行所用，一场融新技术与传统银行为一体的新的内涵与外延的传统银行将在更高维度上为社会经济发展服务。

14.3　商业银行转型升级与互联网金融关系研究

随着互联网技术的不断升级，始于 2013 年的互联网金融在我国经济金融运行中扮演着越来越重要的角色。互联网金融巧妙地将互联网与金融结合起来，是一种不同于商业间接融资和直接融资的具有革命性的新型金融形式（谢平和邹传伟，2012）。互联网金融的出现给传统金融业，特别是银行业带来了前所未有的冲击与挑战，同时也催生出了新的合作。商业银行通过传统业务与盈利模式已无法从容应对互联网金融的冲击，这也就要求商业银行必须正面审视问题，寻找突破口，尽快全面地实施商业银行的转型升级。从广义上讲，一切通过互联网技术来实现资金融通的行为都可称为互联网金融（陈一稀，2013）。但更多的实务界与理论界人士从更为狭义的角度界定互联网金融，将互联网企业从事金融业务的行为称为互联网金融，而金融行业借助互联网技术的行为则称为金融互联网（马云，2013；贾甫和冯科，2014）。综合其广义与狭义的定义，可以将互联网金融业务分为纯互联网业务（狭义的互联网金融）、传统业务互联网化（金融互联网）两个核心方面，具体业务形式包括第三方支付、P2P 融资平台、众筹平台、网络理财保险服务、电子银行业务等。而从互联网金融的定义上，就可看出其与传统银行业务存在明显不同。传统银行业务主要是以纸币和硬币作为流通货币进行支付结算为基础的银行经营活动，最主要的业务形式就是商业银行传统的存款与贷款业务（黄万灵，2003）。自互联网兴起以来，传统银行业务与互联网的嫁接实践便已开始，招商银行在 1997 年便率先推出了网上银行业务，被认为是我国最早推出网上银行业务的商业银行。但由于重视程度和迫切性的欠缺，商业银行传统业务互联网化的进程一直较为缓慢。本轮互联网金融的冲击，使商业银行不得不迅速拥抱利用互联网，进行传统业务的转型升级以寻求新的生存生机。通过对目前互联网金融业务发展现状的数据分析，进而进一步认清商业银行转型升级与互联网金融的内在关系，将这种内在关系运用到商业银行转型升级战略的制定之中，将为商业银行成功应对互联网金融挑战提供有力支撑。

14.3.1　转型升级是商业银行应对互联网金融冲击的必然选择

互联网金融带给银行业的冲击已有目共睹。正视事实，如何应对冲击，成为商业银行需要迫切关心的问题。商业银行是需要尽快作出全面的转型升级还是以一种以不变应万变的姿态仅仅进行战略层面的微调？

一些学者认为商业银行开展全面的转型升级迫在眉睫，并给出了一些具体的转型建议。四川银监局课题组（2013）认为，短期来看，互联网金融服务的对象主要是商业银行金融服务的薄弱环节，是商业银行金融业务的延伸。长期来看，互联网金融对商业银行最大的影响来自于其促进消费者消费行为的转变与脱媒。商业银行应居安思危，深刻认识互联网金融对传统银行业务的冲击，转变经营理念，加强金融创新，积极介入互联网金融领域，对不同的业务领域实施差异化发展策略。梁璋和沈凡（2013）提出，银行应逐步扮演起"财务全能管家"和"金融服务集成商"的角色，加速银行转型升级步伐。以基于电商平台的模式创新和平台创新为契机，一方面为企业打通和整合网上供应链，从而成为供应链各参与方不同节点上的金融需求解决者；另一方面通过整合多渠道金融产品、增值服务和专业讯息，为企业及个人客户提供"一键式"、"透明的"、全方位的综合金融解决方案。孙杰（2014）认为，在大数据时代背景下，互联网金融与传统银行的对接融合，将可能极大地通过长尾效应、迭代效应和社区效应等途径改变传统银行经营模式。在对互联网金融的重要性达成共识的基础上，一些学者则提出商业银行应更多利用好互联网金融冲击，取长补短，以对传统金融服务进行补充。宫晓林（2013）指出互联网金融模式短期内不会动摇商业银行传统的经营模式和盈利方式，但从长远来说商业银行应大力利用互联网金融模式，以获得新的发展。刘勤福和孟志芳（2014）也认为，互联网金融绕不开信用中介、短期内不具有信用创造职能及具有"次级贷款市场"的特征，决定了其短期内更多地体现为金融服务通道功能，将更多地作为传统商业银行金融服务的重要补充发挥作用，并为商业银行发展互联网金融提供机遇。

对于互联网金融背景下，如何确定商业银行的应对策略，还应考察实务界人士的观点与看法。交通银行董事长牛锡明认为互联网金融将颠覆传统商业银行的经营模式、盈利模式和服务模式，未来的银行发展模式包括零距离银行、智慧银行和全功能银行。并提出了传统商业银行转型互联网金融的三步走战略，即依托互联网建立支付中介平台、信用中介平台和信贷中介平台。① 巨人投资董事长史玉柱认为，在未来相当长一个时期，整个银行业不会受到根本的冲击。互联网金融会逼迫银行发展金融互联网业务，银行将把互联网作为一个手段，对其业务模式进行转型。② 永隆银行董事长、招商银行前行长马蔚华认为，互联网金融的实质是金融，互联网只是工具。互联网金融颠覆的是商业银行的传统运行方式，而不是金融的本质。并具体提出了商业银行利用互联网技术开展业务进行转型的三个阶段：金融服务电子化探索的阶段、金融服务方式创新的阶段和市场营销模式创新的阶段。③ 中国民生银行前董事长董文标也同样认为互联网金融是一种方式和方法，互联网金融企业取代不了传统的商业银行。互联网金融和传统银行不是对立的，互联网金融是虚的，银行是实的，虚实结合，相互融合，共同成长。④ 中信银行前行长朱小黄也认为，网络的本质是渠道，互联网为银行提供了新的结算、支付通道，互联网金融的作用不能被深化。在未来谁拥有数据谁就拥有了基本的经营资源，现代商业银行功能的重要外延就是数据银行的发展。数据互联网和银行功能的整合将会是互联网金融的未来，并有可能成为未来新的经济模式的样板。⑤

可以看出，多数实务界人士的观点与一些学术界人士互联网金融颠覆取代论的观点迥然不同。实务界人士普遍认为互联网金融是传统银行业所忽视没有做好的领域，是现代银行业的发展方向。互联网金融本身并不能取代传统银行，而仅仅是传统银行经营模式、盈利模式和业务模式的转型推动力。互联网金融的发展逼迫传统银行进行全面的升级转型，转型升级的实质是传统银行在求变过程中对目标、方法和措施的升级。转型升级是

① http：//finance. sina. com. cn/money/bank/renwu/20130703/174616005051. shtml.
② http：//tech. sina. com. cn/i/2014 – 06 –29/11369465694. shtml.
③ http：//money. 163. com/14/0524/10/9T0M59B000253G87. html.
④ http：//www. chinahightech. com/html. /2117/2014/1215/15342931. html.
⑤ http：//finance. shm. com. cn/2014 –01/23/content_ 4195577. htm.

对传统业务的扩展与延伸，是商业银行应对互联网金融冲击和打造现代银行经营模式的必然选择。

14.3.2 商业银行传统业务与互联网金融业务的内在关系

商业银行的传统业务始终是银行的立命之本，不断出现的新型业务形态都是以传统业务为基础进行的衍生产物。商业银行的转型升级也必须以传统业务功能为依据，结合互联网、大数据等新型业务特征进行衍化。因此，明晰商业银行传统业务与互联网金融业务的内在关系，是制定合理的商业银行转型升级策略的前提条件。

1. 补充关系

在信息技术时代，互联网金融的产生具有一定的时代必然性。正如哲学上讲，任何事物的产生与存在，必然有其合理性，互联网金融的产生也不例外。互联网金融属于金融的范畴之内，其本质仍是金融，但它很好地弥补了传统银行业务存在的许多不足。首先，传统商业银行在服务弱势群体方面暴露出明显不足，在实际操作中，存在大量"救急不救穷"现象，对中小企业扶持力度欠缺。互联网金融看准传统银行这一缺陷，将"长尾理论"成功运用到业务服务之中。具体而言，传统银行往往追求规模经济性，将有限的资源集中在对利润贡献最大的客户群体和业务领域，即大企业、大客户和中高端零售客户。而对于 P2P、小微企业贷款、小额理财、个人借贷担保等"尾部"业务，商业银行通常由于成本、收益与风险不匹配等因素而望而却步。互联网金融业务看准服务空洞区，满足这方面企业的现实需求，对传统银行业务服务范围进行了有效扩展，实现了传统商业银行的融资类业务分流。以 P2P 平台为例，2014 年 P2P 行业的规模领跑互联网金融行业。据不完全统计，2014 年末运营的 P2P 平台已经接近 2000 家，月均复合增长率为 5.43%，增量远超 2013 年（如图 14-2 所示）。2014 年，全国 P2P 平台的成交额超过 2000 亿元，相比 2013 年的近 900 亿元，增长超过 100%。由此可见，用户使用 P2P 产品的习惯正在形成。从投资者角度来看，P2P 行业平均 10% 左右的年化收益率极具吸引力；从融资方角度来看，特别是对于小微企业，P2P 有效降低了其资金融通成本，有效弥补了传统银行业务对小微企业的忽视，有助于促进实体经济的发展。

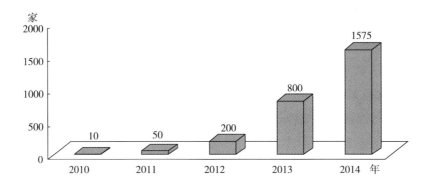

数据来源：中国互联网金融报告（2014）。

图 14 - 2　2010—2014 年 P2P 平台数量

其次，随着利率市场化进程的推进与金融脱媒的进一步深化，商业银行间的竞争愈发激烈，银行对于降低交易成本，打造高效销售渠道的需求也愈加强烈。互联网金融巧妙地运用大数据技术，突破了传统银行业务交易成本难以降低的瓶颈。互联网金融第三方平台影响商业银行的最主要方面就是手续费，包括银行卡转账、支付和代理等费用，通常情况下，传统支付手段是按照银行 POS 机进行转账交易，其中每次交易包含 1% ~2% 的手续费用，银行可以从中获取 90% 的营业性收入，而选择互联网金融下的第三方支付平台交易，银行手续费实际收入将会明显降低，例如支付宝每次交易收取费用为 0.3% ~0.5%，对应银行收入降低近 70%。近些年来，我国第三方支付规模增长迅猛，2014 年我国第三方支付市场规模达到 23 万亿元。支付机构互联网支付业务向证券、基金、保险等多个行业领域渗透，金融化趋势明显，业务规模快速增长，全年共处理互联网支付业务 215.3 亿笔，金额 17.05 万亿元，分别较 2013 年增长 43.52% 和 90.29%。

此外，通过互联网提供便捷理财功能，逐步开始作用于以银行和保险为资本升值的传统性渠道，通过互联网金融第三方支付性平台，能够直接减少商业银行的手续费收益，并且互联网金融第三方理财支付平台利用互联网进行了更广范围的产品推广与宣传。最为成功的范例之一便是余额宝，余额宝类似于传统银行活期储蓄产品的团购，通过互联网将零散资金聚集起来，同时又不需要商业银行物理网点、宣传销售人员的大力投入，最大限度地降低了交易成本，并将红利返还给用户，这也就是余额宝为何在极短的时间内吸引了海量用户的根源所在。

2. 替代关系

商业银行传统业务与互联网金融业务又存在一种替代关系。互联网技术的发展，促使商业银行从手工劳动中解放出来。在商业银行传统的存款、贷款和中间业务中，中间业务对于计算机技术的应用尤为突出。商业银行中间业务的发展离不开高科技在银行中的应用，可以说金融电子化程度的高低决定了中间业务发展的速度、规模和规范程度。如美洲银行的支付网络十分发达，拥有45万个间接自动转账账户，具有多种账户服务；大通银行凭借其强大的支付系统和市场推销能力在银行卡方面获得了巨额的服务费收入。相比之下，长期以来，我国商业银行只是把机构网点的扩张和人员结构的优化作为促进业务发展的重要手段，银行之间的竞争主要采取增加网点、延长工作时间等简单粗放的形式，许多中间业务处理仍由手工操作，服务质量和效率较低。商业银行在互联网金融的冲击下，充分意识到中间业务转型升级的重要性，纷纷重视对于中间业务的互联网化开发，不断增加中间业务获取利润占总利润的比重。商业银行中间业务收入主要来自银行理财业务的增长，"余额宝"们的高收益正出现替代商业银行传统理财业务模式的趋势。但商业银行正在进行着更高收益的新型理财产品的探索，非标资产的进展速度惊人，这也是商业银行中间业务快速增长的最重要原因。

从银行理财产品五年来的规模走势中可以看出，2013年银行理财产品规模激增，说明银行为扩大业务量，加大了理财产品的发行力度，意图吸收大量资金。但2014年这一规模又有所下降，这主要是由于P2P、票据理财产品等互联网金融产品不断涌现以及股市回暖，这些都对市场资金进行了分流，对银行理财产品规模造成一定的负面影响。

3. 促进推动关系

互联网金融业务实质上只是对银行传统业务所较少涉及或尚未涉及的

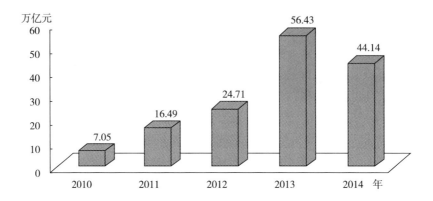

数据来源：融360金融数据平台。

图14-3 2010—2014年银行理财产品规模走势图

领域进行补充。传统银行正在借鉴互联网金融的成功经验，并结合自身特点与优势，不断加快传统业务的互联网化进程。在"大数据"时代的背景下，各家商业银行都在拼抢主动权，争夺数据资源，旨在精准营销产品。在融资领域，线上融资的兴起和发展与电商平台的构建密不可分。由无数小微企业构成的利基市场促进了电商平台的蓬勃发展，随着信息在平台上的汇聚与优化使得新金融势力依托平台进行金融产品和模式的创新变得水到渠成。面对新金融势力频繁"跨界"，对金融领域的步步紧逼，许多银行的做法恰是借鉴电商平台的成功经验，搭建自有的电商平台，化身"银行系电商"。目前，许多商业银行已经成功搭建了自身的电商平台，如表14-1所示。

表14-1　　　　　　　　　　银行系电商平台信息表

银行名称	产品名称	推出时间	客户定位	业务领域
中国银行	中银易商	2013年9月	社区为中心商户与用户	包括在线微金融、在线产业链金融、在线商城等服务。
农业银行	E商管家	2013年4月	做电商转型的传统企业	为传统企业转型电商提供集供应链管理、多渠道支付结算、线上线下协同发展、云服务等于一体的定制化商务金融综合服务。

续表

银行名称	产品名称	推出时间	客户定位	业务领域
工商银行	融e购	2014年1月	个人用户与商家用户	坚持"名商、名店、名品"的定位,有机整合客户与商户,有机链接支付与融资,有机统一信息流、物流与资金流。
建设银行	善融商务	2012年6月	B2C个人用户与B2B企业用户	面向广大企业和个人提供专业化的电子商务服务和金融支持服务。
交通银行	交博汇	2012年4月	B2C个人用户与B2B企业用户	提供商品销售、企业采购、企业收款、品牌推广、金融理财、融资授信等服务。
民生银行	民生电商	2013年8月	B2C个人用户与B2B企业用户	汇聚金融交易平台、O2O业务、科技金融和投资银行四大业务领域。

资料来源:根据各大银行系电商平台官网资料整理所得。

银行此举并非要转型做电商,而是认识到互联网金融业态下左右竞争胜负的核心因素在于客户的信息,电商平台无疑是一种低成本、大规模和高效率获取客户信息的渠道。在此基础上,分析信息进而把握需求,才能有针对性地创新金融产品和提供金融服务,实现线上交易与线下金融的对接融合。各大银行竞相开始了在电商平台构建思路和模式塑造方面的创新,来积极探索互联网金融的蓝海。如何在电商平台的建设方面突出特色、有所创新,进而在新一轮金融变革中抢得发展先机,对于所有银行来说都是全新的课题。

14.3.3　商业银行转型升级的启示

在互联网时代,商业银行的经营模式、管理模式以及盈利模式也必然具有互联网特征。商业银行作为以信息服务为主的行业,互联网技术的快速发展又加剧了互联网金融对于传统商业银行的冲击力度。商业银行传统业务并不会随着互联网金融业务的扩展而消亡,而是呈现出相互促进、不断互联网化的趋势。这也就揭示了商业银行转型升级的基本思路。

1. 将互联网思维嵌入到商业银行转型升级过程中

互联网思维是互联网金融带给商业银行的重要启示。互联网金融业务中，无一不体现出互联网思维的运用。将用户思维、大数据思维、平台思维等互联网思维运用到商业银行转型升级过程中，将为转型路径的可行性与正确性提供有力保障。

（1）以用户需求作为转型升级依据

商业银行"以客户为中心"的理念自其成立时便已形成，但在多年的实际操作中，所表现出来的往往是"以大客户为中心"，对创新型企业缺乏扶植等，这些也是造成中小企业融资难、融资贵的重要因素。用户思维对于商业银行战略的指导意义完全不同于传统的客户思维。在互联网时代，商业环境发生了巨变，商业规则也在悄然发生变化。商业银行以往靠简单的吸收存款和发放贷款，便达到了经营的主要目的。现在则大不相同，如果商业银行还只盯住原有的客户群，将无法适应激烈的竞争环境，商业银行必须培养起一批具有感知、体验与分享能力的用户群。这些用户是使用产品或者服务的受益人，但他们未必向银行支付了费用。银行通过贴心的讲解与服务，将产品销售出去或者仅仅是向用户免费提供某些业务，引导用户进一步去了解银行的产品并进行更加深入交易的意愿。银行通过提供细心贴心的产品与服务，让用户感知到银行的存在与带给他们的价值。直销银行的兴起正是用户思维应用于商业银行经营过程中的体现。直销银行没有实体网点，所有的服务和产品都通过邮件、电话、互联网等完成，颠覆了传统银行模式。因为没有网点经营费用，直销银行为客户提供了更有竞争力的存贷款价格及更低的手续费率。降低运营成本，回馈客户是直销银行的核心价值。

（2）强化数据价值挖掘能力，为传统业务互联网化提供技术支持

"大数据"的高速发展使银行业的客户数据、交易数据、管理数据等均呈现爆炸式增长，这就要求商业银行必须大大提高经营管理过程对各种数据价值的深度挖掘能力。这种价值挖掘能力主要体现在业务发展、决策判断、经营管理和风险控制等方面。在业务发展上，我国商业银行提供的产品和服务往往大同小异，差异性不强。在现代经营管理模式下，需要银

行实现差异化经营形成自身比较优势。互联网技术的升级为银行创造了全新的客户接触渠道，对来自银行物理网点、移动终端、PC 终端的海量数据进行深度数据分析挖掘，将为更好地发现与满足用户需求、交叉销售及加快产品创新提供广阔空间。在决策判断上，大数据思维的应用将使银行从传统的"经验决策"模式，逐渐转向"数据决策"模式，经营决策更多地依据客观数据分析，更加科学地对经营业绩、业务风险、资源分配进行决策。在经营管理上，对于资产、负债、交易、客户及业务过程中产生的海量数据，在进行资产配置、资本结构管理、成本控制以及绩效考核等方面将发挥重要的作用。商业银行充分利用数据分析技术是银行业转向精细化管理的必然要求。通过数字化手段对数据和信息进行整合与分析是商业银行进行精细化管理的发展方向，将大大提高银行的经营管理效率。在风险防控方面，银行将采用数据分析技术实现风险精细化管理，通过大数据手段对客户动态行为以及客户静态财务数据进行分析，量化用户违约可能性，既有助于对用户实施精准贷款定价决策，又能有效地进行风险预警。银行还能通过对所有潜在分析的量化分析及精细化管理，降低银行的风险暴露成本，实现资本使用效率的最优化。

（3）积极打造新型业务平台

商业银行顺应互联网金融浪潮，搭建自身独特业务平台已成为大势所趋。通过运用平台思维，创设特色平台以打造自己的特色，从而占领金融竞争的制高点。平台思维要求商业银行更多地关注众多闲散用户，通过搭建合理平台将这些用户集聚起来，从他们中收获惊人价值。目前来看，商业银行可以搭建的潜在平台种类丰富，包括支付平台、融资借贷平台、供应链金融平台、电子商务平台以及同业业务平台等。以供应链金融平台为例，商业银行可以通过该平台为核心企业及其上下游客户开展供应链金融服务。如果说一个核心企业构成了平台的某一个点，其上下游客户则构成了两个伞状线，即形成 N + 1 + N 模式，当平台内的核心企业达到一定的数量级，这些伞状线将结成一张密密麻麻的网。在这张网内的角色可以相互变动与替换，企业间彼此交织、相互渗透，因此基于网内企业供销和结算活动所生成的信息非常丰富。借助这些信息，商业银行完全可以分析某一企业的产品、规模、销售方式、结算方式、账期、履约情况等信息，从而为网内用户提供多样化的金融服务。由此可见，商业银行搭建平台并不是最终目的，搭建平台只是为了聚拢更多用户，谁拥有了用户、拥有了消费者，谁培育或掌握了客户的消费习惯，谁就拥有了市场。商业银行的金融平台搭建要紧密结合用户最为关心的生活现实和财富管理需求，通过互联网广聚各类生活资源，带动聚集流量，通过提供丰富而具有竞争力的交易品种来实现用户财富增长，提升互联网金融平台活跃度、增加平台粘性。

2. 将创新作为商业银行转型升级的驱动力

互联网金融是极具创新性的金融模式，它的成功也给传统银行转型升级带来了重大启示。以创新作为商业银行的转型驱动力将是银行未来可持续发展的不竭动力与源泉。商业银行的创新实践应将重点放在业务流程、渠道交付和 IT 技术等方面的创新转型之中，加快推动业务盈利模式变革。从对公业务角度来看，在传统的存贷汇业务基础上，商业银行应着力尝试创新服务领域的开发，为公司客户提供一揽子金融服务。如应用链式服务理念改进公司金融服务，创新"供应链金融"产品，针对公司及集团客户，为其提供"全流程、上下游"综合金融服务。除此之外，通过提供标准化和咨询型相结合的结算服务，使现金管理和支付结算产品线不断进行迭代丰富，推出票据池、智能理财现金池等产品，满足客户流动性管理的核心需求。从个人业务角度来看，近年来随着经济发展水平的提高，居民对于个人金融服务的需求日益加强。消费支付产品体系日趋完善，新一代 IC 卡的功能和行业应用是满足个人金融服务的突破口，商业银行应不断迭代推出多种形式与用途的金融 IC 卡，使 IC 卡具备一卡多账户、一卡多币种、一卡多应用等全面功能。此外，商业银行还应放眼全球，积极开展信用卡海外发卡，面向具有境外消费需求的客户推出全球支付信用卡。在个人贷款方面，应追求最便捷、快速的贷款发放程序，推出创新贷款产品使得客户申请贷款、授信评价、贷款方案定制等方面实现线上办理、线下一次签约，并允许用户可以通过网银等互联网金融手段进行还款，实现个人贷款主要流程网络化。在个人理财领域，依托大数据便利，建立客户现金管理系统，使财富管理由单人账户单一管理向多人账户综合管理转变，实现流动资金的全方位管理。

3. 将经营模式转型作为转型升级的核心环节

互联网金融带来集约化、轻型、高效的金融生态新走势。商业银行依附于经济金融发展大趋势，相应地需要逐渐从低效益效能的粗放重型经营模式向内涵集约式的轻型发展模式进行转变。这就需要商业银行顺应我国金融业态轻型化发展潮流，以打造轻型银行为前进方向，不断深入推进战略转型。打造轻型银行是一个长期系统性的工程，在打造过程中面临着商业环境的不断变化，这就需要商业银行运用好"迭代"思维紧扣"以用户为中心，迅速响应市场变化，为客户创造价值，实现自身价值增长"的主线，从多个维度进行转型升级：一是构建轻资产业务体系。轻型银行是以通过专业化经营，树立品牌典范，打造独特竞争优势、凸显自身特色和品牌，高效运转的轻型化业务系统。在公司金融业务方面，主动选择低资本消耗业务低风险权重业务，注重调整资产结构，充分利用资产证券化等手段提高资产周转率，以不断调整资产结构保持资产运转的轻型化。在个人业务方面，个人业务以轻资产为主，更加注重资产的管理与安全性，个人理财、养老金融和遗产管理等业务将具有广阔的发展前景。商业银行通过不断细化各项业务细则，将轻资产与轻经营模式、轻组织框架与流程进行结合，打造轻型个人业务体系。二是打造轻型化组织框架与流程。在互联网金融等多方因素的冲击下，商业银行传统组织框架暴露出部门间职能划分不明确、管理层冗余、管理跨度大、沟通渠道不畅和沟通成本高等诸多问题。在轻型化组织框架下，需要商业银行最大限度地压缩管理层级，缩减中间环节，提高运营效率。在实际中，需要缩短市场反馈链和执行链，授予区域机构更大的权限，打造专业性团队直接对用户进行全方位服务。同时需要整合跨区域、前后台资源，并不断对资源进行更新扩展，以市场需求为导向，为客户直接提供满意服务。轻型化流程则更多地需要依托于流程银行的理念，通过理念创新、模式创新、流程创新，以较低的营运成本、高效率的营销和跨市场的服务，创造出更多价值。深入挖掘传统银行业务产品与互联网的结合，构建综合化的客户互联网金融服务平台，全面搭建"平台＋数据＋科技"的新型金融生态链。

14.3.4 结论

互联网金融是传统金融行业与互联网精神相结合的新兴领域。互联网金融的实质在于金融参与者深谙互联网"开放、平等、协作、分享"的精髓，通过互联网、移动互联网等工具，使传统金融业务具备透明度更强、参与度更强、协作性更好、中间成本更低、操作上更便捷等一系列特征。而这些特征是传统银行业务所无法实现的，这就意味着银行必须进行全面的转型升级。将互联网思维运用到转型升级的各个环节，构建商业银行强大创新能力和进行经营模式流程与结构上的优化升级，是传统银行快速适应和应对互联网金融冲击的重要契合点。

14.4 金融互联网背景下商业银行传统组织管理模式的变革路径

以 1694 年的英格兰银行诞生为标志的现代银行业经历了三百余年的发展，基本形成了单一银行制、总分行制、集团银行制和连锁银行制四种组织管理体制。目前世界上绝大多数国家都普遍实行总分行制这一组织结构，如西欧、俄罗斯、日本以及中国等。

三百年来，这种主流的总分行制组织管理模式并无大变，得益于模式本身所依赖的基础未发生颠覆性变化。商业银行的组织管理模式取决于其内在的目标定位和外在的技术条件两个方面。从国外到国内，从历史到现在，商业银行传统的总分行制组织管理模式仍依赖于低信息化和高人工化来满足客户的金融服务需求。这种组织管理模式通过物理网点的逐层布局，人力资源的大量投入，设置繁冗的管理部门，以利润为中心，实现粗放式发展。

互联网金融的蓬勃发展在某种程度上给商业银行传统的商业模式带来不小的冲击。它们通过截留银行传统的存、贷、汇业务，致使银行业务收入缩水。然而由于互联网金融存在缺少监管约束、存在安全隐患、互联网信息的透明度高，也带来个人隐私泄露的隐患等问题，还无法撼动商业银行的霸主地位。但是，互联网金融的能量不可小觑。全球最大的管理咨询公司和技术服务供应商埃森哲在一份报告中预测，到 2020 年，美国的传统银行将失去 35% 的份额，四分之一的银行将消失。为有效应对互联网金融的冲击，传统商业银行的发展必须融入互联网思维，进行组织管理体制再造，加快金融互联网的发展，从而提升核心竞争力。未来银行业将朝着渠道电子化、产品个性化、功能平台化、服务智能化、业务边界无限化、盈利模式精细化、互联网金融模式"O2O"化方向发展①。要实现这一商业模式的成功转变，必须认真审视目前传统的总分行制组织管理体制能否适应未来金融互联网时代发展的需要。可以预言，现行的商业银行一二级分行将消失，传统的部门管理将由总部各管理中心替代，商业银行基础的存、贷、汇业务大部分功能将通过金融互联网工具所替代，未来商业银行组织管理体制会发生根本性变革。

14.4.1　金融互联网下商业银行出现的新态势

随着计算机技术的不断发展，新的电子商务模式如 O2O、P2P 等在各行各业尤其是在金融业得到了广泛的运用。商业银行部分传统的存、贷、汇业务也已逐步被金融互联网工具所替代，整个银行业将呈现出三大新态势：金融服务无网点化、消费支付移动化和业务模式垂直化。

1. 金融服务无网点化

截至 2013 年末，我国 16 家上市商业银行共有物理网点 76157 家。繁冗的物理网点未来将成为银行的负担。随着金融网络化和网络金融化的发展，客户对银行物理网点和柜台的依赖将逐步减弱，银行网点的内在价值将持续递减，而通过网上银行、手机银行等多种电子方式办理各种金融服务的粘性将增强。目前银行的电子分流率普遍达到 80% 以上。2015 年度，银行业金融机构累计发生电子支付业务 1052.34 亿笔，金额 2506.23 万亿元。网上支付业务 363.71 亿笔，金额 2018.20 万亿元，同比分别增长

① 资料来源：中国贸易报，我国银行业商业模式面临的变局［EB/OL］.（2014-07-03），http：//finance. sina. com. cn/hy/20140703/113019597225. shtml。

27.29% 和 46.67%①。银行间的竞争优势将不再取决于分支机构及网点等物理渠道的数量，甚至物理网点将成为个别银行的负担。商业银行将逐步通过延伸出电子化的虚拟"网点"和"柜台"，以金融互联网、社区智能银行、移动支付为载体，为客户提供全天候金融服务。客户可通过电话银行、手机银行、网上银行、微信银行等电子网络渠道实现支付业务、转账汇款、跨境结算、小额信贷、现金管理、资产管理、供应链金融、基金和保险代销、信用卡还款等业务。电子渠道的最大优势就是银行可不受时间、空间的限制来服务客户，并可以快速收集客户信息，提供精准服务。

与此同时，直销银行的发展恰逢其时。直销银行模式突破了传统银行经营规模受物理网点数量制约的瓶颈。它通过后台系统实现 24 小时不间断自动处理客户业务申请，银行客户通过电脑、电子邮件、手机、电话等远程渠道获取银行产品和服务。直销银行凭借以不受时间、地点限制的方便和快捷并且由于没有实体网点，精炼了组织结构，大大降低了营业成本，可以为客户提供更有竞争力的价格、更优惠的金融产品和金融服务。2013年 9 月 16 日，民生银行与阿里巴巴约定在包括直销银行业务的多个领域开展战略合作。北京银行也在同月宣布开通直销银行业务，并在北京、南京、济南、西安等地率先推出试点，北京银行客户无论任何时间、任何地域、任何网点，都可以实现自己的存取款、房地产金融服务。尽管监管层尚未对直销银行的发展明确表态，但笔者认为直销银行将是未来银行业发展的一大趋势，并将成为金融互联网化的利器。

2. 消费支付移动化

随着移动通信和互联技术的快速发展，移动互联与移动金融应用发展正在成为推动金融互联网发展的强劲动力。电子支付业务开始从计算机终端走向移动终端，驱动了移动支付业务的快速发展，对线下支付产生较强的替代作用。2013 年各大商业银行纷纷通过手机银行和微信银行不断拓展移动支付业务。随后中国银行、建设银行、浦发银行、光大银行等 7 家银行宣布与银联联合启动 NFC 手机移动支付全国推广。另外银联还与 UC、

① 数据来源：人民银行，2015 年度《支付体系运行报告》。

腾讯、360、Opera、百度等互联网公司达成合作，超过 80% 的手机浏览器
平台将全面支持银联移动支付。消费支付所涉及的客户群包括商旅、购
物、电影院线、数字产品、团购等各种类型的商户，全面涵盖近场和远程
的产品形态。2015 年，全国支付系统共处理支付业务 469.48 亿笔，金额
4383.16 万亿元，同比分别增长 53.74% 和 29.34%，业务金额是全国 GDP
总量的 64.77 倍；移动支付业务 138.37 亿笔，金额 108.22 万亿元，同比
分别增长 205.86% 和 379.06%[①]。电子支付业务保持增长态势，移动支付
业务快速增长，消费支付移动化的趋势日渐凸显。

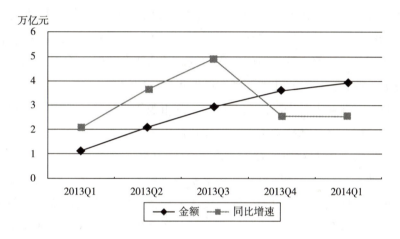

数据来源：中国人民银行各季度支付业务季报。

图 14 - 4 2013 年第一季度至 2014 年第一季度的移动支付规模

3. 业务模式垂直化

我国目前的商业银行组织结构存在诸多问题：部门之间分工不明确、
职能交叉重叠、内耗十分严重、管理费用高企、机构层次多、管理跨度
大、沟通渠道复杂、沟通成本高。这显然与现代商业银行市场化、专业
化、扁平化的经营趋势是相悖的。冗余的组织架构导致金融资源配置分散
化和低效率，无法适应新金融生态环境的发展。为解决商业银行规模和市
场跨度过大、经营范围过宽等引发的管理效率低下、市场响应慢、风险控

---

① 数据来源：人民银行，2015 年度《支付体系运行报告》。

制不力等问题，近年来各大中小银行纷纷进行了事业部制改革，诸如中国银行撤销五大总部、工商银行组建利润中心、交通银行组建多个事业部等。民生银行全面启动了公司业务事业部制改革，先后成立了地产金融事业部、能源金融事业部、交通金融事业部和冶金金融事业部四个行业金融事业部，实现业务的垂直化运行模式。这种垂直化的部门设置一方面使得组织结构内部中间层次得到大幅度地减少，有利于总行对事业部的直接管理，增强了总行对物流—资金流—信息流的全面把控力度和风险控制力，还有利于基层分支行摆脱"贪大求多"的业绩压力，提高了银行整体的运营效率；另一方面还提高了成本核算的精确度，成本核算可以细化到部门、岗位甚至产品。尽管这种改革大大提高了银行整体的运营效率，但是垂直化程度仍依赖于较低的信息化和较高的人工化。随着金融互联网的不断发展，业务模式垂直化的深度和广度将发生质的变化。

目前，商业银行仍需依赖以总分行制组织管理体制，主要基于以下几方面的原因：互联网技术水平尚未达到使传统组织模式迅速瓦解的信息化程度；广大消费者对信息技术手段运用的习惯与熟练程度需要一个过渡期；商业银行对信息泄露风险和技术安全风险的控制能力还较弱；金融互联网还处于探索阶段，对传统组织模式的颠覆性影响将是逐步的。但是随着计算机技术和金融互联网的不断发展，整个银行业呈现出的金融服务无网点化、消费支付移动化和业务模式垂直化在逐渐动摇传统组织管理模式所依赖的基础，将对商业银行传统的总分行组织管理体制产生颠覆性影响。商业银行现行组织管理体制的彻底变革，将是历史的大势所趋。

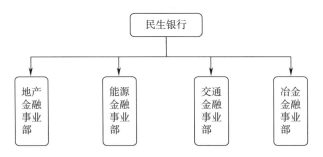

图 14 - 5　民生银行垂直化组织管理形式

14.4.2　未来商业银行组织管理模式变革的趋势

随着金融互联网的迅猛发展，商业银行传统组织管理体制无法顺应金融互联网发展的需要，应因势而变。银行传统的"总行—分行—支行"组织管理体制将逐步被集扁平化、信息化和集约化于一身的"总部—前台"（点对点）式组织管理体制所取代，其中总部将由信息中心、决策中心、风控中心、产品研发中心和大数据处理中心五大管理中心组成；前台将提供计算机终端自助服务支持和营销人员智力服务支持。

1. 点对点式组织管理模式的特点

商业银行传统的总分行制组织管理体系只有朝着实现组织结构的扁平化、信息化和集约化方向变革，才能实现银行业商业模式的成功转型，才能在未来的市场化竞争中占有一席之地。

（1）扁平化。商业银行要想真正做到以市场为中心、以客户为中心，就必须实施扁平化的组织管理。实行扁平化组织管理，有利于增强激励和约束的力度，提高执行效率和整体竞争力。只有加快银行组织扁平化，才能把主要精力从服务高端客户向服务普通中低端客户倾斜，并通过组织结构的扁平化再造促进银行业务流程的顺畅，实现金融业务真正做大做强。扁平化组织管理既要求总部具有比较高的风险控制力和决策效率，还要求前台不断增强对客户的服务质量和服务粘性。因此，信息传播的持续化、无差异化，使银行业的组织方式更加扁平化，真正实现全方位、不间断的高效服务，并最终建立起高效率、高效益、富有竞争力和活力的组织架构。

（2）信息化。数据已经渗透到当今社会每一个行业和业务职能领域中，并成为重要的生产因素。随着移动互联网、云计算、物联网和社交网络的广泛应用，人类的经济社会活动正走向全面数字化。大数据时代下，与传统银行相比，互联网金融在信息收集、信息处理、产品交付以及风险防范等方面都具有优势，其提供的金融服务已经从简单支付渗透到了现金管理、转账汇款、资产管理、小额信贷、供应链金融、基金和保险代销等银行核心业务领域。在与互联网金融的竞争中，商业银行的组织管理体系必须实现信息化，通过信息收集—信息筛选—信息挖掘—信息处理—信息利用，从而形成有效信息流，通过计量模型对银行客户进行筛选，准确分析客户需求和风险偏好，并通过全面整合客户的数据信息科学指导风险管控和业务决策。

（3）集约化。随着全球经济金融一体化、全球化发展趋势，中国银行业所面临的金融生态环境正发生剧烈变化。并且不断膨胀的分支行运营成本成为影响商业银行损益表的最主要因素。传统商业银行粗放型的发展模式已无法适应新金融生态环境。面对竞争主体多元化、竞争手段多元化以及金融服务同质化的巨大压力，在特色化、差异化的道路上不断探索，从追求数量规模扩张向追求服务质量和服务内容丰富化转变，走集约化发展之路。近年来传统商业，诸如涉及吃、住、行、娱乐等日常消费，还有房产建材和汽车、家装、婚庆、教育等大宗消费服务的O2O模式不断成熟。商业银行可充分借鉴和引入O2O营销理念，实现银行产品和服务的线上线下相结合，最终实现金融信息流、资金流和服务流以线上实现为主、线下实现为辅，形成体系化的产品、客户、成本、效率优势，从而降低运营成本，提升运营效率，实现集约化发展。

2. 点对点式组织管理模式的结构描述

在"总部—前台"（点对点）式的组织管理构架中，传统的一级、二级分行将消失，取代的将是总部信息中心、决策中心、风控中心、产品研发中心和大数据处理中心；而前台将提供自助终端服务支持和营销人员智力服务支持。

图 14 - 6   "总部—前台"（点对点）式组织结构

总部将通过对前台的纵向管理来加强总部对物流—资金流—信息流的管控权力，使总部成为管理的中心，实现管理流程化，形成"中心化作业，流程化管理"的集约运营模式。总部将由五大管理中心构成：①信息中心。商业银行通过搭建信息平台，与重点电子商务平台及其他合作伙伴建立战略结盟，打造信息生态链，实现小微客户、财富管理客户、大众客户等价值客户信息的批量获取、客户挖潜以及深度经营，为风控中心和决策中心提供准确信息流。②风控中心。随着互联网技术在金融的广泛运用，传统的金融风险除信用风险、市场风险、流动性风险、操作风险、声誉风险外，网络技术风险将成为风险管理不可忽视的重要一环。商业银行通过大数据处理中心的云计算实现风控管理模型化。③决策中心。借助信息中心和风控中心的业务处理，推动银行业务决策的科学性和准确性。商业银行将借助互联网技术，通过流程优化、小微集中审批、运营集中等措施提升决策效率，降低运营成本和减少审批时间。④产研中心。商业银行的研发中心要充分利用大数据处理中心的优势加强产品创新，在个人、公司、机构、金融资产服务、渠道等主要业务领域，加大金融产品创新研发力度，提高产品针对性，优化产品开发机制，推出具有价值创造能力和市场竞争力的金融产品。⑤大数据处理中心。借助"大数据"手段，实行大数据战略，建设大数据平台，成为未来商业银行可持续发展的唯一选择。大数据处理中心要积极推动传统业务渠道与移动通信、云计算等新兴业态纵向整合、横向渗透，通过对前台的各类营业信息进行点对点的联网系统随时获得即时数据，促进信息集中、整合、共享、挖掘。通过云计算全面

图 14-7　总部五大管理中心结构图

提升数据分析和预测能力，帮助银行全面提升运营管理水平和效率。以上五大管理中心并非独立运作，而是可以进行各中心的信息资源共享，并协同配合向前台提供更高效的业务支撑。

前台将提供计算机终端自助服务支持和营销人员的智力服务支持。通过采取"计算机智能＋人工智能"两大智能相结合的前台服务模式，满足客户全面立体及不同应用场景下的金融需求。其中，计算机终端自助服务支持将通过 VTM（智能银行机）、ATM、CRS（自动存取款机）、自助缴费终端等各种自助设备为银行客户提供存、贷、汇、支付、银行卡、理财等多种自助业务，将通过 ATM 自助式完成。自助式服务渠道具有延伸服务、叠加服务、降低成本和风险的优势，将取代或迫使遍布大街小巷的传统银行营业网点转型；营销人员的智力服务支持将通过专业的金融人才队伍引导客户使用计算机终端完成金融服务，并为客户提供专业的投融资咨询服务，加大客户粘性，从而赢得更多的客户资源。

3. 点对点式组织管理模式的优势分析

点对点式组织管理模式将依赖强大的计算机技术支撑，实现商业银行扁平化、信息化和集约化发展。它将颠覆传统组织模式所依赖的低信息化和高人工化基础，打破时空限制，通过高信息化和低人工化满足客户不受时间、空间限制的金融服务需求。它通过金融互联网工具实现业务的信息化和流程化管理，大大提高了银行内部信息流的通畅流转和共享，极大提高了资金流的配置效率，有效降低了高额的管理费用成本和人力资源的投入，提升了银行客户便捷式的服务体验，解决了总行—分行—支行组织管理体制所存在的部门之间分工不明确、机构层次多、职能交叉重叠、管理跨度大、内耗十分严重、沟通渠道不畅等问题。

4. 点对点式组织管理模式的瓶颈初探

通过点对点式来实现商业银行传统组织管理体制的变革绝非一蹴而就。目前，这种点对点式组织管理模式的实现仍存在一定的瓶颈：互联网技术水平尚未达到使传统组织模式迅速瓦解的信息化程度；广大消费者对信息技术手段运用的习惯与熟练程度需要一个过渡期；随着大数据技术在银行业务中的运用，商业银行对信息泄露风险和技术安全风险的控制能力还有待摸索实践。但是，商业银行点对点式组织管理模式取代现行总分行组织管理体制将是未来银行业发展的必然。

14.4.3　结论

目前金融互联网发展还处于初级阶段，商业银行传统的总分行组织管理体制所依赖的基础还未彻底改变。但随着金融互联网5～10年的充分竞争和发展，传统的"总行—分行—支行"组织管理构架势必逐步被"总部—前台"（点对点）式组织管理模式所取代。商业银行在立足自身金融服务和风险管理优势的基础上充分把握好时局观，借鉴和学习互联网思维，处理好与互联网企业的竞合关系，积极进行组织管理体制再造，从而实现新的商业模式和盈利模式，有效提升核心竞争力。当然，商业银行组织管理体制改革的进度不仅仅取决于互联网技术水平进度的影响，一定程度上还受制于广大消费者对信息技术手段习惯与熟练的程度。但是，商业银行现行组织管理体制的彻底变革，将是历史的大势所趋。

14.5　互联网思维嵌入商业银行发展战略的探索

战略是指引企业未来发展方向与全局部署的火车头。成功的企业往往都有科学的战略规划作为指引。商业银行作为我国金融体系中不可或缺的金融力量，其未来发展走势是国民经济能否健康快速增长的关键。在利率市场化、金融脱媒以及互联网金融不断冲击的大环境下，商业银行正面临着巨大挑战，其原有的经营发展战略已不能适应当前经济金融形势的巨大变化，未来前景不容乐观。与此同时，互联网技术正在改变人类的生产生活方式，所引发的联动效应已经触及到各行各业。如果对此发展趋势没有一定的了解，企业的战略决策上就可能存在出现方向性错误的风险。特别是一些以信息服务为主的行业（例如传媒业、金融业等），其正受到互联网技术的猛烈冲击，新的竞争形态正在构建。2014年8月，中央全面深化改革领导小组审议通过了《关于推动传统媒体和新兴媒体融合发展的指导意见》，提出"要强化互联网思维，坚持传统媒体和新兴媒体优势互补、一体发展"。2013 年被称为互联网金融元年，2014 年则被称为移动互联网创业元年。传统银行业也正面临着互联网金融的严峻考验，商业银行不能再固守原有的经营发展战略，需用互联网思维分析商业银行内外部环境，思考商业银行发展战略中发展目标和手段的转型，重新对其发展战略进行定位。事实上，一些商业银行已初步尝试将互联网思维应用于经营管理过程中，并已初尝转型红利。互联网思维势必将成为商业银行竞争过程中的重要利器。因此，对于所有银行业来说，互联网思维是不可或缺的，如何利用其在互联网时代占得先机将成为银行制定未来发展战略所应着重考虑的问题。

14.5.1　互联网思维是一种穿透力极强的思维方式

关于互联网思维的确切含义，至今尚未有统一的界定。但无论是在学术界还是理论界，不少相关人士已提出了各自对于互联网思维的理解。对于互联网思维一词最先的提出者，比较公认的看法是由百度公司创始人李彦宏提出的。在 2011 年百度联盟峰会上他指出："企业家们今后要有互联网思维，可能你做的事情不是互联网，但你的思维方式要逐渐像互联网的方式去想问题。"但李彦宏并没有进一步对互联网思维这一概念进行明确解释。

随后，一些商界大佬们也陆续给出了自己对于互联网思维的看法。360 董事长周鸿祎将互联网思维概括为用户至上，体验为王，免费的商业模式和颠覆式创新 4 个关键词。① 招商银行原执行董事、行长兼首席执行官马蔚华认为，互联网思维具有客户至上、开放包容和普惠民主三个特点。② 小米科技创始人雷军总结了互联网思维七字诀：专注、极致、口碑、快，并认为互联网思维的核心就是口碑营销。③ 雷军正是依照他的互联网思维使小米科技在成立之后的短短两三年内，便达到了百亿元的规模。赵

---

① http://news.xinhuanet.com/book/2014-10/08/c_127070904.htm.
② http://gb.cri.cn/44571/2014/06/10/3925s4571595.htm.
③ http://city.shenchuang.com/city/20140330/44439.shtml.

310

大伟（2014）将互联网思维细分为用户思维、简约思维、极致思维、迭代思维、流量思维、社会化思维、大数据思维、平台思维和跨界思维九大思维。

理论界不少人士也给出了各自对于互联网思维的理解。陈雪频（2014）指出，互联网思维是在互联网对生活和生意影响力不断增加的大背景下，企业对用户、产品、营销和创新，乃至对整个价值链和生态系统重新审视的思维方式。金元浦（2014）认为，互联网思维是第三次工业革命的先导理念，是当代高科技与文化创意跨界融合实践的新思维方式，是科技革命中范式转换的必然成果，拥有自身独特的性质与运作方式，在现实科技发展的条件下重新阐释了哲学关于一切社会生活中的普遍联系的最高准则，它预示着一种更新的思维方式的酝酿与形成，将带给未来社会更为巨大的变革。潘国刚和郭毅（2014）认为，互联网思维是由信息技术推动，在特殊商业环境中形成的一种先进的商业意识和理念。姜齐平（2014）则提出，互联网思维是互联网生产力、生产关系、生产方式和制度等客观变化在一般人思维中打下的烙印，是智慧思维、社会网络思维、低成本差异化思维、分享思维和创新思维的结晶。张鹏（2014）强调，互联网思维不是营销革命，仅仅是顾客导向营销理念在互联网时代的进一步延伸和拓展。

实务界与理论界人士对于互联网思维的理解存在着一些差异。这可能是由其所处行业、学历背景等差异所引起的。因此，对于互联网思维的确切定义必须以不同行业的特点为出发点。通过总结现有观点，能够发现其中对于互联网思维的理解具有许多共性之处。本书以商业银行为落脚点，结合其经营特点与现有人士观点，将互联网思维总结为：它既是商业银行经营发展过程中使用的思维工具，也是一种方法，同时还是一种策略，是一种应嵌入商业银行文化的意识形态，并具有以下六点核心要义（如图14-8所示）。

第一，用户思维。用户思维不同于传统的客户思维。传统的客户思维仅仅按照客户的需求以将产品的销售作为最终目的，互联网正是要颠覆这种思维，当传统企业进军互联网的时候，虽然将产品出售给客户仍是主要

图 14 - 8　互联网思维核心要义示意图

目的，但需要更加明晰谁是你的用户。用户的定义是能够为其长期提供一种服务，长期让其感知你的存在且长期跟你保持一种联系的人。如何应用互联网提供的便利，将以往积累的用户转换成客户将成为企业发展战略制定过程中的主旋律。

第二，大数据思维。随着社会节奏的加快，要求快速的反应和精细的管理，急需借助对数据的分析来科学决策，催生了对大数据开发的需求。维克托·迈尔·舍恩伯格（2013）提出大数据将引发生活、工作和思维变革的一次革命。大数据不仅是一种资源，也是一种方法。大数据思维不仅可以用于科学研究领域，也可以广泛应用于其他各行各业，成为从复杂现象中透视本质的有效工具。无论是技术创新、商业模式创新还是管理创新，其价值所在并不取决于其是否使用了新的模式或颠覆性技术，而是看在所应用领域对市场的开拓与引领。

第三，跨界思维。互联网技术的进步促使行业间的界限变得模糊，以本行业论本行业的思维无法适应时代的变迁。对于"物理原子"成本极高的传统行业，产品"免费"可能无法完全通过"长尾"效应来支撑，但可以通过"跨界"效应来实现。这就要求我们要从更深层次去理解用户需求并以更加灵活、开放高级的方式满足用户需求。跨界思维是企业对产品、用户的理解不断加深与用户对产品、服务的要求不断升级的必然产物。所有善于融合创新的传统企业，能通过"跨界"思维，抓住用户的真正需求，快速积累海量用户而成功转型。

第四，迭代思维。迭代一词源于数学领域，是指将初始值经过相应公式进行计算后得到新的值，并通过相同方法对新的值进行计算，经过几次反复计算得到最终结果的一种方法。事物经过几次迭代之后往往会蜕变成新的事物，在移动互联网时代运用该方法被称为迭代思维。迭代思维可以简单地概括为快和重复，核心是在最短的时间内要将产品推出，但是如果要运用真正的迭代思维将远比此复杂。迭代思维的真正内涵是升华，是积累，是总结，是量变到质变再到量变的过程，每一次迭代是站在新的起点上的再开始。

第五，平台思维。其核心思想就是最大限度地开放、共享与共赢。平台是一种媒介，并不是只有互联网企业才有应用平台思维的价值。平台思维一方面基于双边市场，以双方互利共赢为目标。另一方面，又基于网络外部性，即用户人数越多，每个用户得到的效用就越高，用户数量的增长，将会带动用户总所得效用的平方级增长。企业通过充分理解与把握平台思维两大基点，将会掌握行业规则的制定和主导权，颠覆行业里原先价值分配的方式。

第六，扁平化思维。该思维是对平台思维的进一步深化，也是对组织结构的优化。组织结构的冗余将极大地影响组织运行的效率与成本。平台思维下，组织不断将低附加值的业务模块剥离，各高效业务单元形成有机整体，从而最大限度地实现效率与成本的最佳化。

14.5.2 对互联网思维指导商业银行发展战略的思考

商业银行作为以信息服务为主的行业，互联网技术的快速发展加剧了互联网企业对于传统商业银行的冲击力度。商业银行若想在互联网的浪潮中得以生存，必须要摒弃原有粗放的经营发展模式，借助互联网技术对原有技术模式进行升级转型，将互联网思维运用到银行发展战略的制定过程中。运用互联网思维制定发展战略，将带来商业银行在竞争重点、发展手段、客户定位的内涵和外延上的重大的变化。可以说，运用互联网思维制定战略是在传统制定战略平台上的再提升。

1. 互联网思维指导下商业银行真正以用户为中心进行顶层制度的设计

用户思维是商业银行制定发展战略的基石，同时更是其他五种互联网思维的思想源泉，是商业银行进行顶层制度设计的根本指引。用户思维的内涵非常广泛，从广义上讲，一切以用户为思考基石的思维都可以称为用户思维。用户需求是一切商业活动的起点，特别是对于商业银行这一类服务行业，这一点更为凸显。商业银行"以客户为中心"的理念自其成立时便已形成，但在多年的实际操作中，所表现出来的往往是"以大客户为中心"，对创新型企业缺乏扶持等，这些也是造成中小企业融资难、融资贵的重要因素。用户思维对于商业银行战略的指导意义完全不同于传统的客户思维。在互联网时代，商业环境发生了巨变，商业规则也在悄然发生变化。商业银行以往靠简单的吸收存款和发放贷款，便达到了经营的主要目的。现在则大大不同，如果商业银行还只盯住原有的客户群，将无法适应激烈的竞争环境，商业银行必须培养起一批具有感知、体验与分享能力的用户群。

2. 互联网思维指导下商业银行强化数据价值挖掘能力

现代商业银行是经营信用的企业，对于数据的掌控尤为关键和重要，大数据引发了社会各行各业的大变革，商业银行也不可能独善其身。大数据思维是计算机技术发展带来的独特思维，大数据思维的运用需要有强大的计算机技术、数据分析技术的支撑。"大数据"的高速发展使银行业的客户数据、交易数据、管理数据等均呈现爆炸式增长，这就要求商业银行必须大大提高经营管理过程对各种数据价值的深度挖掘能力。这种价值挖掘能力主要体现在业务发展、决策判断、经营管理和风险控制等方面。

3. 互联网思维指导下商业银行加快推进综合化经营步伐

随着互联网技术的飞速发展与利率市场化进程的不断推进，使得商业银行原有主要依靠存贷利差获得高额利润的经营模式已变得不再高效。这就要求商业银行应该放眼全局，形成一种多角度、多视野、综合性看待和解决问题的思维方式，即跨界思维。在跨界思维下，一方面，银行推动中间业务发展是其明智之举。在中间业务中，电子商务无疑是在目前互联网金融猛烈冲击下商业银行发展的重中之重。电子商务不仅能使金融业降低成本、提高收益、增强竞争力，也能使金融业超越了时空的限制，从而进一步巩固金融业的支付结算地位，同时也促进金融机构向全能服务型发展，进一步改变金融业的传统管理模式。目前，商业银行纷纷"跨界"投身于电子商务市场，意图充分利用互联网这个工具，力求既能跨出传统的业务范围和套路，又能切实服务实体经济。

4. 互联网思维指导下商业银行加速推陈出新的步伐

在科技时代，不断创新对于商业银行的成功经营至关重要。创新是以新思维、新发明和新描述为特征的一种概念化过程。创新要求商业银行不断地进行用户新需求、新技术与新思维的整合与再升级，即迭代思维。创新要围绕以用户为中心的原则开展，创新前要综合评估创新所能给客户带来的价值，创新是一个要以创新的思维进行再创新的过程。商业银行对于互联网金融的猛烈冲击，必须既要借鉴已有互联网企业先进的金融创新经验，又要结合自身独特优势，推出不同于互联网企业的独特产品与服务。对现有用户定期进行调查，反馈创新产品与服务的满意度与不足，力求在最短的时间内对现有产品与服务进行完善与升级。

5. 互联网思维指导下商业银行积极推进组织管理体制改革

企业经营管理上的变革往往会同时引发组织结构上的变革。信息时代，决策的效率与成本成为商业银行更为关注的问题。传统商业银行的组织结构以"总行—分行—支行"的形式为主。目前这种组织结构已暴露出诸多问题，如管理层冗余、管理跨度大、部门间职能划分不明确、沟通渠道不畅和沟通成本高等问题。运用扁平化思维对组织结构进行精简与优化将是提高经营决策的效率的重要手段。随着互联网技术在我国的普及和用户群体的年轻化，在未来越来越多的客户将会选择通过互联网等移动终端完成大多数日常业务指令。传统银行组织结构中的分行、支行网点业务将被互联网所分流，从成本与效率的角度考虑，支行、分行网点无疑面临着缩减与转型，银行组织结构趋于扁平化。社区银行、直销银行等新型概念也随之提出。然而，银行组织结构的重大变革，并不意味着分支网点的彻底消失。银行物理网点作为金融产品的实体店有其存在的必要性，实施营业网点线上线下联动战略是商业银行组织管理体制改革的方向。

14.5.3 结论

互联网思维是科技时代的产物，它的产生具有一定的必然性。它既是一种工具，也是一种方法，同时也是一种穿透力极强的思维方式。互联网思维并不是特殊事物，它与人类最基本的思维并无差异。它是互联网时代中，人们所应必备的思维模式。将互联网思维应用到商业银行的经营发展是人类进行思维的必要结果。

第一，战略对于商业银行至关重要，将互联网思维嵌入商业银行战略制定中更是重中之重。战略是指引企业未来发展方向与全局部署的火车头，战略的制定决定了企业未来经营发展模式与方向。任何成功的企业都离不开明晰的战略作为指引。商业银行的发展战略关乎着其未来命运。未来是互联网的时代，将互联网思维嵌入到商业银行战略制定中无疑是不可或缺的，也是极其明智的。

第二，互联网思维运用到银行发展战略的制定中具有完美的耦合性。互联网思维不是一成不变的。互联网思维中的一个核心要义就是要具有迭代思维，这种思维不仅应该应用于商业银行发展战略制定之中，更应该应用于对互联网思维的理解之中。即是一个随时间、空间，不断变化的思维方式，应该用互联网思维去不断思考与理解互联网思维。企业战略也是不断随企业发展壮大所不断变换的。因此，将互联网思维运用到银行发展战略的制定中具有完美的耦合性。

第三，互联网思维的运用渗透在银行经营的各个环节之中。互联网思维是互联网时代中任何人都应具备的一种思维方式。它的应用既贯穿于各行各业，也渗透于银行经营的各个环节之中，是一种穿透力极强的思维方式。它应该深深地融入商业银行经营文化之中，成为银行各个环节运行过程中的指导思想。

14.6 大数据分析与商业银行零售业务转型

随着金融自由化与金融创新的不断深入，全球金融业的发展出现了深刻的变化，国内外商业银行发展理念和经营模式不断调整。在商业银行诸多业务中，零售业务是与个人、家庭联系最为密切的银行业务，由于具有庞大的客户资源以及强大的价值创造能力，越来越受到商业银行的重视，并逐渐成为商业银行最具发展活力的业务领域。

零售银行业务集中体现了商业银行以客户为中心的经营战略，银行依托现代化管理手段为个人、家庭以及中小企业提供综合性、一体化的金融服务。20 世纪 60 年代兴起的超货币供给理论为零售银行业务的发展奠定了坚实的理论基础。① 随着西方商业银行零售业务的蓬勃发展，中国银行业零售业务以 20 世纪 90 年代中期储蓄卡的推广为标志，正式进入高速发展阶段，并逐渐形成一套完善的零售业务体系。其中以储蓄存款为主的零售负债业务、以个人贷款为主的零售资产业务，以及以财富管理、信用卡业务为代表的零售中间业务逐渐成为中国居民日常金融生活中必不可少的部分。据招商银行 2014 年半年报数据显示，截至 2014 年 6 月 30 日，招商银行零售贷款余额为 8630.54 亿元，占贷款和垫款总额的 35.64%；零售客户存款占客户存款总额的比例为 33.91%；零售金融业务价值贡献持续提升，税前利润达 151.47 亿元，同比增长 23.54%，零售业务税前利润占比高达 40.25%。②

零售业务已成为中国银行业未来发展的必然趋势。在经济"新常态"背景下，中国经济增速换挡回落，市场不确定性增强。金融脱媒与利率市场化逐渐压缩了银行的盈利空间。而与公司银行业务相比，零售业务客户基础大、风险分散，具有巨大的发展潜力，并能为银行带来稳定的收益，积极发展银行零售业务，对银行实施可持续发展战略意义重大。麦肯锡在2014 年出版的《中国零售银行业的创新机遇》一书中指出，亚洲的零售银行业即将步入一个增长迅猛的时代，到 2020 年零售银行业务收入有望突破9000 亿美元，而中国零售银行业的快速发展正是推动这一高增长的主要引擎。届时，零售业务对银行的利润贡献度将大幅增加，中国零售银行业务

---

① 超货币供给理论认为，商业银行提供资金货币，只是单一的经营手段，要达到商业银行的经营目标，应该运用多种手段，提供更为丰富的服务，从而超越单一的货币资金经营局限。

② 数据来源：招商银行股份有限公司 2014 年半年报。

的税前利润占比，将从 2013 年的23%上升为37%。李庆萍（2011）指出，银行零售业务是现代商业银行的重要支柱，外部经济环境的变化决定商业银行必须加快发展零售业务。胡少华（2008）认为，银行零售业务能够帮助银行在经济危机时期稳定利润，银行应立足于长期的可持续发展来发展零售业务。因此，零售银行业务必将成为未来商业银行抢占市场、提高收益的决胜制高点。

对于国内商业银行来说，当前正处于零售银行业务发展的"黄金时代"。自改革开放以来，中国经济经历了三十多年的高速增长，中国居民财富规模快速扩大。2012 年、2013 年我国城镇居民可支配收入年均增长率为 8.3%，农村居民收入年增长率高达 10.3%。① 同时，随着人们投资理财意识的觉醒，不断增长的个人、家庭金融资产多元化需求，为我国商业银行开展零售业务提供了良好的发展机遇和广阔的市场空间。然而，随着各家商业银行竞相拓展零售市场，使得市场竞争白热化，营销手段同质化、产品结构单一化现象严重，导致巨大的成本投入稀释了银行收益。商业银行要想在激烈的市场竞争中抢占先机，必须积极推进零售银行业务的发展创新。在信息技术与网络技术不断普及，互联网金融思想逐渐深入的今天，各商业银行逐渐重视运用大数据分析与挖掘技术服务于零售业务的转型升级。

14.6.1 大数据推动商业银行零售业务的转型升级

1. 大数据概述

经济的发展始终伴随着技术的变革。1993 年美国政府推出的"信息高速公路"计划，改变了信息的传导方式，带来了全球性的互联网产业革命，从此，社会经济形态逐渐由物质化向信息化转变。2012 年 3 月奥巴马政府宣布的大数据（Big Data）研发计划再一次掀起了信息技术革命的高潮。据 2011 年 IDC 发布的数字宇宙研究报告显示，全球信息总量保持每年50%的速度增长，增速超过摩尔定律。仅 2011 年，全世界数据增量就达到

---

① 数据来源：《中国统计年鉴》（2012 年版、2013 年版）。

1.8ZB，相当于全球每人每年产生近 300GB 的数据量。[①] 人类历史上从未有过像今天这样的时代，数据信息的规模和类型爆发式增长，且完全不受时间、空间的限制，随着社交网络、云计算及物联网等新兴技术与服务的不断涌现，大数据时代悄然到来。

大数据的概念最早出现在《大数据：下一个创新、竞争和生产率的前沿》（2011）的研究报告中，在该报告中，麦肯锡指出数据已经逐渐成为每个行业和职能领域内的基础性资源，对于海量数据的挖掘、分析，预示着新的生产率增长浪潮的到来，给未来经济的发展带来极其深远的影响。大数据是一个较为抽象的概念，它是指一般数据库软件难以获取、储存、管理和分析的大容量数据（Manyika，Chui，Brown，Bughin，Dobbs，Roxburgh，Byers，2011）。大数据的特征可以用数量庞大、种类繁多、价值密度低、处理速度快四个方面来概括，它们是大数据区别于传统数据最显著的特征。而大数据分析技术则是企业管理者通过对管理或经营目标的关联数据、信息进行采集和分析，从而有针对性地采取措施的一种技术。它是大数据处理流程中最重要的环节，可以挖掘出数据潜藏的价值并将其应用到企业经营管理中。

2. 大数据推动零售业务转型的深度分析

商业银行同业竞争的日趋激烈以及互联网金融的巨大冲击"倒逼"传统银行加速转型，零售转型成为银行转型的核心任务。彭颖捷和李翔（2012）认为，打造零售业务市场的首选路径应该是构建零售业务核心竞争力的"钻石体系"及评价模型。徐小飞（2008）认为产品创新才是商业银行零售业务转型的关键。国内各大商业银行积极探索零售业务的转型之路，并逐渐向"智能化＋社区化"方向发展。2014 年 3 月，平安银行首家"智能旗舰店"开始营业，综合运用生命周期墙、智能理财规划桌等新技术打造智能化网点，推动零售业务转型。而在大数据时代，大数据体量巨大、种类繁多、价值密度低以及处理速度快的特点与银行零售业务的发展高度契合。因此，作为未来银行竞争核心的零售业务，其转型升级的关键

---

① 资料来源：2011 年 IDC 研究报告《从混沌中提取价值》。

在于大数据分析与挖掘技术的深度应用。在商业银行各类零售业务中，无论是零售负债业务、零售资产业务，还是零售中间业务，实现其创新升级的本质就是将大数据技术与业务模式相结合，从方法上实现零售业务的转型路径。

（1）大数据推动零售负债业务转型

零售负债业务是商业银行最主要的资金来源之一，是其赖以生存的基础。储蓄存款则是零售负债业务中最重要的组成部分。然而，随着利率市场化的不断推进，人民银行逐渐放宽存款利率上限，各大商业银行争相提高存款利率，零售负债市场竞争愈加激烈，商业银行传统的零售负债业务面临着巨大的转型压力。

储蓄存款业务从本质上来说就是对客户数据库系统的分析与应用。业务人员只有在全面了解客户的家庭、收入、兴趣偏好以及风险偏好等信息之后，才能准确把握客户的存款需求。传统的储蓄存款业务由于信息处理技术落后，数据分析的准确性受限于抽样样本的随机性，导致分析结果出现偏差，无法准确了解客户的真实情况。而大数据分析技术不仅能对20%的结构化数据进行精确分析，还能有效运用80%的非结构化数据，提高数据分析的准确度。大数据不仅可以从内部掌握客户的属性数据、账户信息以及交易信息，还能通过外部网络了解客户的行为数据和渠道偏好等社会化数据，掌握客户的真实需求，并在此基础上设定产品，激发客户的存款兴趣。并通过多种渠道对产品的市场推广度、受众覆盖率、盈利能力以及用户的反映情况进行深度挖掘，在此基础上进行产品的优化升级，发掘新的价值增长点。运用语义计算等信息技术，打造零售负债业务的人工智能化。因此，深入应用大数据技术可以加深和拓宽零售负债业务转型的深度和广度。

（2）大数据推动零售资产业务转型

零售资产业务是商业银行资金运用的主要方式，也是商业银行利润的主要来源之一。当前国内银行业零售资产业务以个人贷款为主，近年来表现出规模增长迅速、产品结构多元化的发展态势。以招商银行为例，截至2014年上半年，招商银行零售贷款余额为8630.54亿元，比2013年末增长 7.85%。① 然而，国内各大银行零售资产业务，尤其是个人贷款产品同质化现象比较严重，风险管理不到位，导致银行缺乏核心竞争力。在互联网金融的大环境下，商业银行运用大数据分析技术可以推动零售资产业务转型。

在个人贷款业务中，商业银行传统的信用风险决策主要依据客户的基本经济情况、信用记录、抵押担保以及客户经理的现场调查等结构化数据进行经验判断。这种决策模式仅适用于经济可靠、信用记录好或有充分担保质押的客户，而其余的 90% 以上的个人或小微企业由于缺乏足够的客观证据难以进行决策，导致银行流失大量潜力客户。而运用大数据可以实现个人贷款业务全周期各阶段的转型升级。在产品设计阶段，通过大数据综合分析客户的属性数据与行为特征。通过分析各种客户账户信息，了解客户家庭、经济、信用情况，在综合考虑多种交付渠道信息，如微博动态等社交网络信息，洞悉客户的消费行为偏好，制定差异化的贷款产品；在贷款申请阶段，大数据分析超越传统信用评分通过历史违约样本等本地化数据分析与定性分析相结合的模式，形成了大数据信用评级分析法，如神经网络信用评分法与支持向量机（SVM）信用评分法。银行利用大数据分析在极短的时间内对客户的消费、收入、职业、信用状况等信息进行整理，并迅速预测出其信用变动及未来行为状况，以支持信贷审批。在贷后预警的风险管理阶段，银行收集客户的交易记录，并且综合分析该客户的微博微信、邮件、视频、语音等非直接交易数据，进行数据的"二次挖掘"，并与历史信息进行对比分析，筛选出异常信息，加强对异常信息的关注度，实现实时监测。

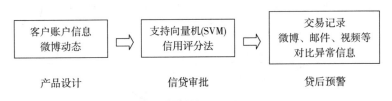

图 14 - 9　个人贷款业务大数据应用流程

---

① 数据来源：招商银行股份有限公司 2014 年半年报。

（3）大数据推动零售中间业务转型

中间业务是指不构成银行表内资产和表内负债的业务，它能够为银行带来丰厚的非利息收入。在利率市场化的大趋势下，商业银行依赖传统的利差收入难以维持长久稳定的发展。银行为了实现利润最大化的最优目标，必须大力发展中间业务。以财富管理与信用卡业务为例，在互联网金融模式下，商业银行加快零售中间业务的转型升级，必须依靠大数据等高新信息技术。

根据帕累托"二八定律"，银行可以从关键的20%的客户中实现80%的利润。因此，有选择地甄别出这20%的核心客户，对提高银行的经营效率至关重要。在传统的客户关系管理中，商业银行缺乏对客户信息的整合，个人消费贷款、信用卡以及个人理财业务被分散到各个不同专业管理部门，客户信息存在片面性，无法对客户进行有效的分类，缺乏差别化服务，直接导致客户忠诚度的下降。而运用大数据，银行可以全面了解客户情况，将客户的属性数据、账户信息、行为偏好以及生活场景结合起来进行分析，形成更加清晰准确的客户画像，并通过深度学习，从海量的客户数据中找寻复杂的规律，运用大数据的"聚类"功能进行客户的精细化分类，并从中识别出真正能给银行带来收益的优质客户。在财富管理业务中，商业银行从财富、消费、年龄、教育、职业五个维度研究客户的金融偏好，建立零售业务数据仓库，为其提供针对性的服务，提高客户满意度和忠诚度，维护客户关系以防止客户流失风险。在信用卡业务中，银行可以从大量的属性数据以及行为数据中推断出客户不同的消费习惯与消费能力，从社交网络平台上分析客户情绪，挖掘客户的不同需求，将机器算法与人工预测相结合，准确地预测出客户未来的消费行为，提高客户使用信

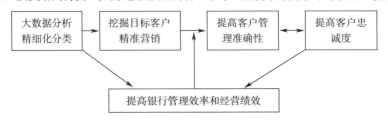

图 14-10　银行大数据客户管理动态循环

用卡的有效性。同时，通过数据分析对持不同卡种的客户采取差异化营销策略，对持卡消费者的消费行为进行实时监控和提前预测，通过大数据行为评分模型可以对持卡人的信用风险进行评估，以便及时调整客户信用额度。

14.6.2　构建银行零售业务大数据策略研究

在未来的银行业竞争中，对于数据的分析和挖掘将成为决定银行经营成败的关键。零售业务由于其本身拥有庞大的数据量，更能体现大数据分析的优势。在当前"新常态"经济背景下，随着互联网金融理念的不断深入，构建商业银行零售业务大数据模式对推动银行业的转型升级意义重大。

1. 搭建商业银行大数据平台，实现零售业务数字化管理

传统的数据处理只要致力于对结构化数据的分析与整合，然而在大数据背景下，传统的数据库已无法满足大量半结构化，甚至非结构化数据的处理要求。因此，必须加快建立零售业务的大数据分析平台，整合银行内部自然数据，协同外部社会化数据，完善大数据环境下的银行数据分析，提高银行决策效率。

（1）全面整合银行内部数据。现代金融生活中，零售银行业务与个人、家庭联系密切，储蓄存款、个人消费信贷、投资理财以及家居生活无不涉及零售业务。正是由于零售银行业务的客户基础庞大、业务量巨大，商业银行在与客户联系的过程中，积累了大量的信息数据。这些数据几乎包含了市场和客户信息的方方面面。从现有客户的属性资料、账户信息，包括客户的性别、年龄、职业、收入和资产状况，到客户的交易信息、渠道信息和行为信息，包括交易时间、交易类型以及消费偏好。这些信息伴随着客户交易不断更新与积累，并储存到银行内部的数据库系统中，形成庞杂的分散化数据体。商业银行必须以内部信息技术系统为基础，整合银行内部各业务单位的客户关系信息，将各类渠道所有交易中的客户信息、记录综合起来，建立一个统一的数据分析平台，为银行经营决策奠定数据基础。

（2）综合运用银行外部数据。商业银行必须重视加强对各类数据的收集和积累，打破传统数据边界，注重加强与社交网络、电商企业等大数据平台的交流与合作。商业银行在完善自身数据的基础上，积极建立与网络媒体的数据共享机制，通过多渠道获取更多的消费者数据信息。一方面，充分利用社交网络、论坛、微博、微信平台等新媒体工具整合现代化客户交流渠道，增强与客户的互动联系，打造人性化的银行品牌形象，维护良好的客户关系。另一方面，加强与互联网金融企业的竞争合作。在众多网络交易的支付结算中，银行往往处于支付链末端，难以获取有效信息。因此，商业银行必须与电信、电商等互联网企业合作，加强数据信息共享互利，促进金融服务与电子商务、移动网络的融合。例如，2009 年中国建设银行与阿里巴巴合作，共同开展网络信贷业务，在"银行—电商企业"的合作模式方面进行了有益的探索。因此，商业银行将内外部数据进行有效整合，以形成更加完整的客户图像，促进客户管理的精细化与销售的精准化，实现零售业务数字化管理。

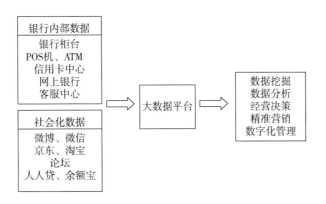

图 14 – 11　商业银行大数据平台流程图

2. 基于大数据洞悉客户需求，提升银行经营决策效率

近年来，随着各外资银行进入中国市场，国内商业银行面临更加激烈的市场竞争，各大银行纷纷进入转型经营的深水区，普遍确立以客户为中心的服务理念，致力于拓展客户规模、增强客户粘度。然而与国外发达银行相比，国内银行业产品服务同质化现象依旧严重，缺乏对客户群的深度

了解，造成客户依存度不足，客户流失概率大，严重影响了银行的日常经营。

因此，在大数据时代，商业银行的经营决策重点必须转向对客户需求和客户体验关注，提高客户粘度。通过大数据平台整合内外部数据资源，预测发现市场热点和发展趋势，树立"以需求为导向"的经营理念。深入分析客户行为和生活形态，勾勒客户整个生命周期的价值曲线，洞悉客户在金融产品、信贷、消费等方面的需求与客户流失的原因。充分运用微博、微信等社交网络平台的非结构化社会信息，建立新型的数据化投资策略模型。微博、微信信息是一种典型的大数据，一般以文字、图片、视频和音频的形式存在于互联网平台。由于其受众广泛、扩散速度快逐渐成为人们日常生活中交流信息的重要方式。商业银行应积极探索微博、微信与投资决策相结合的模式，不断挖掘社交网络信息中的"数据财富"。例如，根据微博中客户的情绪判断客户对银行产品的满意度，并以此为基础进行产品升级；根据客户日常的微博关注判断其兴趣爱好和投资偏好；根据客户手机定位信息判断其所处的地理位置，实时推送促销信息；搜集小微企业的微博动态，分析其企业声明，并从中推断出该小微客户的日常经营状况及信誉状况。商业银行在对客户充分了解的基础上有针对性地制定全流程的客户经营策略，并应用数据分析提升客户经营策略的持续优化能力。

3. 研究互联网金融时代的渠道经营策略，创新业务销售模式

零售业务，渠道为王，商业银行通过销售渠道创新可以吸引客户，抢占市场先机。在互联网思维和大数据分析技术的时代背景下，银行应积极探索适应互联网金融时代线上线下相结合的渠道经营策略。线上根据大数据分析结论创新移动金融产品、依托预测模型开展精准营销。线下研究智能化、社区型银行网点的布局和服务方式，实现基于身份识别的定制化信息推送、远程智能开卡以及视频服务等。2014 年 8 月 8 日，江苏银行直销银行正式上线，打破时间和空间的限制，摆脱实体网点，向客户提供纯线上金融服务。然而其业务范围仅限于个人理财、消费缴费等中间业务，难以真正实现严格意义上的网络信贷（如 P2P）等互联网银行业务。商业银行应积极探索互联网银行模式，打造"大而全"的网络金融平台，充分利

用人脸识别技术和大数据信用评级等新技术，将存款、融资、信贷、理财等功能融为一体，在大量客户资源和强大数据系统的基础上，实现供应链金融与互联网金融的一体化销售。

此外，银行还应积极打造基于大数据的金融服务平台，应用多元化的产品销售模式：一是拓宽渠道，综合利用网上银行、手机银行、电商平台、短信微信推送以及第三方平台扩大受众群体。二是建立机构投资者和大客户的客户信息网络，实时跟踪客户投资偏好的变化，有针对性地进行产品服务的实时推送，加快转变传统"跑马圈地"的粗放经营模式，实现"精准营销"的集约化方式的创新升级。三是关注市场动态，准确预测市场变化，基于大数据分析与挖掘，充分利用信息平台优势、结合产品市场动向，及时反馈市场变化，以辅助银行后台进行有效的流动性管理。

4. 借助大数据完善信贷审批模型，提升风险识别与计量水平

平衡收益与风险是银行维持长久发展的根本保障。随着利率市场化程度的不断加深，外部市场环境日益复杂，商业银行经营业务面临的流动性问题愈加严峻。面临不断提高的风险管理要求，商业银行应引入大数据思维，树立"用数据防风险"的新型风险管理理念。在大量的金融及非金融数据中，不断总结数据之间的内在关系，运用大数据相关关系分析法，结合机器算法模型找出隐藏在海量数据中的客户与风险之间的量化关系。充分利用银行内部历史数据以及阿里巴巴 B2B、人人贷、淘宝等电商平台上积累的海量客户信用信息与行为数据，通过互联网数据模型和在线资信调查，结合第三方验证形成交叉检验，确认客户信息，进行信用评级，并根据客户的信用等级实行差异化的贷款定价。数据规模的优势可以弥补数据质量的不足，并在极短的时间内对海量原始数据进行分析，更精确地评估客户的信用风险。同时，依托大数据，搭建风险计量与欺诈防范模型，实行现场跟踪调查与非现场信息分析相结合、数据定量判断与经验定性判断相结合，研究对授信客户从贷前到贷后全生命周期的风险监测手段，建立综合式的风险监控中心。由大数据系统根据客户的历史数据对其贷款额度和贷款利率进行每月动态调整，以大数据思维构建全面风险管理体系，淡化部门色彩，推行全银行风险管理，深度挖掘客户

信息，真实展现授信客户的信用状况。注重贷后持续的风险监测，实时跟踪客户交易，若出现交易、存款等大幅度变动的异常情况，及时进行现场审查，以确保贷款安全。阿里金融充分利用淘宝、支付宝、余额宝等平台的先天优势，积累了海量用户信用和行为数据，并在此基础上进行流动性管理，这为国内银行业利用大数据分析技术进行风险管理提供了良好的借鉴。

5. 加强银行业大数据人才队伍建设，营造银行大数据文化氛围

大数据时代，随着海量数据信息的爆炸式增长，商业银行内部数据不再仅限于客户的基本自然数据，其数据的种类与规模快速膨胀，传统的数据管理系统已很难做出准确的客户分析。对于当前的大数据分析而言，需要分析人员具有更强的数据分析解读能力和应变能力。他们不仅需要精通数据建模和信息挖掘，还需要具备良好的银行业务知识，能够将大数据分析技术与银行业务完美地结合起来，其关键在于打造一支属于银行的专业化复合型大数据分析团队。

商业银行应积极实施人才战略，重点推进大数据人才队伍建设。重视人力资源管理，完善员工收入分配制度，激发员工工作的积极性与创造性。加强对银行员工的大数据分析培训及文化培训，增强团队凝聚力，打造专业化的大数据分析团队。同时完善银行岗位的设置，在培养自己的大数据分析人才的同时，注重引进外界优秀的大数据人才，全面提高银行整体的素质，营造良好的商业银行互联网金融文化氛围。

14.6.3　结论

在"新常态"经济背景下，随着利率市场化以及金融脱媒的不断深入，我国商业银行的发展面临着巨大的转型压力。零售业务作为未来银行竞争的焦点，是商业银行创造核心竞争力的关键领域。推动零售业务的转型升级对商业银行的未来发展至关重要。而随着信息技术与网络技术的不断普及，大数据金融思想逐渐深入人心。大数据由于其经济性、时效性的特点，逐渐应用于各类零售银行业务中，掀起了商业银行生产率增长的新浪潮，成为零售业务创新升级的关键。基于对互联网金融的深入了解，商

业银行逐渐明确大数据时代的发展方向。基于大数据理念构建银行大数据
分析平台，洞悉客户需求，提升价值创造能力，重塑零售业务销售与收入
模式，完善银行信贷审批机制，加强大数据人才队伍建设，提高银行经营
管理水平。

参 考 文 献

［1］艾瑞咨询.2015 年中国互联网发展格局研究报告［N］.艾瑞网，2015.

［2］艾志锋，陈宇.我国网络借贷行业征信体系建设问题探析——基于第三方网络借贷资讯平台发展的视角［J］.武汉金融，2013（1）：62－63.

［3］巴曙松，杨彪.第三方支付国际监管研究及借鉴［J］.财政研究，2012（4）.

［4］车亮.互联网金融监管拟以鼓励为导向［N］.中国证券报，2014－1－13.

［5］陈敏轩，李钧.美国 P2P 行业的发展和新挑战［J］.金融发展评论，2013（3）.

［6］陈清艺.我国 P2P 借贷平台的发展、风险及政策建议［J］.福建金融，2014（9）：29－32.

［7］陈一稀.互联网金融的概念、现状与发展建议［J］.金融发展评论，2013（12）：126－131.

［8］陈一稀.美国纯网络银行的兴衰对中国的借鉴［J］.新金融，2014（1）：58－62.

［9］陈月波.我国网上银行与第三方支付问题研究［J］.浙江金融，2008（6）：34－35.

［10］川杨涛.互联网金融挑战大财富管理［N］.上海证券报，2013：7－23.

［11］褚蓬瑜，郭田勇.互联网金融与商业银行演进研究［J］.宏观经济研究，2014（5）：19－28.

［12］戴东红.互联网金融与金融互联网的比较分析［J］.时代金融，

2014（2）：31－37.

[13]邓建鹏．互联网金融的发展趋势与风险［J］．互联网金融，2013（12）．

[14]范家琛．众筹商业模式研究［J］．企业经济，2013（8）．

[15]范晓忻．大数据征信与小微企业融资［J］．中国金融，2014（22）：80－81.

[16]方方．"大数据"趋势下商业银行应对策略研究［J］．新金融，2012（12）：25－28.

[17]冯海龙．基于组织学习的企业战略转型研究［J］．科学学与科学技术管理，2006（3）：169－170.

[18]宫晓林．互联网金融模式及对传统银行业的影响［J］．南方金融，2013（5）：86－88.

[19]郭海凤，陈霄．P2P网贷平台综合竞争力评价研究［J］．金融论坛，2015（2）：12－23.

[20]郭田勇，丁潇．普惠金融的国际比较研究——基于银行服务的视角［J］．国际金融研究，2015（2）：55－64.

[21]郭纹廷，王文峰．互联网金融的风险与防范——基于相关利益主体的视角［J］．当代经济研究，2015，233（2）：92－96.

[22]何德旭，苗文龙．金融排斥、金融包容与中国普惠金融制度的构建［J］．财贸经济，2015（3）：5－16.

[23]洪娟．互联网金融浪潮下的商业银行竞争策略研究［J］．金融论坛，2014（3）：8－10.

[24]洪娟，曹彬，李鑫．互联网金融风险的特殊性及其监管策略研究［J］．中央财经大学学报，2014（9）：42－46.

[25]胡萍．融资担保与互联网金融：拥抱还是转身［N］．金融时报，2014－8－16.

[26]胡少华．美国消费信贷快速发展对我国商业银行的警示——基于风险控制的视角［J］．金融理论与实践，2008（8）：107－111.

[27]黄万灵．传统银行业务与现代银行业务风险分析［J］．经济体

制改革，2003（3）：128－130.

［28］黄小强．P2P借贷服务业市场发展国际比较及借鉴［J］．金融与经济，2013（12）：34－37.

［29］黄小强．我国互联网消费金融的界定、发展现状及建议［J］．武汉金融，2015（10）：39－41.

［30］贾聪聪．互联网金融环境下投资者保护问题研究——基于"百发"8％目标收益率引发的思考［J］．法制与社会，2015（13）：96－97.

［31］贾甫，冯科．当金融互联网遇上互联网金融：替代还是融合［J］．上海金融，2014（2）：30－35.

［32］贾康，苏京春．"三驾马车"认知框架需对接供给侧的结构性动力机制构建——关于宏观经济学的深化探讨［J］．全球化，2015（3）：63－69.

［33］姜皓天．对中小企业融资问题的探讨［J］．财经研究，1998（7）：28－34.

［34］兰婷，张晓艳．我国网络银行发展情况研究［J］．经济师，2013（11）：206－208.

［35］李博，董亮．互联网金融的模式与发展［J］．中国金融，2013（10）：19－21.

［36］李法勇，真溱，汤珊红．迭代思维在知识服务产品化中的运用［J］．情报理论与实践，2014（7）：11－13.

［37］李光斗．移动互联网时代的迭代思维［J］．福建质量管理，2014（Z3）：52－53.

［38］李钧．互联网金融是什么［N］．第一财经日报，2013－3－15.

［39］李庆萍．新形势下我国零售银行业务发展探析［J］．银行家，2011（10）：73－77.

［40］李瑞．对国内外第三方支付平台的探析及启示［J］．中国商贸，2009（19）：80－81.

［41］厉以宁．超越市场与超越政府［M］．北京：经济科学出版社，2010.

[42] 梁娟娟，郑琦萍．电子商务第三方支付平台问题及对策研究
[J]．现代商贸工业，2012（17）：320－322.

[43] 梁璋，沈凡．国有商业银行如何应对互联网金融模式带来的挑战
[J]．新金融，2013（7）：47－51.

[44] 林国沣，方溪源．中国零售银行业的创新机遇：应对新机遇，捕
捉新洞见［M］．上海：上海交通大学出版社，2014.

[45] 刘槟溥．经济法视野下网络银行监管法律制度［D］．四川省社
会科学院，2014.

[46] 刘勤福，孟志芳．基于商业银行视角的互联网金融研究［J］．
新金融，2014（3）：14－18.

[47] 刘伟奇，高超．中小企业贷款问题的进化博弈分析［J］．中国
软科学，2006（12）：94－102.

[48] 刘锡良，曾欣．中国金融体系的脆弱性与道德风险［J］．财贸
经济，2003（1）：25－32.

[49] 陆岷峰等．互联网金融背景下商业银行变与不变的选择［J］．
南方金融，2014（1）：5－9.

[50] 陆岷峰，李琴．互联网金融背景下P2P发展目标模式研究——基
于P2P本质特征的分析［J］．阜阳师范学院学报：社会科学版，2015
（3）：101－106.

[51] 陆岷峰，杨亮．关于P2P平台风险评估与监管策略研究——基于
P2P平台双重属性视角的分析［J］．西南金融，2015（11）.

[52] 陆岷峰．互联网金融进入规范发展期［J］．中国金融，2015
（15）：34－35.

[53] 陆岷峰等．破解小微企业融资难与贵的策略［J］．湖南财政经
济学院学报，2015（31）：52－57.

[54] 陆顺，汪祖刚．新常态背景下小微企业融资问题研究［J］．西
部金融，2015（5）：16－20.

[55] 罗仲伟，任国良等．动态能力、技术范式转变与创新战略［J］．
管理世界，2014（8）.

［56］马云．金融行业需要搅局者［N］．人民日报，2013 - 6 - 21.

［57］莫易娴．互联网时代金融业的发展格局［J］．财经科学，2014
（4）：1 - 10.

［58］潘超．对 P2P 网贷助普惠金融体系发展的思考［J］．金融科技
时代，2013（8）：101 - 103.

［59］潘功胜．关于构建普惠金融体系的几点思考［J］．上海金融，
2015（4）.

［60］潘振媛．小微企业信用评级体系初探［J］．信息技术，2012
（8）：189 - 192.

［61］潘斯华．互联网金融消费者权益的法律保护［J］．消费经济，
2014，30（5）：73 - 79.

［62］彭冰．商业银行的定义［J］．北京大学学报：哲学社会科学版，
2007（11）：114 - 123.

［63］彭颖捷，李翔．打造零售业务市场首选银行的路径研究［J］.
区域金融研究，2012（7）：56 - 59.

［64］乔中．论我国网络银行的运营模式及发展前景［J］．经济师，
2016（1）.

［65］邱冬阳，肖瑶．互联网金融本质的理性思考［J］．新金融，
2014（3）：19 - 22.

［66］茹莉．互联网金融背景下小微企业融资渠道的新选择［J］．经
济纵横，2014（10）：88 - 91.

［67］邵宇．供给侧改革——新常态下的中国经济增长［J］．新金融，
2015（12）.

［68］四川银监局课题组．互联网金融对商业银行传统业务的影响研究
［J］．新金融，2013（7）：2 - 5.

［69］孙杰．传统银行的互联网思维与互联网金融融合之道［J］．北
京金融评论，2014（4）：33 - 38.

［70］孙梅．从当前我国金融道德失范谈加强我国金融道德规范［J］.
时代经贸，2007，5（2）：117 - 118.

[71] 万建华. 金融 e 时代：数字化时代的金融变局 ［M］. 北京：中信出版社，2013.

[72] 万志尧. P2P 借贷的行政监管需求与刑法审视 ［J］. 东方法学，2015（2）：99 – 110.

[73] 王达. 论美国互联网金融的主要模式、演进及启示 ［J］. 亚太经济，2014（4）：70 – 73.

[74] 王江，廖理，张金宝. 消费金融研究综述 ［J］. 经济研究，2010（S1）：5 – 29.

[75] 王杰. 互联网金融发展的业务模式及优势探析 ［J］. 经济研究导刊，2014（5）：121 – 122.

[76] 王朋月，李钧. 美国 P2P 借贷平台发展：历史、现状与展望 ［J］. 金融监管研究，2013（7）：26 – 39.

[77] 王锐生. 探究事物本质的两种不同视角 ［J］. 哲学动态，1994（7）：28 – 29.

[78] 王妍. 关于翻译本质的认识 ［J］. 科技信息，2009（10）：482 – 485.

[79] 王永红. 国内网上银行的发展现状与趋势浅析：网银发展趋势"三重门"［J］. 中国信息安全，2011（8）.

[80] 韦雪琼，杨晔，史超. 大数据发展下的金融市场新生态 ［J］. 时代金融，2012（7）：173 – 174.

[81] 温信祥. 互联网金融的中国道路 ［N］. 证券时报，2013 – 8 – 14.

[82] 吴晓灵. 互联网金融的监管挑战 ［N］. 陆家嘴月刊，2013 – 11 – 4.

[83] 吴晓求. 中国金融的深度变革与互联网金融 ［J］. 财贸经济，2014（1）：14 – 23.

[84] 谢平，邹传伟. 互联网金融模式研究 ［J］. 金融研究，2012（12）：11 – 22.

[85] 徐小飞. 产品创新：商业银行零售业务转型的关键 ［J］. 现代

金融，2009（8）：5 - 6.

[86] 闫冰竹. 大数据时代的银行业发展［J］. 中国金融，2013
（10）：35 - 37.

[87] 闫冰竹. 中国直销银行发展探析［J］. 中国金融，2014（2）：
55 - 56.

[88] 杨喆. 我国网络银行的风险及防范［J］. 甘肃理论学刊，2014
（11）.

[89] 杨阳，张宇，互联网金融在金融改革中的机遇和挑战——以阿里
金融为例［J］. 时代金融，2014（2）：51 - 52.

[90] 羊勇. 电子商务时代"第三方支付平台"的创新与推广［J］.
管理与财富，2010（3）：79 - 80.

[91] 阳志梅. 谈第三方支付平台应用优势及发展模式［J］. 商业时
代，2008（9）：91 - 92.

[92] 叶湘榕. P2P借贷的模式风险与监管研究［J］. 金融监管研究，
2014（3）：71 - 82.

[93] 张波. O2O：移动互联网时代的商业革命［M］. 北京：机械工
业出版社，2014.

[94] 张春霞，蔡炎宏，刘淳. 竞争条件下的P2P网贷平台定价策略研
究［J］. 清华大学学报：自然科学版，2014（4）：470 - 474.

[95] 张慧莲，汪红驹. 中国经济"新常态"［J］. 银行家，2014
（6）：11 - 13.

[96] 张萌. 互联网金融与传统金融［J］. 中国经济报告，2014（2）：
46 - 49.

[97] 赵大伟. 互联网思维——独孤九剑［M］. 北京：机械工业出版
社，2014.

[98] 兹维·博迪，罗伯特·默顿. 金融学［M］. 北京：中国人民大
学出版社，2000.

[99] 中国工商银行城市金融研究所课题组［J］. 金融论坛，2014
（8）：29 - 39.

　　［100］中国人民银行. 2013 年度支付体系运行报告［DB/OL］.
2014 - 2 - 17.

　　［101］《中国众筹市场发展现状分析》，速途研究院网，2016 - 1 - 7.

　　［102］周昌发，李京霖. 互联网金融消费者权益保护探讨［J］. 保山
学院学报，2014，33（4）：78 - 83.

　　［103］周林. 第三方支付：机遇与挑战并存［J］. 西南金融，2009
（2）：63 - 64.

　　［104］周鹏. P2P 的本质、发展状况与监管探讨［J］. 银行家，2013
（10）：101 - 102.

　　［105］周小川. 保持金融稳定，防范道德风险［J］. 金融研究，2004
（4）：1 - 7.

　　［106］朱民武，曾力，何淑兰. 普惠金融发展的路径思考——基于金
融伦理与互联网金融视角［J］. 现代经济探讨，2015（1）：68 - 72.

　　［107］《2016 互联网众筹发展趋势报告出炉——众筹成为又一风》，来
自网络，2016 - 1 - 2.

　　［108］《P2P 监管细则拟在年底向社会公开征求意见》，中国经济周
刊，2015 - 10 - 5.

　　［109］《P2P 进入整合时代，有利网要做一个讲究的 "老炮儿"》，科
学粉丝网，2016 - 1 - 28.

　　［110］《网络借贷未来发展三大趋势》，网贷之家网，2015 - 12 - 14.

　　［111］《P2P 网络借贷的现状及发展前景分析》，来自网络，2015 - 1 -
24.

　　［112］ Allen N. Berger, Gregory F. Udell. The Effects of Bank Mergers and
Acquisitions on Small Business Lending［J］. Journal of Financial Economics,
1998：187 - 229.

　　［113］ Burstein, F. et al. Support for Real - time Decision Making in Mo-
bile Financial Applications. Handbook on Decision Support Systems, 2, Spring-
er, Berlin Heidelberg, 2008：81 - 106.

　　［114］ Berger S and Gleisner F. Emergence of Financial Intermediaries on

Electronic Markets: The Case of Online P2P Lending [A]. Working Paper, University of Frankfurt, 2008.

[115] Goldman Sachs. Mobile Monetization: Does the Shift in Traffic Pay [R]. 2012.

[116] James Manyika, Michael Chui, Brad Brown, Jacques Bughin, Richard Dobbs, Charles Roxburgh and Angela Hung Byers. Big data: The next Frontier for Innovation, Competition, and Productivity [R]. McKinsey Global Institute, 2011. 5.

[117] Jonathan R. Macey. The Business of Banking: Before and After Gramm—Leach—Bliley [J]. The Journal of Corporation Law, 2000: 691.

[118] Joseph E Stiglitz, Andrew Weiss. Credit Rationing in Markets with Imperfect Information [J]. The American Economist, 1981: 393 – 410.

[119] Madhavan R. Strategic Flexibility and Performance in the Global Steel Industry: The Role of Inter firm Link ages [D]. Texas: Texas A&M University, 1996.

[120] Prieto. Tom Online selling and new Third – Party Network Reporting. Journal of Accountary, 2010, 10 (7): 70.

[121] Radecki, L. J., J. Wenninger &D. K. Orlow. Industry structure: Electronic delivery's potential effects on retail banking. Journal of Retail Banking Services, 1997: 57 – 63.

[122] Walt Albro Online video Grows and open eyes. ABA Bank Marketing, 2010, 10 (4): 30 – 32.

[123] Yanghoon Kim a, Namkyun Baik, B2B evaluation framework on e financial guarantee service.

后　记

　　《互联网金融创新与发展》是在十部委《关于促进互联网金融健康发展的指导意见》的精神指导下，由中国普惠金融发展研究中心牵头组织，在南京审计大学金融学院、南京信息工程大学经济管理学院、江苏子雨集团、浙商银行北京分行等专家的共同参与下完成的。在本书写作过程中，互联网金融领域的多位专家学者非常关心本书的写作，并提供了诸多宝贵的修改意见，对此我们深表感谢。

　　在本书写作过程中，南京信息工程大学经济管理学院葛和平副教授参与了本书第一部分的写作，南京审计大学金融学院刘骅副院长及其团队成员倪桓、哈雪洁和曹潇潇参与了本书第二部分的写作，江苏银行总行董事办陆岷峰博士和浙商银行北京分行的史丽霞参与了第三部分的写作，南京财经大学中国区域金融研究中心研究员、江苏子雨集团董事长孟雷先生对全书结构、内容进行统纂把关。此外，还要特别感谢汪祖刚、陆顺、李振国、虞鹏飞、杨亮、张欢、徐阳洋、吴建平、季子钊等同志对本书编写工作所提供的大力支持。

　　最后，需要说明的是，本书秉承着"开放、平等、协作、分享"的互联网精神对互联网金融进行讨论，很多议题是一个开放性的，并不存在定论，需要读者一起参与讨论、发表意见，共谋互联网金融发展大计。本书参阅了国内外诸多专家、学者观点，限于篇幅，在此不再一一列出，深表感谢。

中国普惠金融发展研究中心
2016 年 4 月 12 日